非营利组织产权配置与治理机制研究

蒋晨茜　雷雅彦　著

中国纺织出版社有限公司

内 容 提 要

本书以我国非营利组织产权的基本内涵为切入点，探讨了其基本概念及要素特性，并在此基础上重点做了两个方面的研究。一方面，描述我国非营利组织产权的现状，并指出存在的主要问题：法律上的缺失、监督上的弱势以及财务上的漏洞，继而根据现存问题有针对性地从非营利组织产权关系先天缺陷、我国现行法律体系的阻碍以及非营利组织管理体制的制约等角度对其产生原因加以深入分析。另一方面，从组织外部环境和组织内部设计两个层面提出了明晰我国非营利组织产权关系的一些对策建议。

图书在版编目（CIP）数据

非营利组织产权配置与治理机制研究 / 蒋晨茜，雷雅彦著. -- 北京 : 中国纺织出版社有限公司，2021.10

ISBN 978-7-5180-9115-7

Ⅰ. ①非… Ⅱ. ①蒋… ②雷… Ⅲ. ①非营利组织—产权—配置—研究—中国②非营利组织—组织管理—研究—中国 Ⅳ. ①C912.21

中国版本图书馆 CIP 数据核字（2021）第 223255 号

责任编辑：陈 芳 责任校对：高 涵 责任印制：储志伟

中国纺织出版社有限公司出版发行
地址：北京市朝阳区百子湾东里 A407 号楼 邮政编码：100124
销售电话：010—67004422 传真：010—87155801
http://www.c-textilep.com
中国纺织出版社天猫旗舰店
官方微博 http://weibo.com/2119887771
三河市宏盛印务有限公司印刷 各地新华书店经销
2021 年 10 月第 1 版第 1 次印刷
开本：787×1092 1/16 印张：11
字数：240 千字 定价：98.00 元

前 言 PREFACE

伴随着全球化的浪潮，中国的非营利组织也开始迅速成长。除了以往的社会团体、民办非企业单位以外，大量的事业单位正在逐步分化为非营利组织，有关非营利组织的研究也成为一个热点。社会转型、行政管理体制改革赋予非营利组织以重要职能，但由于历史原因和体制转变的复杂性，中国的非营利组织承接改革和社会变迁所赋予的任务的能力还相当薄弱。治理机制和能力建设是中国非营利组织面临的重要而紧迫的任务。本文结合利益相关者理论对非营利组织的治理进行了初步的探索，并通过实例分析了中国非营利组织目前的状态、发展中遇到的困难、与政府的关系以及发展的策略。

然而，在中国，非营利组织毕竟是一个刚刚从西方引进的概念，人们对这一领域还比较陌生，特别是在社会领域各项改革中遇到了现实的问题，因此，对非营利组织的理论探索还待进一步加强。《非营利组织产权配置与治理机制研究》以我国非营利组织产权的基本内涵为切入点，探讨了其基本概念及要素特性，并在此基础上重点开展了两个方面的研究。一方面，描述我国非营利组织产权的现状，并指出存在的主要问题：法律上的缺失、监督上的弱势以及财务上的漏洞，继而根据现存问题有针对性地从非营利组织产权关系先天缺陷、我国现行法律体系的阻碍以及非营利组织管理体制的制约等角度对其产生原因加以深入分析。另一方面，从组织外部环境和组织内部设计两个层面提出了明晰我国非营利组织产权关系的一些对策建议。

作 者

2021 年 6 月

目录 CONTENTS

第一章　导论

第一节　研究背景

非营利组织自20世纪七八十年代形成于西方国家以来，如雨后春笋般涌现在世界各个国家和地区，并以一种迅猛的发展速度活跃在世界舞台上。作为世界发展领域里的重大组织制度创新之一，非营利组织已经成为除市场与政府体制之外的一项新的用于协调社会可持续发展的社会工具，是衡量一个国家社会成熟度的显著标志。

在全球非营利事业发展方兴未艾以及中国政治经济体制改革的环境下，我国的非营利组织也在悄然兴起，特别是进入21世纪以来，非营利组织的发展呈现出许多新的时代特点。然而，我国现在正处于经济社会转型期，社会自组织建设尚处在起步阶段，社会领域中依然存在十分浓厚的计划经济时代的烙印。因此现阶段我国非营利组织仍缺乏其形成所必要的功能健全、结构完整、规模庞大等条件，我国对于非营利组织的治理始终无法与当前正在进行的政治经济体制改革保持同步。

但是我们应该看到，政治经济层面上的体制改革不能脱离于社会而单独进行，体改的成功必须与社会层面的建设保持步伐一致。因为一个国家的社会成熟度越高，社会自组织建设越完善，就越有能力承载政治经济体制改革中出现的各种问题。尤其在现阶段，我国体改中出现的政府职能越位、公共资产使用效率低下等许多问题都是由于产权关系混乱引起的。

因此对作为社会领域中最重要部分之一的非营利部门加以研究，深入探讨其治理的核心问题即产权问题，就显得十分迫切和意义重大。

第二节　研究综述

一、国内研究综述

随着非营利组织的作用日益凸显，理论界对非营利组织的研究愈加重视，目前成为学术热点问题之一。现有的研究大致从以下几个方面开展。

（一）非营利组织的概念研究

1. 非营利组织的概念研究

非营利组织是指政府部门和企业之外，以非营利为目的、从事公益事业的一切志愿团体、社会组织或民间协会，具有组织性、民间性、非营利分配性、自治性和志愿性等五大特征（Salamon Anheierr，1997；李培林、徐崇温和李林，2006）。刘晓佳（2003）则认为，非营利组织一般具有非政府性、非营利性、志愿参与性和多元性等特性。从经济学的角度看，非营利组织区别于营利组织的最为本质的特征是非营利性。非营利机构的盈余具有不可分配约束，或者说没有任何机构或个人对其盈余享有合法的索偿权（Folland，2001）。从制度经济学的观点看，非营利组织指的都是政府与营利企业之间的正式或非正式的制度空间。Salamon（2001）把非营利组织看作是介于市场和国家之间的机构，与企业和国家共同构成现代社会运行的基础。

2. 非营利组织的类型研究

非营利组织在世界各国有不同的称谓。中国官方称其为民间组织，主要包括社会团体、基金会和民办非企业单位三大类。在美国，非营利部门通常指第三部门，不仅包括基金会、慈善会等公益类中介组织，也包括社交联谊、互助合作、业主和专业协会等互益类组织，还包括私人创设的部分学校、医院、社会福利服务机构、艺术团体、博物馆、研究机构等服务类组织，甚至把教堂也归入其中。在其他国家，还有不少同类的词汇，如慈善部门、志愿者部门、免税部门、非政府部门、社会经济、公民社会等（杨团，2000）。

尉俊东、赵文红和万迪昉（2006）从公共服务营销的角度，根据组织受益人的特质，将非营利组织划分为以公众、顾客、成员为导向的三类组织，并分析了这三类组织的行为特征。

3. 非营利组织产生和发展的动机研究

由于政府和市场都存在着“失灵”的情况以及近年来一系列“全球问题”（如环境恶化、能源短缺、人口膨胀等社会问题）的出现，促使人们对政府和市场的作用等问题进行思考，越来越多的人把目光转向了独立于政府和私人企业组织以外的非营利组织，以期寻求问题的解决方案（申毅，2003；刘霞等，2003；李红艳，2005）。因为非营利组织在满足社会需求和承担社会职能方面有着政府和市场不可替代的作用（李月凤，2005；兰华，2006）。另一方面，非营利组织是经济社会发展到一定阶段的产物（陈晓春，2000）。

陈晓春和李苗苗（2006）从需求动机、利益刺激、社会组织结构与职能变化，以及“两部门失灵”等多个角度论述非营利组织产生和发展的动机。非营利组织不仅对经济增长贡献大（王锐兰、刘思峰、谭振亚和吴世洋，2005），还有助于解决我国的就业和社会保障问题（林闽钢和王章佩，2001；李跃卿、王锐兰、崔新进和顾建强，2005），促进社会的全面进步（李扬，2003）。陈晓春等（2004）基于共生的理念，探讨了非营利部门如何与政府、企业、个人建立良性互动、共赢的关系。政府、企业和非营利组织之间应建立互利、互惠、合作共存关系的研究（田凯，2003；董文琪，2006）。非营利组织与政府的关系主要表现为三种类型：合作型、补充型、对抗型（谢蕾，2002）。

（二）非营利组织的经济学研究

非营利组织对经济增长和经济发展的贡献很大（李强和王钊，2004），许多研究都涉及这个视角。在众多对非营利组织进行经济学视角研究的文献中，税收和绩效评估成为研究焦点。

1. 非营利组织的税收问题

安体富和王海勇（2005）对非营利组织、慈善捐赠和税收制度之间的关系进行了理论上的解释，分析了我国非营利组织及相关税收制度的现状和问题，在对世界各国非营利组织税收制度进行充分比较和借鉴的基础上，提出了我国非营利组织税收制度的改革取向，即明确非营利组织税收制度的目标定位、构建我国非营利组织的税收法律体系、严格区分非营利组织的相关商业活动和无关商业活动、规范旨在激励捐赠行为的捐赠税收制度、加强对非营利组织的税收管理、加快制定与税法相协调的非营利组织会计制度等。靳东升（2004）建议我国对非营利组织投资收益不予免税，并且应区别与非营利事业有关的商业活动收入和与非营利事业无关的商业活动收入，实行差别对待。

我国的非营利组织适应了社会主义市场经济条件下社会发展的需要，当前的税收政策特别是企业所得税优惠政策为其发展起到很大的促进作用（杨龙军，2004；李雪松，2005）。我国对非营利组织所得课税的立法，应遵循国际惯例，以这些组织的活动性质来界定是否征收所得税，以此促进我国非营利组织多开展社会公益性的非营利活动，少开展营利性活动（温来成，2004；刘植才，2004；刘磊，2005）。国家税务总局政策法规司课题组（2004）在介绍一些国家非营利组织税收政策的基础上，借鉴国外成功经验，建议对我国的非营利组织重新定位，并提出了完善我国非营利组织税收制度的设想。

2. 非营利组织的绩效评估

由于组织使命、组织目标等组织内外因素的特殊性，非营利组织绩效评价比营利组织和政府部门绩效评价难度更大。目前我国对非营利组织绩效评价已大致形成共识，绩效评价标准也渐趋成熟，绩效评价方法多属定性描述。但由于我国非营利组织发展历史短暂、统计资料欠缺、制度设计不全等因素，绩效评价在理论和实践方面都存在诸多问题。未来我国要在非营利组织绩效评价研究上有所突破，应该做到制度创新、方法集成、内容创新和加强组织能力建设等（王锐兰、谭振亚和刘思峰，2005）。

陈俊龙、孙扬澄和金鑫（2003）提出评鉴非营利组织的六个维度，即使命达成度与社会接受度、效率、投入程度、满意度、平衡度和转换度等。胡杨成（2005）探讨了平衡计分卡（BSC）应用于非营利组织绩效评价的可行性，从BSC的四个层面，即财务层面、顾客层面、内部流程层面、学习与成长层面设计了非营利组织的绩效评价指标体系。

唐跃军和左晶晶（2005）提出非营利组织评估指标体系，其中分别涉及非营利组织评估框架、评估标准、评估指标设计、评估指标重要性系数等内容，所设置的非营利组织评估指标分为非营利组织基本状况、组织治理、公共责任、资金使用、信息披露、筹资活动等六个方面。仲伟周、曹永利和 Shunfeng SONG（2006）则认为我国非营利组织绩效指标体系设计应包含的组织内部员工态度、能力与业绩等基本内容，以及完善指标体系的相关政策建议。

波伊斯特（2005）的专著《公共与非营利组织绩效考评：方法与应用》就如何设计和实施公共与非营利组织的绩效考评，怎样把绩效指标与组织的管理目标联系起来，怎样分析、加工、报告和利用绩效考评数据，以及怎样让绩效考评系统适应并支持战略和决策过程等问题进行了深入分析。波伊斯特提出的绩效考评方法和技术对我国非营利组织绩效管理的实施具有十分重要的参考价值。陈俊龙（2002）以中国青少年发展基金会、沪东教会为例研究了非营利组织的绩效管理问题。

（三）非营利组织的治理问题研究

1. 非营利组织治理效率低下的原因

钱颜文、姚芳和孙林岩（2006）通过比较非营利组织和营利组织在行业环境、组织内部、公共关系三个方面的差异，从非营利组织法人属性类别的角度对非营利组织法人进行划分，对比公司治理结构，构建了非营利组织的典型治理结构，分析公司治理结构和非营利组织治理结构之间的区别，认为不一致的剩余索取权和剩余控制权以及多监督主体是非营利组织治理效率低下的根本原因。李小宁和田大山（2003b）和毛刚、朱莲和郭耀煌（2005）等则研究了非营利组织的激励困境及走出困境的对策。

2. 非营利组织理事会

无论是理论上的逻辑推理，还是实践中的经验总结，都揭示出非营利组织理事会所扮演的角色和承担的责任要重于企业董事会，清晰地界定理事会角色与责任是非营利组织治理的首要课题。马迎贤（2005）以资源依赖视角为解释框架，对国外非营利组织理事会的相关研究文献进行了梳理，揭示了非营利组织理事会的边界跨越职能，分析了资源依赖视角的研究贡献和局限性，并且简要讨论了中国非营利组织理事会的现状和发展。刘宏鹏（2006）通过中美之间的实证分析结果显示，发达国家非营利组织理事会在承担角色和责任方面要全面领先于中国；就中国而言，基金会理事会在某些方面优于社会团体。

3. 非营利组织的失信及其治理

非营利组织公信力是社会、被服务对象、政府、第三方专业机构以及捐赠方对其的认可及信任程度，是非营利组织的第二生命（李虹，2003）。蔡宁和张彬（2004）从交易协调问题和非营利组织的社会经济理论出发，讨论了不同协调机制下的协调失灵问题，提出了非营利组织由于其交易特征多样化的特点，存在着市场失灵、互惠失灵和公共失灵的情况。非营利界的失灵正在以多种形式表现出来，利益的驱动、道德的失控、官员腐败的侵染使非营利部门失灵。为此，应该从立法、信息管理、道德机制入手进行治理（陈晓春和赵晋湘，2003）。

当前，影响我国非营利组织社会公信力的主要原因是其组织内部自律机制缺失，自身发展能力不足，自身性质定位不明确，有不当营利行为，公共责任缺失等以及法律、法规不健全等外部环境不佳（刘晓佳，2003；曹现强和侯春飞，2004；仲伟周等，2004；庞娜，2005）。常瑜（2006）从产权模糊、信息不对称、道德失控、组织规范等不同角度分析了信用缺失的原因，并从完善对非营利组织的监督机制以及评估机制两个方面提出了一些可行的解决思路。

曾维和（2004）提出内部监督机制和外部监督机制有机统一的综合监督模型，以期建立一个较为完善的监督机制。

（四）非营利组织的管理问题研究

《哈佛商业评论》精粹译丛中的《非营利组织管理》（赫茨琳杰等，2004）专辑收录了7篇论文：有效的监管：给非营利组织董事们的建议；非营利组织董事会的新职责；当企业领导人加入非营利组织理事会时；良性资本：非营利组织能向风险投资家学些什么？非营利组织的利润：寻找企业合作伙伴；非营利组织的商业化经营；做好事也要精益求精。赫茨琳杰等（2004）的研究揭示了两个道理：管理的目的并非利润的最大化（这只是营利世界的终极目标），而在于效率的提高和效用的最大化；非营利世界的有效经营管理，需要引入营利精神和商业行为。

盖拉特（2003）的专著《21世纪非营利组织管理》是当代美国非营利组织管理方面的经典之作，对非营利组织管理中的若干重要问题进行了论述，这些问题包括非营利组织的使命、战略规划、营销、公共关系、筹款策略、财务管理、人力资源管理、沟通、董事会、志愿者、竞争力等。研究非营利组织管理问题的专著还有戈伦比威斯基和史蒂文森（2004）著的《非营利组织管理案例与应用》，派恩斯（2002）的著作《公共和非营利性组织的人力资源管理》和苗丽静（2006）主编的《非营利组织管理学》等。

张远凤（2002b）对德鲁克多年来关于非营利组织管理的思想进行了分析和概括，并进行了较为系统的总结。张远凤（2002）介绍了发达国家在非营利组织管理方面的成功经验，分析了我国非营利组织发展中存在的问题。

学术界对非营利组织管理问题的研究主要集中在以下几个方面。

1.非营利组织的战略管理

谭力文（1994）的研究是国内较早的文献，着重论述了非营利组织自身特点对组织战略制定、战略评价与控制等战略管理工作的影响，介绍了西方非营利组织现今所采用的特殊经营战略。钱颜文、孙林岩和梁莉（2005）通过比较非营利组织和营利组织战略管理形成过程中的区别，构建非营利组织的战略管理模型，探讨非营利组织战略管理中心；非营利组织战略管理的首要目标是组织的生存，筹资战略是非营利组织的战略核心，低成本战略和质量战略是实现筹资战略的基础。

2.非营利组织的筹资与运营管理

营利行为日渐成为非营利组织获取收入的重要方式。但对于非营利组织来说，营利行为是一把“双刃剑”：太弱则运转资金不足，可能有生存危险；太强则易偏离非营利目标，改变组织性质。因此，规范非营利组织的营利行为，有利于增强其财务独立性，更好地为社会公益目标服务（徐旭川，2005；2006）。

张晓军和齐海丽（2006）介绍了美国非营利组织在资金筹集方面的先进理念。国外非营利组织的资金来源主要是四个渠道：民间捐赠、服务收费、政府补贴和外国援助。民间捐赠虽然是非营利组织理想的收入来源，但事实上在非营利组织的收入中所占比例很小，“慈善不足”是世界非营利组织发展中的普遍现象（周批改和周亚平，2004）。

我国非营利组织融资脆弱性直接影响到非营利组织的独立性和组织安全，具有显著的负外部效应。其主要表现为过度依赖政府拨款、民间捐赠或投资意愿不强、债务结构失衡、服务收入比例极低等四大方面（王锐兰和刘思峰，2005）。如何筹资成为非营利组织生存和发展的关键。在筹资过程中，非营利组织需要秉承公益的使命，认真对待捐赠者的利益取向，强化自身建设，提高服务能力和自律水平，重视筹资目标的针对性和筹资方式方法的灵活性，充分体现以人为本的原则（李珍刚和王三秀，2002）。

陆道生等（2004）著的《非营利组织企业化运作的理论与实践》研讨了非营利组织的运行方式，在总结中外非营利组织实践经验和发展趋势基础上系统探索非营利组织企业化运作的一般模式、业务流程、经营管理、创新发展和战略规划，并详细地分析了我国非营利组织企业化改制运作的路径。

3. 非营利组织的营销管理

非营利组织营销是一种全新的营销观念（余娟，2002）。董文琪（2005）认为，非营利组织应该通过合作营销方式，对不同市场主体的营销资源进行综合利用，从而提高合作各方的营销绩效。尹丽（2003）通过对中国青少年发展基金会之希望工程的案例分析，研究如何与公众进行有效的营销沟通，不断地促进非营利组织的发展。

科特勒和安德里亚森（2003）的《非营利组织战略营销》在充分融通营销学精髓的基础上，根据非营利组织的特点，结合大量案例，详细地阐述了非营利组织的营销理念、战略规划、资源开发、战略控制及其在实践中的运用等问题。研究非营利组织营销问题的专著还有王方华和周洁如（2005）编著的《非营利组织营销》和吴冠之（2003）编著的《非营利组织营销》等。

4. 非营利组织的人力资源管理

基于非营利组织的结构构建与组织目标同营利组织、政府组织等的先天差别，决定了不同组织各自的雇员管理必然存在显著差异。陈圣和陈敬良（2006）从人力资源管理的六个功能模块着手，系统比较了非营利组织与营利组织中人力资源管理的差异。缪建红和俞安平（2002）运用人力资源管理理论分析了非营利组织对志愿工作者进行管理的必要性。李丹和王锐兰（2006）从理论上对志愿者胜任特征模型进行分析，采用岗位知识、素质能力、服务技能、服务品质四个特征簇构建我国非营利组织志愿者胜任特征模型，为志愿者的招聘、选拔、培训、考核、评价等提供理论和方法依据。

毛刚、朱莲、李开容和郭耀煌（2004）根据 Holmstrom 团队理论，建立了非营利组织团队激励机制模型。该模型证明了非营利组织团队在满足预算平衡或在某些制度约束的条件下 Nash 均衡结果的非有效性。通过引入委托人可以打破预算平衡，以解决非营利组织团队激励问题并设计团队分配方案。

边慧敏和钟慧（2004）在借鉴国内外相关研究的基础上初步探讨如何建构适合我国国情的非营利组织员工素质模型，并分析了模型建构对增强我国非营利组织人力资源管理效率及促进我国非营利组织发展的作用及影响。尉俊东和赵文红（2005）从董事会、高层管理人员、普通工作人员和志愿者四个方面提出了我国事业单位人力资源管理改革的方向。陈晓春和胡扬名（2005）提出了在非营利组织中实施人本管理的理论模式和具体措施。

5. 非营利组织的会计问题

对非营利组织会计问题进行研究的文献很多，仅近几年出版的专著和学位论文就有弗里曼和肖尔德斯（2004）所著的《政府及非营利组织会计——理论与实践》、许群（2004）主编的《民间非营利组织会计制度讲解与实务》、威尔逊等（2005）著（荆新等译）的《政府与非营利组织会计》、罗朝晖（2005）主编的《政府与非营利组织会计》、刘永立（2006）编著的《政府与非营利组织会计》以及孙玉栋、张斌和樊勇（2006）编著的《民间非营利组织会计实务》和张月玲（2004）的博士学位论文《国有非营利组织会计基本理论研究》。

何巧白和黄惠青（2004）通过分析我国现行会计准则体系构成、企业和非营利组织两大会计准则体系并存的问题，对国外会计准则合并趋势的考察，论证我国两套会计准则"合二而一"的可行性。尹玲燕（2005）依据民间非营利组织的特征，认为我国《民间非营利组织会计制度》吸纳了企业、事业单位会计制度的主要内容，但同时又有区别。李静和万继峰（2006）在界定我国非营利组织涵盖的范围，明确非营利组织会计信息使用者需求的基础上，对我国非营利组织会计信息披露的现状进行描述，并对造成这种需求与供给缺口的原因进行深入剖析。其实，非营利组织既不拥有企业的商业秘密，也不涉及国家的安全机密，理论上完全可以充分地披露会计信息，通过各种渠道向公众宣传其使命、基本道德标准及操作规程（陈少华和李静，2006）。

（五）对现有研究的评价

由于非营利组织与政府部门、营利组织不同，具有公益性、非营利性、民间性、自治性、志愿性等特征，受利他和利己这对矛盾的制约，非营利组织的绩效评估存在客观上的困难，带来非营利组织的低运营效率。非营利组织的运营效率备受责难，因此，构建一个适宜的非营利组织治理结构至关重要。

早期关于非营利组织的研究更多是从政治学、社会学和公共管理学的角度进行的。后来，应用经济学和工商管理学科知识研究的文献逐渐增多，但主要是集中在非营利组织的一般管理如战略管理、营销管理、人力资源管理、筹资与运营管理、会计等，以及税收和绩效评估等方面。尽管有少量文献涉及非营利组织治理结构的研究，但不够系统，有的深度还不够。可以说，国内外学者对非营利组织治理问题的研究十分不足，或许是由于主体的利他精神和利己主义在不同的非营利组织需要达到不同程度的均衡所导致的问题复杂性而引起。

近二十年来，中国非常重视发展非营利组织，服务于国民经济和向社会提供公共服务的民间非营利组织发展迅速，在近几年以每年10%—15%的速度递增。尽管如此，与世界各国相比，中国非营利组织的发展仍显滞后：数量偏少、质量较低、活力不强、作用发挥有限。

实践中存在的问题是由于理论研究滞后引起的。如何构建非营利组织治理结构的一般框架，如何完善非营利组织的治理机制，已经成为摆在社会各界面前的迫切课题。

二、国外研究综述

在国外，伴随着非营利组织数量、规模和重要性的快速变化，非营利组织治理结构问题受到了理论界和实务界的高度关注，成为了经济学、管理学、社会学、会计学和公司治理等各学科研究的一个焦点议题，也取得了较为丰硕的有价值的研究成果。尽管国外非营利组织治理结构研究在许多问题上尚未达成一致的结论，但根据研究对象范畴的不断扩展深入，可以划分为以下五种基本的研究模式。

（一）非营利组织理事会治理

传统上，理事会一般被认为是非营利组织治理结构的核心，因此国外学者对其角色职责、运作模式以及对非营利组织绩效的影响等进行了较为全面深入的研究。

1. 非营利组织理事会的角色职责

Fama Jensen提出，作为一种扩散、分离决策经营权与决策控制权的主要机制，理事会可以使依赖捐赠的非营利组织在缺少剩余索取权的情况下也能够继续生存，因为它可以保证所捐款项被有效利用且不易被侵吞。Gies、Ott Shafritz认为，治理的一般含义是指理事会为了治理非营利组织所采取的集体行动。作为理事会的成员，理事们应当针对组织的相关事务表达自己的态度、信念和价值。非营利组织理事会的产生涉及法律、伦理以及实务原因，并且构成了良好治理的基础。理事会成员是非营利组织资源的受托人，也是组织使命的监护人。所以，他们的首要责任是确保非营利组织承担财务受托责任以及进行有效监督。Steane Christie也进一步指出，理事会是非营利组织和外界接触的桥梁，对非营利组织负有最终的责任。

实证研究方法的引入，为非营利组织理事会在实践中的角色职责提供了经验证据。Harlan Saidel研究发现，在一定条件下，理事会在政府与非营利组织关系中通常扮演着多种角色，包括与政府订立服务契约、提升组织独立性以及维护政府与非营利组织边界等。Inglis、Alexander Weaver提出了一个包括战略活动、业务运营和资源计划角色的分析框架，为非营利组织理事会的角色职责提供了依据。Brown Guo通过对121家社区基金会执行官的调查，归纳了其认为最重要的13种非营利组织理事会角色，包括基金发展、战略与计划、财务监督、公共关系、理事会成员活力、政策监督、提供指导和专业知识等。而且，这些角色的主导性在不同情况下也会发生相应的变化。

2. 非营利组织理事会的运作模式

非营利组织理事会的运作模式在实践中也体现出不同的方式，这反映在成员构成、规模、会议次数、内部关系等许多方面。有国外学者据此对非营利组织理事会的种类进行了分析探讨。Murray、Bradshaw Wolpin 以决策权力的分布状况作为依据，将非营利组织理事会划分为五种类型，即理事长主导的理事会（Chair-Dominated Board）、执行官主导的理事会（CEO-Dominated Board）、权力分享理事会（Power-Sharing Board）、权力分裂的理事会（Fragmented Power Board）和无权的理事会（Powerless Board）。

Worth 则根据理事会成员的选举方式不同，将非营利组织理事会划分为四种类型，包括选举产生型理事会、自我延续型理事会、混合型理事会（通常包括指定型、自我延续型和职权型）和顾问型理事会及委员会，而且各自都有相应的优缺点。在不同的种类下，理事会在非营利组织治理结构中实际承担的角色职责存在显著差异。而且，这一问题还可能由于非营利组织处于寿命周期的不同阶段而变得更为复杂。

3. 非营利组织理事会的绩效

国外非营利组织理事会治理研究也关注到了理事会绩效，进一步分析理事会在非营利组织治理结构中的有效性及其作用机制。Callen、Klein Tinkelman 以案例研究方法探讨了非营利组织理事会构成和组织效率之间的关系。他们的研究结论表明，非营利组织理事会中如果存在主要捐赠者，将会显著影响组织效率的计量指标，原因在于主要捐赠者至少可以在一定程度上通过理事会成员资格对非营利组织进行监督。Mwenja Lewis 不仅对理事会活动影响非营利组织绩效的机制进行了分析，而且发现理事会的战略参与和政策活动与组织绩效有更强的相关性。

Zhu、Wang Bart 也采用了比较研究方法，检验了在营利组织和非营利组织中，理事会程序、理事战略参与和组织绩效的传导机制以及效应差异。研究发现，尽管组织类型不同，但理事会程序对理事们参与战略决策具有正向的影响作用，而且活跃于战略决策中的理事们可以提升组织绩效。

（二）非营利组织理事会——执行官治理

Carver 认为，理事会作为非营利组织的领导者，关注的焦点在于确立非营利组织政策，通过控制大局、掌握长远发展方向以及组织价值观来实施管理，但不能陷入具体管理事项的细节中。所以，非营利组织应当明确区分理事会和执行官的工作范围。但在实际运作过程中，非营利组织理事会能否发挥应有的治理功能，执行官的有效配合不可或缺。因此，理事会与执行官的良性互动，通常成为非营利组织治理结构有效性的一个关键所在。

Young 强调在道德前提和法定责任下，只有与执行官共同分享领导权，非营利组织理事会才能善尽身为公仆的责任。理事会和执行官对非营利组织功能的发挥都至关重要。由任何一方居于主导地位的非营利组织都不可能运转良好。他们应当是合作伙伴关系，在功能上相互依赖互补，必须以平等的方式共同协调开展工作。传统上理事会与执行官职责分离，正是非营利组织理事会难以采取有效治理行动的重要原因。为此，非营利组织理事会应当承担新的职责，实际参与管理活动，并在履行职责上打破常规。

Saidel Harlan 的研究表明，非营利组织治理不是由理事会排他性担负的职能，必须有执行官的实际参与。他们以理事会和执行官在治理角色上的行动层次高低为依据，归纳提出了四种非营利组织治理模式，包括分享式治理（Shared Governance）、理事会主导式治理（Board-Dominant Governance）、执行官主导式治理（Staff-Dominant Governance）和旁观者式治理（Bystander Governance），构建了非营利组织治理活动模型。

国外学者也进一步探讨了非营利组织理事会与执行官互动关系的演变过程、动力机制及其治理效应。Werther Berman 分析了在非营利组织发展的不同阶段，理事会和执行官的职责分工及其相互关系。Aggarwal、Evans Nanda 检验了非营利组织理事会规模、管理层激励和绩效的关系。研究发现，理事会规模和组织追求的项目数量呈现正相关，但与管理层绩效薪酬激励负相关，同时对以不同指标衡量的组织绩效也有影响。

（三）非营利组织利益相关者治理

国外非营利组织治理结构研究关注到理事会—执行官的互动关系，是一种以理事会为中心的研究拓展，但研究对象范围整体而言仍相对狭窄。随着利益相关者理论的发展应用，以及实践中非营利组织参与主体呈现多元化趋势，其他利益相关者在国外非营利组织治理结构研究中也日益受到重视。

Speckbacher 认为，非营利组织治理应当关注利益相关者在组织内的价值创造与合作。其中，只有为组织提供特定贡献的群体，才能作为非营利组织的利益相关者。非营利组织治理的核心问题就在于提高利益相关者特定贡献的价值，同时降低利益相关者进行讨价还价和集体决策的成本，为此需要考虑有哪些利益相关者占有剩余控制权。所有的治理机制都应当以确保利益相关者能够有效行使自身的剩余控制权作为目的。

Young 研究分析了如何通过经济性利益相关者治理结构，对非营利组织治理进行修正，以提高组织创造资源的能力。研究认为，现行非营利组织治理结构没有在组织使命中给予被任命或选举的受托人利益，进而导致其存在搭便车行为，资源使用与组织使命的相关性不足等。资源基础的利益相关者治理结构能够引入一种新的动力，增加非营利组织理事会成员面临的激励，使其为了获得更多的组织议程控制权而提供组织需要的各种资源。这将形成一系列非营利组织治理模型，包括由不同利益相关者主导理事会。

Wellens Jegers 基于非营利组织治理有效性的研究成果，分析了关键利益相关者的需求和目标与非营利组织治理结构的关系。他们发现，很多研究成果不仅缺少对一些利益相关者的关注，而且关于利益相关者群体对治理的需求和目标的研究存在冲突，甚至针对同一利益相关者群体也有相反的研究结论。这说明，如果要使大量的利益相关者认可组织自身的有效性，非营利组织必须进行复杂的利益相关者管理活动。

非营利组织引入利益相关者治理面临重大挑战，即责任如何在不同层次的治理主体之间进行分配，并实现权力相互制衡与监督。此外，非营利组织也需要在组织效率和代表性以及统一性与多元化之间求得均衡。但是，非营利组织利益相关者治理研究扩大了治理主体的范围，适应了非营利组织蓬勃发展现实的客观需要。

（四）非营利组织制度情境治理

非营利组织是一个动态开放的系统，其治理结构必然受到内外部制度情境因素的多重影响。而且，制度情境通常也被当作非营利组织广义治理结构的重要组成部分。为此，国外学者依据或综合运用权变理论（Contingency theory）、制度理论（Institutional theory）和资源依赖理论（Resource dependence theory）等，分析探讨制度情境因素对非营利组织治理结构的影响及内在机制，或者通过实证研究取得的证据，为这些理论的现实应用性提供经验支持。

Alexander Weiner 研究了非营利组织在何种环境下会采用公司治理实践。他们发现，这主要取决于两个因素：一是存在支持性的制度（即价值）背景，二是可以获得支持治理再造的资源。这一研究结论实际上为权变理论提供了一定的经验证据。Bradshaw 进一步提出，在非营利组织治理结构研究中采用权变范式，必须肯定这样的观点：治理过程由于组织及其所处环境的变化而不同，因此治理有效性也和受情境变量影响的治理系统（Governance systems）变革相关。John、Martijn Alice 则发现，非营利组织面临的内外部情境因素对治理系统的有效性具有影响，包括理事会角色变动、利益相关者和会员的需求、筹融资协议、理事会成员招募程序、理事会成员的技能以及培训发展资源等。因此，采用权变范式研究非营利组织治理结构更有应用前景。

由于非营利组织的环境和组织特征与营利组织相比更为复杂，也更加缺少同质性，所以单一的理论不能为所有的非营利组织治理结构问题提供答案，为此需要综合运用多种理论研究成果。Callen、Klein Tinkelman 依据代理理论和资源依赖理论，研究了非营利组织环境稳定性与理事会结构的关系及其对组织绩效的影响。他们发现，两种理论是互相补充的，分别解释了非营利组织绩效的不同方面。但研究结果也表明，资源依赖理论的作用相对更强。Wellens Jegers 利用制度理论、资源依赖理论和非营利组织参与性治理机制的相关研究文献，构建了一个整合性框架，用于研究非营利组织受益人是否需要参与组织治理和决策。Dixit Sambasivan 基于资源依赖理论、制度理论、种群生态学和交易成本理论，构建了多理论融合的非营利组织模型，并探讨了该模型涉及的资源控制、制度同构（Isomorphism）、适应变化的环境以及不同主体之间的契约等构成要素。

非营利组织制度情境治理拓展了国外相关研究范围，有助于对非营利组织治理结构进行更深入全面地分析。在这一研究视角下，非营利组织治理结构不是静止不变的，而是随着内外部制度情境的变化而不断演进发展。这也意味着，对非营利组织而言没有一种适用于所有制度情境的最佳治理结构。

（五）非营利组织公司治理

由于公司治理早已成为经济学、管理学、会计学等多学科研究的一个重要领域，取得了大量研究成果，而且现实发展也提供了丰富的实践资料，所以有国外学者对非营利组织引入公司治理模式问题进行了相应的研究。

Blood 提出，非营利组织和私人公司十分类似，而不同于其他任何现存的政治实体，所以应当从公司治理角度研究非营利组织法人治理问题。Jegers 也指出，公司治理中的“公司（Corporate）”一词不只严格限定于营利组织。所以，用于研究公司治理问题的委托代理理论对非营利组织也同样适用。Hopt 认为，由于没有利益相关者监督和接管市场约束，非营利组织普遍缺少控制，为此需要理事会承担更多的责任。在此基础上，他将理事会作为非营利组织治理的中心，探讨了可以从公司治理中借鉴引入的相关理念，涉及理事会结构、人员构成、规模、委员会、薪酬、审计等方面。非营利组织具有不同于营利组织的基本特征，特别是盈余分配约束性、产权完备性等方面的差异，使非营利组织治理结构与公司治理相比必然存在一定的特殊性和困境。因此，采纳营利部门的治理结构和实践，对解决许多非营利组织面临的问题，既不是可行的，也不值得期望。但不容否认，公司治理研究成果和实务发展对非营利组织治理结构具有重要价值，而且在探讨非营利组织理事会及其与执行官的互动关系、对组织绩效的影响等问题时也多有实际应用体现。

（六）主要研究启示

总体而言，国外非营利组织治理结构研究主要利用各学科已有的理论和方法解释论证相关问题，也形成了许多有价值的研究成果，这对我国具有重要的启示意义。

①运用多学科理论和方法，涉及经济学、管理学、社会学、会计学、公司治理等，因此呈现出一种典型的跨学科研究特征。这种做法值得提倡，因为从相关学科或管理视角进行研究，有助于摆脱“就事论事”的逻辑困境，进一步拓宽研究视野和思路，深化对非营利组织治理结构问题的认识，更加科学合理地评估非营利组织治理的实践。

②非营利组织治理主体范围由理事会向利益相关者扩展。非营利组织作为提供公益物品或服务的经济实体，其所需的各种资源由不同的参与主体提供，只依靠理事会或者执行官不可能发挥非营利组织应有的功能。所以，非营利组织治理结构必须扩大治理主体范围，吸纳更多的利益相关者参与治理活动。利益相关者协同参与对非营利组织治理结构具有重要价值，这体现在汲取经济资源、强化内外部监督、提高社会公信力等诸多方面。

③从系统和过程两个维度界定非营利组织治理结构。一般来说，系统维度反映非营利组织治理结构的构成要素与责权利配置，过程维度反映各构成要素基于责权利关系而正常运转的机制。只有同时关注治理系统和过程这两个维度，才能从静态和动态两方面对非营利组织治理结构进行更为全面完整的研究分析。

④重视制度情境对非营利组织治理结构的作用。制度情境是非营利组织治理结构的现实应用基础。不同学科的相关理论探讨了制度情境对非营利组织治理结构的作用机制，而且也得到了一定的经验证据支持。因此，非营利组织治理结构的优化完善必须充分考虑现实制度情境变量的主要特征，由此取得的研究结论才能具有更强的实践指导性和应用性。

第二章　非营利组织及其治理研究概述

第一节　非营利组织的界定

非营利组织作为一种非政府、非市场的社会组织形态，其发展历史源远流长。20世纪六七十年代起，在国外部分发达国家和地区就已经出现一批专业研究机构和学术团体，针对非营利组织进行集中研究，并形成了很多得到世界学术界公认的非营利组织理论。

一、非营利组织的概念与特征

（一）国内外对非营利组织的界定

从各国目前的研究情况来看，“非营利组织”这一词汇并不具有明确的内涵和外延，国际学术界也没有统一的规范术语，因此各国对这类组织的定义和称谓不尽相同，如非政府组织、第三部门、公民社会、志愿者组织、慈善组织等等。现在国际学术界较为流行的一种界定方式是由萨拉蒙等学者提出的“结构—运作型”定义，这种定义以组织的形态结构和运作方式为着眼点，以组织特征为界定条件。这种观点被各国学者普遍接受，并成为最为广泛采用的定义方式。此外，各国学者还从法律、资金来源、组织使命、组织功能等各个角度对非营利组织的概念加以界定，这里不再一一赘述。虽然学者们的研究视角不同，但在组织根本性质上存在着基本共识，因此可以从这些共识中大致确立非营利组织的标准和基本形态。综合以上观点，结合我国非营利组织的实际情况，本文将非营利组织定义如下：非营利组织，简称NPO，是不以营利为目的，以实现社会公共利益为使命，旨在为全社会提供准公共产品及社会化服务的公益组织。它存在于政府和市场之间的公共地带，关注普通社会公众的利益，具有合法独立的地位。

（二）非营利组织的特征

1. 非营利性

非营利性是非营利组织本质属性，也是其区别营利组织最鲜明的组织特征。它包含两层含义。

（1）不以营利为目的

这种非营利的动机是非营利组织区别于营利组织的关键。但是这种目的的非营利性并不意味着非营利组织完全不能通过营利活动取得收益。社会上的所有组织，不管何种类型，都需要有足够的收入来满足其正常运转所需的费用支出。实际上很多时候，非营利组织为了筹集更多资金或得到更多社会资源，需要开展一些营利活动和业务。但组织营利所得的全部收益必须用于公益事业，而不能用于私人利益。这一特征也体现了非营利组织投身社会公益事业的社会价值取向。

（2）组织不得进行剩余利润的分配

《美国联邦国内税法》对非营利组织的这一特征有明确规定，禁止组织将剩余利润在组织董事会或其他成员之间分配。非营利组织的这种“盈余非分配性”是“非营利性”的实质内容。利润的不可分配意味着非营利组织中不存在营利组织那样的利润分配机制。组织开展的任何经营活动所获得的剩余收益，都不能像营利组织那样以利润的形式在各利益相关者之间分配，其全部收益所得都只能用于从事公益事业以及组织自身发展。

同时，由于非营利组织资产性质的特殊性，因此不论是捐赠所得还是经营收益，都属于“公益资产”，在任何情况下都不得以任何形式转化为私人财产。即使组织最终走向破产或解散，也不能像营利组织那样将组织资产余额分配给组织成员及利益相关者，只能按照法定途径将这部分剩余资产转交政府或与其业务性质或组织宗旨相似的其他非营利组织。

2. 自主性

自主性即非营利组织具有独立性和自治性。所谓独立，是相对于政府和营利组织而言的。非营利组织存在于政府和市场之间的中间地带，要同时克服向左（即政府一方）和向右（即营利组织一方）的倾斜倾向。

①非营利组织在处理与政府的关系时，要保持体制上的独立性，避免沦为政府公权力的附庸。

②在经营活动中更要把持住非营利的组织行动方向，真正从根本上克服越轨营利的冲动。独立性特征是非营利组织得以贯彻社会目标、履行公共责任的有效保证。所谓自治，是指非营利组织在组织决策、资金管理、人事安排、机构设置等各方面都具有自主性，可以自行处理组织事务，不受任何外部力量的制约和控制。

3. 志愿性

公益志愿性是非营利组织的一个另一重要特征。这种以自愿无偿、利他互助构成的志愿精神，是非营利组织的内在驱动力。这里的志愿性体现在两个方面。

（1）组织中大量的志愿者

志愿者是志愿精神的人格化表现形式。非营利组织中的成员凭借满腔热情志愿投入到公益事业中来，为谋取最大限度的社会公共利益服务。大量志愿者的存在是非营利组织具备志愿性特征的重要因素之一。

（2）组织外部的社会捐赠

来源于组织外部各社会主体的捐赠也是志愿资源的一种，是组织志愿精神的货币化表现形式。捐赠者为了最终社会公共利益的实现，自愿将资金及其他资源赠予非营利组织，借助组织力量实现最终公益目标。因此这两方面的志愿动机构成了非营利组织志愿性的组织特征。

（三）非营利组织的范围

按照上述非营利组织的内涵和特征，我国现有的各类非营利组织，大致可以划分为三种类型，即基金会、社会团体以及民办非企业单位。

按照《基金会管理条例》中的定义，基金会是指利用自然人、法人或者其他组织捐赠的财产，以从事公益事业为目的而依法成立的非营利性法人。我国目前运作的基金会根据资金来源、运作模式和管理体制的不同，可以分为官办基金会和民办基金会两种类型。官办基金会的资金全部来源于国家财政拨款，这类基金会与政府是隶属关系，其运作和开展活动不受《基金会管理条例》约束；民办基金会是与官办基金会相对而言的，指基金会主要由民间自主经办，其运作模式和管理体制等由基金会自主决定。这类基金会较少受到政府的直接干预，但资金仍然不一定完全脱离政府而全部来自民间捐赠或募集。

社会团体是指公民自愿组成的，为实现会员共同意愿，按照其章程开展活动的非营利性社会组织。按照服务对象范围不同，社会团体可以分为公益性社会团体和互益性社会团体。前者面向不特定的社会大众，任何公众都可以享受组织提供的非排他性的公共产品和服务；后者主要面向会员，组织根据会员的特殊需求来提供产品和服务，而这种产品和服务是非会员所不能享受的，如各种行业协会、联合会、商会、学会、研究会等等。

此外还需要指明的是，在我国相关法律条例中出现的社会团体的概念，与国际上通常的理解有所区别，国际上的社会团体既包括营利性社团，又包括非营利性社团；而在我国这一概念内涵范围相对较窄，特指非营利性社团。

民办非企业单位的概念在相关条例中也有明确规定，指企业事业单位、社会团体和其他社会力量以及公民个人利用非国有资产举办的，从事非营利性社会服务活动的社会组织，包括个体、合伙以及法人三种类型。这里需要注明的一点是，民办非企业单位中所包含的企事业单位，与公办企事业单位存在着本质上的区别。从隶属关系上看，民办非企业单位没有行政隶属关系，具有相对独立性；从资金来源上看，民办非企业单位的组织财产中，非国有财产的比例不得少于资产总额的三分之二。因此虽然组织的最终目标也同样具有社会公益性，但由于组织资产构成以及隶属关系的不同，导致这两类组织的产权关系也完全不同。

二、产权的定义及属性

（一）产权的定义

产权，是财产所有权或财产权利的简称。关于产权概念的界定，国内外学者从不同角度加以描述。阿尔钦认为，产权是一种选择经济物品使用用途的权利，这种权利需要依靠社会强制力来实现。德姆塞茨则将产权定义为自己或他人受益或受损的权利。强调产权的社会关系性，认为产权是一种社会工具。诺斯指出，产权在本质上就是一种排他性的权利。柯武刚、史漫飞将产权定义为个人和组织的一组受保护的权利，它们使所有者能通过收购、抵押和转让资产的方式持有或者处置某些资产，并占有这些资产运用中所产生的效益。菲吕博腾等人指出，产权是一种由物引起的人们相互认可的关系，而非简单的人对物的关系。

由于不同产权学派研究的切入点和侧重点不同，因此对产权内涵的界定尚未形成一致的观点，但是各研究学派在产权内涵的某些基础层面上存在一定的共识。各学派都认为产权不是物，将产权视为一种由人对物的使用而引起的一种人与人之间的相互关系，而不仅是一种简单的人对物的关系；都强调产权构成内容的多元性，是多种权利集合而成的行为性权利束。基于上述观点，可以将产权的定义总结如下：所谓产权，就是对财产的所有权，是由物的存在以及围绕物的使用所引起的人们之间的经济权利和行为关系。由此看来，产权不仅是某种单项权利，是一组人们对财产使用而形成的权利束或权利体系，是对人们彼此之间行为关系的界定和规范。我国《民法典》中对财产所有权的界定是："所有人依法对自己的财产享有占有、使用、收益和处分的权利。"占有权，是狭义概念上的所有权，是对财产的实际控制权，决定着产权整体性质，因而是所有权中最根本的一项权利。占有权决定其他三项权利，但是不能取代或包含它们。使用权，是指产权主体使用财产的权利。主要包括三种情形：第一，使用而不改变其原有性质和形态；第二，部分改变其形态，性质不变；第三，形态和性质完全改变。收益权，也有学者称为"用益权"，是指获得资产收益的权利。收益权意味着由所有者对财产带来的收益拥有完全的权能。处分权，是财产所有者按照其个人意愿对财产进行分配和处理的权利，包括经营、管理、转让等内容。

需要注明一点的是，定义中所讲的产权等同于财产所有权，是指广义上的所有权，是产权的一组权利作为一个整体而存在的，狭义的所有权即占有权，只是作为某一项权利包含在其中。

（二）产权的属性

1. 排他性

排他性是产权的决定性特征，产权所有者必须拥有完整且唯一的产权。这种排他的产权特性意味着财产所有者以外的其他人不能从该项资产中获取利益，更意味着财产所有者要排他性地承担对该项资产使用所形成的各项成本。一旦资产所有者确立了排他性产权，就可以在法律规定的范围内对资产进行自由支配和处置，并独立承担行使产权的一切责任和后果，包括收益和成本。产权的排他性有效防止了资产流失和"搭便车"行为的出现。

2. 可分割性

产权是一组权利束，它并不是单一的，因而产权本身是可以分割的。这就意味着组织资产的一项完整产权能够拆分出各种具体的单项权利。产权的这种可分割的属性增加了财产的有用性，为具有不同需求和资源的群体或个人提供了一个创造价值最大化的机会，因为他们可以运用其拥有的某一单项权利将资金投入到价值最大的用途上去，实现各种资源的最优组合，同时也增加了各种资源使用的效率和灵活性。但这里需要注明的一点是，产权虽然可以依特定要素加以分割，但资产所有者仍然承担有关资产所有权的最终责任。

3. 可转让性

可转让性是产权的另外一个重要属性，产权所有者有权按照个人需求和利益自由支配和处置其全部资产，包括部分或全部权利的转让，以及可能出现的出售或者捐赠等情况。产权的可转让性可以使所有者能够自由拆分、组合各种财产权利之间的关系，并且按个人需要灵活选择有效的组织形式，实现资源的自由流动和合理配置。更重要的是，这种可转让性也降低了产权主体的安全风险，当其利益受到损害时，产权所有者就可以通过转让资产的方式完全退出，来保护自身利益。

4. 安全性

产权除了具有上述属性外，还必须具备安全性，也就是说财产所有者的种种权利必须能够得到有效地保护。当财产所有者的人身及财产收益不能获得完全的安全时，财产所有者就会失去各种产权交易的动力，一旦受到威胁，就会立刻选择改变甚至放弃。因此安全性是产权得以发挥作用的必要前提之一。

第二节　我国非营利组织的发展

一、中国社团的发展及研究成果

新中国的成立是我国历史上一次翻天覆地的变革，自此我国社会面貌焕然一新，社会结构发生了巨大变化。新中国成立到 1978 年之间社团仍然是我国非营利组织的唯一代表。面对当时复杂的社团局面，党和政府针对当时社团的不同情况采取了不同措施，一方面，制定相应的法规，从法律上保护公民结社的合法权利；另一方面，对社团进行了彻底的清理和整顿。

在这一时期，我国社团研究主要集中于法规的制定，如 1950 年 9 月中央人民政府政务会议通过了《社会团体登记暂行办法》，这是第一部关于公民结社的行政法规。紧接着 1951 年 3 月中央人民政府内务部公布了《社会团体登记暂行办法实施细则》，进行了有关具体规定。初步形成了一条有关社团管理的法规，为依法管理社团提供了基本的法律依据。

二、中国非营利组织发展的社会历史背景及研究成果

（一）20 世纪 80 年代到 21 世纪前中国非营利组织发展的社会历史背景

中国非营利组织的发展是在改革开放之后步入正轨。1978 年改革开放后，我国社会出现了大量流动的资源，产生了宽松的社会政治空间，人民生活状况发生翻天覆地的变化，人民生活水平的提高、受教育水平的提高、社会信息量的增加及信息流动速度的加快，都为非营利组织的发展奠定了坚实的基础。加上开放后社会问题的加剧，在中国由民众创建的各种社团、基金会数量越来越多，这些组织具有自身独特的使命、资源和运行模式，汇集众多人力物力，逐渐成长为独立于第一部门和第二部门之外的一个自成体系的部门，即第三部门，也即非营利组织。相比于西方社会的非营利组织，我们不难看出在西方

社会，非营利组织是市场失灵和政府失灵的产物，而中国的非营利组织首先是经济改革的产物，是国家主动开放社会领域的结果。

回顾四十多年的改革开放，我国的现代化建设取得了举世瞩目的成就，综合国力和人民群众生活水平得到大幅提升，成为世界上发展最快的国家之一。由于改革开放是一场深刻的社会变革，因此必然会带来各种利益关系和利益格局的调整。

1. 经济方面

改革开放以来，我国的经济结构发生了深刻的变化。计划经济体制下国家垄断着国民经济和社会服务；市场经济体制下，一方面，国有经济规模逐渐萎缩，另一方面，国家对社会空间和资源的控制权逐步让渡给社会，市场在资源配置上发挥越来越重要的作用。在市场部门不断膨胀的同时，政府部门开始从很多领域退出。

在市场经济体制下，市场中自主运作的企业具有促进行业协会、商会等企业合作组织产生的作用；在市场经济体制下只靠政府部门并不能充分协调好社会各要素的关系，也不能对人、自然和社会提供充分的保障；市场经济发展带来的市场混乱、行业管理无序、产品质量问题、恶性竞争等诸多的社会问题及各类群体的多样化需求成为第三部门发展的动力，在这样的情况下第三部门即非营利部门是对市场和政府部门的必要补充。

2. 文化方面

志愿精神是基于一定的文化基础之上的。中国传统的民间公益观念，最重要的思想渊源是儒家文化“仁”以及汉传佛教“善”“慈”“普”等思想的影响。这种“仁”“慈”的深厚文化底蕴为我国非营利组织的发展奠定了志愿者参与基础。

伴随着中国经济市场化和社会多元化进程的推进，公民通过如媒体、培训班、志愿者宣传等各种形式了解学习慈善事业、第三部门的机会越来越多。这不仅激发了公民参与第三部门活动的热情，也进一步唤醒了隐藏着的志愿服务精神。这种公民意识的觉醒，为我国非营利组织的发展奠定了广泛的社会基础。

3. 政治方面

改革开放前的中国，国家垄断了绝大部分的资源，并控制了几乎所有的社会空间。社会组织几乎没有任何发育的空间和赖以生存的条件，政治空间就更是狭小，从而真正意义上的非营利组织没有合法性。

改革开放以后，我国政府营造了相对宽松的政治环境，以开放的姿态面对包括非营利组织在内的多元社会结构，这给予了非营利组织发展空间和历史机遇。同时伴随着社会转型和民主化进程的推进，公民通过各种方式参与经济、社会乃至政治过程的机会越来越多，对社会、政治生活的参与和表达能力也渐渐提高。很多公民在自身发展满足的前提下，开始将目光投向更深层次的社会问题，积极寻求各种社会问题的治理之道。因此政治体制的改革为各种形式的非营利组织提供巨大的社会空间和政治空间。

4. 国际社会方面

国际社会是中国第三部门发展必不可少的助推剂，它不仅为中国第三部门组织的发展起到示范作用，而且还提供了大量的资金支持、项目援助、能力培训等等；在具体的运作模式上，国际社会也为第三部门组织提供了不少模板，起到了指导作用。

更为重要的是，国际社会的规范、标准给中国的第三部门组织提供了合法性基础和政治机会。国际社会影响着国家对待非营利组织的政策、态度等，国家主动或者被动地接受和适应了非营利组织的国际规范和标准，这在一定程度上也改变了第三部门所处的制度环境，进而促进了非营利组织的发展。

（二）20 世纪 80 年代到 21 世纪前国内相关研究成果

20 世纪 80 年代以来中国非营利组织的发育、成长和发展引起了诸多国内学者的关注，学者们从不同视角不同学科开展了大量关于非营利组织的研究。在这一时期，出现大量研究成果，接下来我们择其之要进行简单梳理。

1993 年社科院王颖等人所著的《社会中间层——改革与中国的社团组织》一书，可称之为这方面早期研究的代表作，本书在组织分类上，根据服务对象将非营利组织区分为“会员制”“非会员制”以及进一步细分的“互益型”“公益型”“运作型”“实体型”四类，书中选取某一地区的社团进行实证研究，进而进行一定的理论分析和概括；1997 年康晓光著的《创造希望——中国青少年发展基金会研究》，通过青少年基金会的个案研究来透视中国非营利组织的现状、目标模式和发展途径，进而以中国的现代化为主线，从国家与社会关系演变的角度，研究非营利组织的发展过程中遇到的问题、挑战及机遇；1999 年苏力等著的《规制与发展——第三部门的法律环境》从社团发展的动力机制角度探讨了我国社团的合法性，认为社团的内在逻辑驱使社团逐渐走向成熟和自治，而这种逻辑可以归结为社团对自身合法性的追求。

这一时期非营利组织的研究成果主要集中于从改革开放和社会转型而发生的国家——社会关系的变化中，揭示中国非营利组织发育的制度基础和相应的中国特色。

三、21世纪中国非营利组织发展的社会历史背景及研究成果

（一）21 世纪中国非营利组织发展的社会历史背景

1. 网络的兴起与普及

进入 21 世纪，Web2.0 时代的到来，随着各色各式的网络社区逐渐兴起，一类以网友为主体、以网络为平台的新型非营利组织群体开始出现在我们的生活中。

中国互联网络信息中心日前发布《中国互联网发展状况调查报告》（以下简称《报告》）。《报告》显示，截至 2020 年 3 月底，我国网民规模达 9.04 亿，与 2018 年底相比，新增网民数量达 7508 万，互联网普及率为 64.5%，较 2018 年底提升 4.9 个百分点。报纸、杂志、电视、广播等大众传媒的普及，传真机的大量使用，互联网和手机等先进通信工具的发展，卫星联播、全球互联网的形成，使得跨地区、跨国界的信息流动越来越流畅，越来越便捷，这为非营利组织的迅猛发展提供了重要技术支撑。这些技术的发展尤其是互联网带来了信息量的膨胀，各种搜索引擎、论坛、QQ、电子邮件等多种多样的网络交流平台高度发达，信息技术提供更发达的信息资源和丰富的工作平台，加速了信息流通的速

度，使得我国既有的非营利组织的运行模式、沟通方式、影响范围出现了许多新的变化，同时各种网络草根组织如雨后春笋般发展起来。

2. 改革开放的深入

21 世纪随着改革开放的进一步深入，中国社会、经济、政治生活等多种外部环境以及文化体系的转型逐渐深入。目前我国处于由封闭向开放、由计划经济向市场经济、由以农业为主导的经济社会向以工业和服务业为主导的经济社会进一步转变的社会转型时期，在这一特殊时期经济制度、社会结构、社会关系等方面发生了根本性的变化，政治、文化和其他社会条件发生了变化，我国社会群体的构成范围、利益关系和价值取向也发生了明显变化，由此引发了社会生活持续、剧烈而深刻的变迁，并引起人们思维方式和行为方式以及价值观的调整。

这种变化形成了一定的社会矛盾和种种的不适应，贫富差距明显扩大，东西部发展水平差距较大，环境、资源、儿童、妇女等各种社会问题不断积聚，民众呼唤公平公正，面对这些问题，涌现了越来越多的公民参与到致力于社会公益事业的非营利组织中。政府改革的逐步深入，不仅政府职能的转变会为各个层面的非营利组织腾出一部分原为政府所占有的资源，而且各级政府在管理体制和运作机制等方面的深入改革，为非营利组织参与公共管理和公共服务提供了更多的机会。

（二）相关研究成果

随着改革开放的深入，中国加入世贸组织，网络的普及等中国非营利组织迅猛发展。在已有研究成果的基础上，学者们进一步深刻分析了中国的非营利组织，较之前的研究，这一时期的研究主要集中于非营利组织内部管理的微观层面及合法性的进一步讨论，主要有：2007 年陈健在《国际非政府组织项目运作的资源分心——以 SC 为个案的研究》中以资源依赖理论与新制度主义为理论指导，从“组织—项目—资源”展开研究，集中关注制度环境和资源对组织项目运作的约束以及组织利用资源的策略行为，通过考察项目运作过程中非营利组织与外部环境和资源的关系，来解释该类组织项目运作的可持续性与脆弱性；李珍刚、王三秀在《论非营利组织的筹资策略》中，分析了非营利组织存在着资金和资源不足的问题，其生存和发展的关键是筹资，进而从整体上提出非营利组织社会募捐的策略，并着重强调了成功募捐的组织要素——组织秉承明确的公益使命，组织运行的透明性和有效性，组织服务的有效性，志愿者参与等等。

第三节　非营利组织的分类

对于非营利组织的分类，国内外都采用约翰霍布金斯大学非营利部门研究小组对于非营利组织活动的分类（ICNPO）。我国对非营利组织研究较早的是王名教授，他基于国外的研究分类，在《中国非营利组织：定义、发展与政策建议》中对非营利组织进行比较详细的分类，如图 2-1 所示：

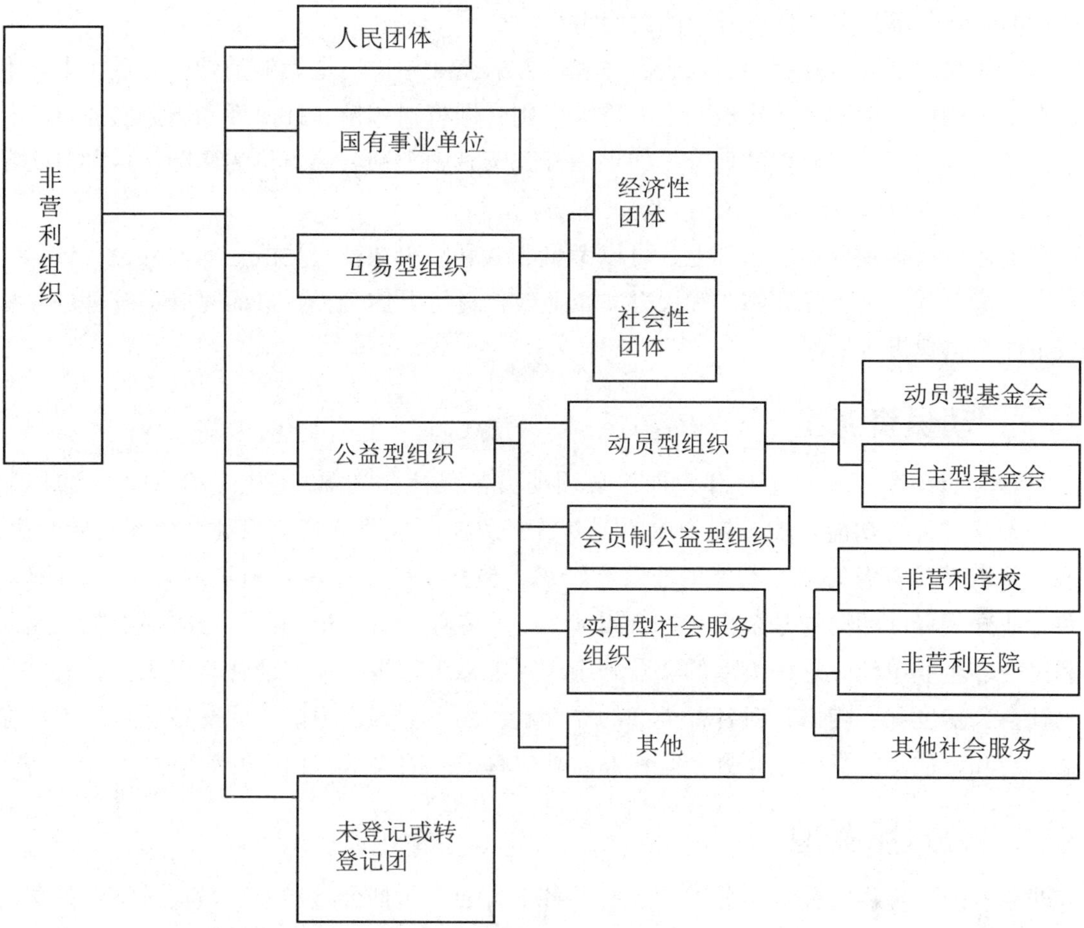

图 2-1　我国非营利组织的分类

我国的非营利组织存在于社会的各个领域，其正常运作对社会的平衡和进步起着重要的作用。对于非营利组织的分类，从国内到国外都存在许多差异，国内相关规定并没有给出统一的规范。但因当前国内对非营利组织的研究和规范不足，使得许多非营利组织在运营过程中存在的种种弊端显露出来。这就更需要有一个完善的管理制度对其加以规范。根据中国现行的法规和管理体制，非营利组织要在民政部门登记注册才能成为合法的民间组织，因此，各种形式的非营利组织实际上分为两大类，一类是在民政部门登记注册的非营利组织，另一类是未在民政部门登记的非营利组织。前者通常称为合法登记的民间组织，并按其依法登记的形式，分为社会团体、基金会和民办非企业单位三个大的类别，然后在三个不同类别的民间组织中，再具体划分为相应的类型，如社会团体划分为学术性、行业性、专业性和联合性四种类型，基金会划分为公募和非公募两种类型等；后者则是一个十分庞杂的体系，包括所有未在民政部门登记的非营利组织，其中有一部分是在政府其他部门或相应的企业或事业单位挂靠的民办单位（如各种培训机构、咨询服务机构、教育机构等），一部分是在工商行政部门以企业形式登记的非营利组织，还有相当一部分是未登记的各种社区群团组织及境外在华非营利组织等。由于登记管理体制的限制，现行法规和相关政策的有效范围只限于合法登记的民间组织。

将民间组织划分为基金会、社会团体和民办非企业单位三个大的类别，体现了非营利组织在组织构成、性质和运作机制上的重大区别，即将财团性、社团性和服务实体性三种类别的非营利组织作了合理的划分，如果撇开关于其中个别名称争论的话题，这种分类是中国民间组织现行管理体制中值得肯定的部分。

在上述三大类别分类的基础上，可以考量非营利组织在社会功能上的差异性，依据主要社会功能对基金会、社会团体和民办非企业单位进行具体分类，进而为分类管理的立法和政策体系构建提供依据。

一、动员资源型

非营利组织为了能够生存和发展，必须动员各种社会资源，包括慈善捐赠和志愿服务。随着这种社会功能日益发展和成熟，动员资源在少数非营利组织身上会逐渐专业化，出现一些以动员资源为核心功能的非营利组织，包括一些专业筹款的基金会和社会团体，一些专业开展资助活动的基金会和社会团体，一些专业招募、培训和派遣志愿者的社会团体和民办非企业单位。这种类型的非营利组织可能数量很少，但专业化程度很高，有相当高的社会公信度和影响力，对各种类型的非营利组织形成强有力的资源支持平台，因而在公益认定和评估，以及社会监督和监管方面都应有很高的要求和相应的约束。

二、公益服务型

非营利组织提供的公益服务遍及社会的各个方面，包括公益慈善、救灾救济、扶贫济困、环境保护、公共卫生、文化教育、科学研究、科技推广、农村和城市的社会发展及社区建设等许多领域，都是非营利组织开展公益服务较为集中的领域。

随着这种社会功能的不断发展和成熟，公益服务在一些非营利组织身上会逐渐专业化，出现一些以公益服务为核心功能的非营利组织，包括一些主要开展公益项目的基金会、社会团体和民办非企业单位，以及开展各种社区服务的基层组织等。这种类型的非营利组织数量巨大，分布广泛，但是单体规模可能不大。它们的共同特点是面对受益者的各种需求，致力于为公众提供各种形式的公益服务并谋求社会公益；它们与各级政府和相关各个领域的政府公共服务相辅相成，在很大程度上成为政府公共服务的有益补充。

三、社会协调型

在社会转型期，各种形式的非营利组织越来越成为公民表达意愿、维护权益、协调关系、化解矛盾、实现价值的最为广泛和直接的形式，这是中国的非营利组织近年来在数量上急剧膨胀的重要原因之一。随着这种社会功能的发展，推动社会协调、参与社会治理成为一部分非营利组织的主要功能。从机制上看，大体上有以社区为基础的横向协调型和以社群为基础的纵向协调型两种不同类型，前者如各种社区群团组织，后者则包括各种形式的商会、行业协会、工会、联谊会、同学会、消费者协会等。这种类型的非营利组织一般采取会员制的社团形式，注重社会资本，在会员共同利益基础上形成一定的共益空间并为会员提供服务，同时强调对所在社区或社群的代表性，积极参与社会公共事务。它们数量很大，种类繁杂，其共同特点是具有较强的自我稳定性。

四、政策倡导型

非营利组织不仅积极参与各级相关立法和公共政策的制定过程，以各种努力倡导和影响政策结果的公益性与普惠性，而且往往作为特定群体特别是弱势群体的代言人，表达其利益诉求和政策主张。随着这种社会功能的发展，政策倡导成为一些非营利组织的主要功能，其中一部分成为专门从事相关政策研究并积极影响政策过程的思想库，另一部分成为积极参与社会博弈的弱势群体的代言人或者利益集团的代言人，有的发展成为对社会政治过程有影响的压力集团。这种类型的非营利组织的数量虽然不多，但影响很大，它们的共同特点是有明确的政策主张，较多关注社会公正，并通过积极的倡导活动影响政策过程。

上述分类，强调了不同类型的非营利组织在功能作用上的不同特征。事实上，在功能作用接近的同一类别的非营利组织之间，它们在信息、资源、活动等方面具有很强的流动性，相互沟通、交流、合作与互动的频度很高；而功能作用相差较大的不同类别的非营利组织之间，流动性一般较弱，彼此间缺乏相互的沟通、交流、合作与互动。这种现象表明，非营利组织是一种功能导向的社会组织。

另外，通过从功能角度进行的分类，在此框架基础上还可深入探讨相关立法调整、管理体制改革和政策完善等问题。例如，对于现行双重管理体制条件下登记许可制度造成的高门槛，可以考虑按照功能分类进行逐步调整，在分类降低门槛的同时加强过程监管；对于不同功能类别的非营利组织，可以采用不同的监管手段；长期难以推进的减免税制度，也可按照功能类别分级分期分类进行试点；各级政府正在探索的政府采购服务，可按公益服务的领域细分为不同的类别加快步伐；等等。

第四节　非营利组织治理研究概况

一、非营利组织发展的外部法律环境

陈金罗等（2006）在《中国非营利组织法的基本问题》一书中指出：对于非营利组织的发展来说，我国现在的法律环境已经对其构成了严重的制约，这已经基本成为共识。比如，现行法规对非营利组织采取了限制成立、限制竞争、限制规模的政策。不仅成立条件苛刻、设立程序烦琐，而且禁止非法人社团、未登记社团的合法存在；行政管理上采用双重管理体制，给非营利组织带来了沉重负担，同时赋予了管理机关非常广泛的自由裁量权；有关的民事法律十分混乱，并且存在着明显的法律漏洞，这直接导致非营利组织成立

和运作的成本增加，并且增加了发生各种纠纷的危险，等等。对非营利组织法律问题进行系统研究的还有魏定仁（2006）主编的《中国非营利组织法律模式论文集》、金锦萍和葛云松（2006）主编的《外国非营利组织法译汇》和蔡磊（2004）的博士学位论文《非营利组织基本法律制度研究》等。

二、中国事业单位改革与非营利组织发展的关系

刘太刚（2005）通过对事业单位在非营利组织群落中的地位分析，以及有关事业单位改革的基本共识和分歧的考察，认为事业单位改革为我国非营利组织的发展提供了难得的契机。中国的“事业单位”应该成为非营利组织，同时依靠健全的法律和“管办分离、分类管理、目标约束、购买服务”的管理方式推动其健康发展，在当前社会主义和谐社会的构建过程中，需要尽快建立和完善中国的社会主义非营利组织体系（李培林、徐崇温和李林，2006）。与李培林等持有不同的意见，吴东民和王孝贡（2005）从对改革的理论准备、宏观环境、事业单位的复杂性、非营利组织自身的“失灵”以及事业单位与非营利组织性质的不对称等方面的分析看，认为我国事业单位非营利组织化这一目标模式并不是当前推进事业单位改革的最佳选择。

三、其他研究视角

杨团（2001）认为内地非营利组织应该充分学习中国香港的现代理念，借鉴中国香港的经验。翟新（2003）认为日本政府通过确立官民协调机制、多样化的资金援助、协助培养人才等制度，使民间非营利组织的活动和影响力得以强化。过聚荣（2002）通过对我国香港及其中国台湾地区非营利科技组织的演变的考察，认为港台地区的科技服务机构不仅已成为重要的工业支援机构，而且它还将成为经济转型过程中的不可缺少的助推器，在经济全球化的进程不断深化的时代有重要的借鉴作用，并对内地非营利科技组织作用的发挥也有重要的启示。

陈晓春等（2004）基于共生的理念，探讨了非营利部门如何与政府、企业、个人建立良性互动、共赢的关系。成志刚和周巍（2005）指出，非营利组织政治参与是指非营利组织试图影响政府政策过程的活动。扶松茂（2005）系统研究了美国民间非营利组织与政府开放与和谐的关系。任慧颖（2005）以中国青基会为研究个案，考察了中国现实中的非营利组织与政府的互动，进而透视出中国非营利组织与政府所形成的权威关系。丁美东（2003）研究了非营利组织提供的产品和服务的价格机制。金罗兰（2005）分析了我国非营利组织对项目性活动的管理。王晨（2003）在分析中国非营利科技组织现状的基础上，阐述了非营利科技组织的创新特征和基本途径。

四、非营利组织资产管理体系的国际经验及借鉴

西方非营利组织发展历史较长，内部治理相对较为完善，非营利组织资产的内部治理结构，主要借鉴两种模式：一是政府治理结构模式，二是公司治理结构模式。目前，大多

数国家都偏向于借鉴公司治理结构模式。纵观世界各国的公司法人治理结构模式，主要有三种，即英美、德国和日本模式，因此，选取美国、德国和日本三国为代表，介绍非营利组织资产的内部治理结构。

（一）美国模式

美国非营利组织具有较长的发展历史，与其社会的经济、思想文化和社会体制背景有着密切的关系，在社会经济发展中起到了重要的促进作用。通过分析美国非营利组织发展现状及政府对非营利组织管理模式，我们从中汲取有利于我国非营利组织建设管理的理论和经验，进而推动我国非营利组织的进一步发展。

1. 美国政府对非营利组织的管理模式

（1）繁细复杂的法律保障

美国是普通法系国家，对于非营利组织管理没有专门的法律，但是在相关的法律中都有对非营利组织的各种行为的规定，并且繁多而细致。在美国，适用于非营利组织管理的法律有宪法、税法、商法和公司法等。美国政府通过税法对非营利组织进行宏观管理，联邦税法第 501 条款税法对美国具有免税资格的 30 余种非营利组织以列表形式做了具体规定。根据税法规定，按照非营利组织具体性质可分为慈善及其他公共福利性的非营利组织和互助性的非营利组织；按照非营利组织的税法地位可分为获得免税资格的非营利组织和不具备免税资格的非营利组织。公共慈善组织包括教会、学校、医院和医学研究组织等，它们主要受美国联邦税法第 501 条款和《国内税收条例》第 170 条款的调整，依照法律规定，公共慈善组织要得到占总体 1/3 或以上的公众支持，才能具有或保持公共慈善组织的法律地位；如果该比例小于 1/3，但大于 1/10，且该组织能够通过事实和状况检验，在法律上仍可保留公共慈善组织的地位；如果公众支持率低于总体支持的 1/10，则该组织降为私人基金会的法律地位，私人基金会除受上述两种法律规范制约，还要遵守《国内税收条例实施细则》中规定的 4940—4946 技术性条款。同时，美国税法还明确规定非营利组织只要其经营是与该组织的慈善事业无关的活动，就必须按照公司所得税法对其收入照章纳税；慈善组织的任何净收入不得用于支付私人股东或个人福利，否则就可能构成非法侵吞的违法犯罪。慈善组织也不得参与竞选活动，不得支持或者反对公职候选人，但可在某些法定条件下从事有限的包括直接立法游说和基层立法游说在内的立法游说活动。

（2）协作式的伙伴关系

美国政府和非营利组织是典型的合作伙伴关系，非营利组织基本秉承自愿组织、自愿成立和自愿参加的原则，政府很少对非营利组织进行限制，在客观上促进了非营利组织的发展。美国联邦政府通过直接资助和间接资助对非营利组织进行资金上的支持，同时州及州以下政府也对非营利组织提供资金支持。

美国政府除了提供资金支持外，还对非营利组织提供所得税的豁免，对私人和企业非营利捐款的减税，并且州和州以下政府有对非营利组织所得税、财产税和销售税的豁免政策。在合作伙伴关系模式中，美国政府和非营利组织共同开展公共服务，资金由美国政府提供，非营利组织负责配送服务。在美国，非营利组织只要经注册获得法人资格，就具有获得政府资助的资格。因为美国政府基本上不直接从事社会公益事业，而是通过委托给非营利组织进行，因此非营利组织可以从政府申请到社会公益事业的项目资金资助。政府通过项目招标方式选择资助对象，非营利组织每年则要精心选择项目，作出详尽的项目报告，以求项目内容符合政府的意愿获得批准，最终确定资助对象。政府还要与非营利组织签订项目协议，并对其运作情况进行监控管理，项目结束后，非营利组织要进行总结以便政府进行验收评估。20 世纪 90 年代以来，美国通过合同出租的制度安排将公益物品和服务的生产与提供民营化。所谓合同出租是指政府以招标承包的形式将原来由政府提供的社会服务转由私营部门提供，通过借助私营部门提供服务，在保留公共服务设施所有权的前提下将公共服务的管理、投资、运作以及经营等方面的责任转移给私营部门。公共服务合同出租可以提高服务质量，同时还节约了大量成本，提高了服务效率，为政府和非营利组织的合作提供了便利。

（3）职责明确的监督管理

美国对非营利组织的监督管理主要是通过政府监管、第三方评估机构和同行间的互律的方式。美国政府对非营利组织实施监督管理的主要政府部门有登记机关、税务机关、审计机关和政府有关主管机关。政府机关的管理人员通过走访对非营利组织进行检查，审查其有关报告。美国有 33 个州对非营利组织的财产进行监督管理是由司法部门负责的，它们拥有仲裁权、处罚权和起诉权，以确保规范非营利组织的行为。此外，美国政府还委托国家慈善信息局、人类慈善咨询服务组织和宗教事务委员会等机构制定相应的管理标准，用以评估非营利组织的运营情况，对非营利组织进行监督管理。美国国家慈善信息局是专门评估公众筹款机构和服务机构的工作成效的机构，它制定了 9 条评估标准，并且每个季度出一期季报，将所评估的非营利组织排列出来，根据标准逐条评估。对于违规的非营利组织政府的唯一惩治手段就是吊销其执照。

为了弥补政府监督机制的不足，美国政府对非营利组织的监管还引入了第三方评估机制，它不但能帮助非营利组织维护自身的合法权益，为非营利组织服务，而且能帮助政府监督管理非营利组织，促进非营利组织自律。同时，美国政府还通过非营利组织的互律以确保非营利组织的行为规范，这些同行间的互律包括联合会的互律、全国性协会的互律和行业性社团的互律等。政府还通过大众媒体和公众参与的社会监督手段对非营利组织进行监管，以确保非营利组织运行中公开透明。

2. 启示

（1）完善法律法规以推动非营利组织的发展

美国非营利组织的发展经验显示建立健全非营利组织的法律、法规体系，是促进非营利组织蓬勃发展的重要保障，也是有效管理非营利组织的有力措施。目前，我国关于非营利组织相关活动的法律主要有《中华人民共和国公益事业捐赠法》《关于完善城镇社会保障体系试点中有关所得税政策问题的通知》（财税［2001］9 号）和《扶贫、慈善性捐赠物资免征进口税收暂行办法》（财税［2000］152 号），这些法律法规在一定程度上促进了我国非营利组织的发展，但是这些法律法规之间缺乏彼此的协调，没有统一的指导，造成双重管理体制，对于非营利组织管理的总体法规和具体行为法亟待出台规范非营利组织的行为。

拥有完善法律法规的同时，政府还应该制定合理的税收政策对非营利组织进行管理。我国现行的非营利组织税收政策分散在各个法律法规中，彼此间缺少协调，甚至存在矛盾，实际操作困难，然而美国联邦税法第 501 条款对非营利组织免税的资格作出明确的规定，使非营利组织可以参照自己的形式获得相应的减免税资格。政府可以通过制定合理的非营利组织免税和减税政策，对非营利组织进行有效地管理和监督，促进非营利组织的健康有序发展。

（2）正确处理政府与非营利组织关系

美国政府与非营利组织建立了普遍的合作关系，而我国现处于社会转型期，政府与非营利组织之间的关系正从管理与被管理向彼此合作和良性互动的伙伴关系发展。

非营利组织应该明确自治、自立、自养的独立意识，明确其产生源于社会需要而不是政府需要，它和政府之间是平等的法人关系。就目前来看，政府应该转变管理思想，优化管理体制，明确分工，努力和非营利组织合作，共同治理公共事务，保持非营利组织的独立健康稳定发展。登记管理部门要在非营利组织准入方面把好关，严格审定非营利组织的章程和宗旨，建立健全各项管理制度；而且还要加强对非营利组织年检、审计、财务、社会捐赠使用等方面的监督，严格审定非营利组织的营利使用。业务主管部门应该强化预先审查，严格审定业务资质，确保非营利组织有能力开展活动；加强业务指导和沟通，引导非营利组织在政策制定和相互协调等方面充分发挥主动性、积极性和创造性，形成良好的互动；建立健全业务评估管理制度，促进业务管理专业化、规范化发展；加强与登记管理部门的沟通协调，形成联动管理机制。非营利组织作为分担政府职能的社会实体，是对政府和市场失灵的有效补充，政府要立足改革和发展的全局，采取积极主动的策略，寻求与非营利组织的互动，部分放权于非营利组织，通过对非营利组织提供的服务进行合同购买来支持非营利组织的发展，形成一种有效的合作模式。

（3）完善对非营利组织监督管理

从美国非营利组织监管的经验来看，对非营利组织进行监管主要有政府部门、第三方机构和行业内自律体系，这些监管机构的存在规范了非营利组织的发展。目前，我国很多非营利组织内部组织结构、管理体制、决策程序、财务制度都不健全，财务混乱、经费短缺现象严重，很少开展社会服务活动，甚至利用非营利组织身份谋取非法利益。这些现象的存在不能仅依靠政府监管控制，需要借助社会和公众力量强化监管，实现监管主体多样化，监管内容多样化，监管程度规范化，使得非营利组织健康发展。

根据美国的实施情况的经验，我国非营利组织应该实行透明化运营，形成自律机制，建立行为准则，方便社会成员随时监督质疑非营利组织，建立对非营利组织的信任。同时，引入社会评估机制来取代政府部门部分退出后形成的权力真空，通过社会评估机制来促进非营利组织遵循非营利准则，同时保证非营利组织的活力与创新，评估还有利于促进非营利组织会随着中国社会经济体制改革的不断深入和“小政府，大社会”的管理体制的不断完善，非营利组织在我国社会经济中的发展将起到越来越重要的作用。美国非营利组织的发展经验，政府对非营利组织的管理模式，对我国具有重要的借鉴意义。同时，要充分考虑我国所处的社会背景和制度条件对非营利组织产生的影响，将非营利组织的发展置于更广泛的社会体制建设背景中，真正实现非营利组织的长远健康稳定地发展。

（二）德国模式

德国经验表明，单独依托政府无法在财力和质量监控上确保提供优质公共服务；德国地区间财政转移支付政策从财力上确保为国民提供均等化的基本公共服务，从而为非营利组织提供了经费保障；不断完善的法律制度更好地规范了非营利组织准入制度、员工培训与管理，并鼓励利益相关者参与服务监督以提高服务质量。借鉴德国经验时也必须意识到，德国的非营利组织广泛参与与其国家和社会所倡导的自治准则及非营利组织发展密切相关。

1. 德国非营利组织参与提供公共服务的特点

（1）建立伞型组织，确保其法律地位，提高服务效率及专业化水平

在联邦层面，德国早在1924年就已建立了六个伞形组织，用于协调公共服务领域的非营利组织。伞形组织按其起源可以划分为政治团体、社会运动组织以及宗教群体等。在这六个伞形组织中，有三个宗教性质的组织和一个政治类组织通过共同意识形态发展起来，与其自身的宗教或党派组织紧密联系。福利均等化协会主要整合了分布在各地的非营利组织，并非按照政治和宗教逻辑来开展服务，而更是强调公共服务的供给效率。各伞形组织下的非营利组织间定期分享经验、共享服务所需专业和法律信息。

（2）法律规定经费保障可确保提供均等化公共服务

与其他国家大致相似，德国公共服务所需经费分别来自于联邦政府、地方税收及转移支付、对被服务者征收费用、基金会捐助、会员费等渠道。其中，联邦政府仅提供公共服务经费的基础部分。为保障各地之间均等化提供基本公共服务，德国联邦法律采取措施确保地方政府能够提供平等的生存条件，主要包括婴幼教育和养老等社会服务、公路铁路等基础设施、工作机会、生态与文化设施等。

此外，德国宪法第106章也明确规定了预留资金用于政府间再分配。这种再分配不仅仅是在中央政府和地方政府间展开，也涵盖了地方政府之间的横向再分配。德国宪法第106和107条对各级政府不同税种的分配做了规定，同时也对最初分配之后的财政均等化转移支付机制作了规定。再分配也是基于辅助性原则，地方政府同时需要匹配一定的财政补贴来配合完成。在横向再分配中，德国的财政均等化转移支付政策充分考虑了各州和各地方政府税收和经济发展水平的差异，通过地方政府间横向的财政转移支付来确保各地都有足够的财力提供基本公共服务。

除了财政上的转移支付之外，地方政府的行政首长和地方议长也会遵照私法注册成立协会来交流成功经验，并通过结成的联盟与联邦政府进行协商以争取更多的资金。这些协

会虽然没有法定的否决权，但是他们至少可以让联邦政府听到反对声音。

（3）设立非营利组织参与提供公共服务准入条件及质量监管措施

德国非营利组织并非仅仅参与慈善活动，同时也参与地方政府核准的公共服务。以下将主要介绍德国非营利组织参与政府核准的法定社会服务准入条件、政府对服务质量的监管。

德国的社会法典对非营利组织参与提供公共服务做了四点总体规定：第一，具备提供相关公共服务的必要能力和设施；第二，确保资金的使用效率；第三，拥有当地地方政府所不具备的资金或者技术资产；第四，确保所提供的公共服务符合德国宪法准则。

除此之外，各地也通常会采取措施来确保服务质量和效率，包括：对非营利机构的服务资质进行认定；合同中有明确条款对服务质量作出规定；服务机构的自我监督措施等。

尽管资质认定因服务类型不同而有所差异，但总体上来讲取决于以下几个方面：第一，管理团队和员工自治水平，如有相关工作经验员工的比重；第二，服务设施的情况与标准：卫生状况、安全状况（如防火）；第三，资金管理和质量管理情况；第四，服务对象的建议和反馈系统等。

核准开设新的公共服务设施通常需要至少三个月时间。申请材料主要涵盖以下详细信息：设施开放时间、员工姓名地址、员工数量、设施使用说明、管理团队受教育情况及其从业历史，是否有与政府或者社会保险机构签订的服务合同等。无法满足要求的非营利组织无法获得从业资格，或者运营过程中一些条件无法满足要求，从业资格将被收回。通常收回资质不仅影响单个非营利组织，政府也会对整个伞形组织下的其他非营利组织加强监管。德国这种松散的监管机制一直有不少批评的声音，政府也呼吁公众举报公共服务机构存在的问题。

（4）建立从业资质准入制度及趋于标准化的教育培训体系

以社会服务为代表的公共服务通常是劳动密集型，需要大量全职和兼职专业工作人员。据统计，德国大约有 500 万名志愿者（约占德国志愿者总数的 10%）从事与此相关的服务。所有从业人员需要取得资质后才能参与提供相关服务。不具备资质的员工只能协助有资质的员工来开展业务。如果非营利组织雇佣未经培训的员工提供公共服务，一经发现，员工的上级主管将会为此承担责任。每个非营利组织负责雇佣其所需的员工。员工培训和教育工作主要由职业学校、大学和非营利组织自身来提供。培训标准更趋向于统一化。这些培训标准主要涵盖教育和培训的内容、实习、培训者的准入标准、考核与发证等方面。一些大型非营利组织已经建立了自己的培训中心，培训课程也需要得到政府授权核准。

2. 德国非营利机构参与提供公共服务面临的挑战及近期变革

以养老服务为例，德国养老机构改革始于 20 世纪 80 年代，那时德国劳动力市场结构发生了很大变化。服务行业的兴起为整个社会提供了大量的就业岗位，女性地位的提高使她们不再满足于家庭为中心的生活，以往从事私人护理服务的女性开始转向其他行业。同时整个德国社会也正趋于老龄化，对于养老服务的需求不断增加。

从20世纪90年代中期开始，政府改革的目标集中在解决养老资金短缺、提高从业人员工作积极性，并尝试将养老责任转移到家庭成员身上，具体措施如下。

（1）推出长期护理保险并鼓励家庭和老人参与来解决政府养老资金短缺问题

经过长期的实践和讨论，德国社会逐渐意识到为养老事业提供优质服务需要大量资金投入。德国开始尽量将老年人安排在自己的住所居住，鼓励其家庭成员来照顾老年人，同时提供尽可能多的医疗救护力量。

（2）立法加强各参与方对养老服务的监督

德国鼓励各利益相关人监督养老服务质量。2000年前后，德国召开了一系列圆桌会议来探讨养老工作。会议之后，新的法律法规更强调病人和外部机构对养老机构的监督来提高服务质量。2001年出台的养老机构法赋予养老院病人参与监督的权力。公共健康保险基金因其为老年人提供保险而成为养老服务的利益相关者，保险基金投放的绩效与养老机构所提供的服务品质密切相关，因此公共健康保险基金作为第三方也强化其对养老机构服务的监督。

（3）细化服务标准，同时提高从业者最低工资标准

养老机构法对养老机构从业人员、养老院房间和床位标准作了具体规定。2005年德国政府对这些规定进一步细化。社会法典XI第71条中对养老机构管理人员和护工的从业资格也作了明确规定。经过长时间的争论之后，2010年德国政府出台了养老从业人员最低工资标准。这一规定覆盖了80万从业人员中的3/4，但是教会和许多其他机构仍不在这一规定之列。

3. 对中国社会资本参与提供公共服务的启示

对德国的公共服务体系分析表明大量的公共服务可以通过购买社会服务来实现。即使在德国这样的发达国家，单纯依靠政府提供公共服务也难以满足公众的需求，也难以维持充足的经费保障提供高水平的服务。

德国经验表明资金的合理配置更有利于实现公共服务供给的均等化及可持续化，其中两条措施值得我们借鉴。一是地区间财政转移支付保障了国民可以均等化地享受基本公共服务，这比较适合我国广泛存在的区域间经济和社会发展不平衡的现实。另一个是以长期护理保险为代表的保险制度，一定程度上为公共服务供给了可持续性的经费保障。

我们也需要看到非营利组织参与公共服务供给也存在诸多挑战。德国在养老领域的最新变革也开始回归家庭，即鼓励亲属参与来照顾老人，在制度上给予相应保障。中国社会家庭观念更强，更易于发挥子女照顾老人的亲情优势。德国长期护理保险的制度值得学习借鉴，既可缓解子女因照顾老人而无法获得经济收入的尴尬，也可保证老年人得到家人的精心照顾。

德国之所以会有非营利组织广泛参与提供公共服务有其深厚的历史渊源，与其社会和政府所倡导自治性准则紧密相关。德国政府在公共事务中主要承担监管者角色，通过提供制度框架来鼓励社会资本的广泛参与。德国的自治体系是根据其国情发展起来的共识，与其社会中宗教、志愿和政治组织长期存在密切相关。中国的社会情境、社会结构与德国差

别较大，非营利组织存在时间尚短，怎样充分发挥中国特色的社会因素（如重视亲属关系、老乡关系、单位等）在公共服务供给中的作用值得深入思考。因此，建立中国特色的社会广泛参与的公共服务体系在借鉴德国经验的同时，也需要思考结合中国的本土社会文化因素。

（三）日本模式

日本强调非营利组织内部的治理，其内部治理结构和公司治理结构模式非常相似。其非营利组织法人，包括社团法人和财团法人。社团法人的内部治理机构，包括会员大会、理事会和监事；财团法人的内部治理机构，则包括评议员会、理事会和监事。《民法典》和《特定非营利活动促进法》，对非营利法人的内部治理结构，作了较为详尽的规定。法人的内部治理必须在组织章程中加以阐述，具体指出该组织与会员之间的关系、职责、会员大会（评议员会）的管理、组织的资产管理程序等。会员大会（评议员会）是法人的最高权力机构，职责包括选举产生理事会、审查上一年度事业报告和财政决算、决定本年度计划等，所有决定均遵循少数服从多数的原则。理事会在一切事务上代表法人，和监事相互制约。法人的一切事务，须经理事会 1/2 以上决定通过。监事承担着监督的职责，包括监督理事会财务的执行状况、监督法人的资产状况、发现违规情况时向会员大会或政府主管机关报告等。

另外，日本政府规定 NPO 必须遵循以下三点：第一，服务内容上，必须以 20 个特定非营利活动领域为主要服务内容，不得从事宗教、政治或犯罪活动。第二，经营性质上，强调“非营利目的”。一是不得向组织成员进行利益分配和资产返还；二是当非营利组织从事经营性活动时，其获得的收益必须全部用于非营利性活动。第三，成员组成上，成员资格的得失不得附带任何不合理条件，带薪成员不得超过全体成员数的 1/3，NPO 法人成员不少于 10 人。

1. 日本民间非营利组织的筹资模式

在日本，民间非营利组织的筹资模式有很多种，主要可分为：会费、寄附金、辅助金・助成金、事业收入、融资及其他收益。此外，日本政府通过为符合条件的民间非营利组织减免税务的方式，促进民间非营利事业发展。

（1）会费

会费是日本民间非营利组织一种比较普遍的筹资方式，虽然金额不多，但却是组织正常开展活动和启动服务的重要保障。以 NPO 法人为例，其会员分为正式、活动、一般、赞助四档，并对应金额不等的入会费与年会费。

（2）寄附金

寄附金就是捐赠，捐赠者可以是个人，也可以是团体；内容可以是钱财，也可以是场地或物品等；方式有街头募集、捐款箱、银行汇款、现金、信用卡划款、捐赠物资销售等。根据《平成 29 年度（2017 年）关于特定非营利活动法人的实态调查报告》，在登记法人组织中，捐赠仅次于事业收入，占到总收入的 15.9%，属于重要资金来源。即使在非登记法人组织中，存在不能开设独立的银行账户的限制，捐赠仍占 2.1%。

相比于欧美，日本存在个人捐赠少、企业团体捐赠多的特点。究其原因，一是东西方文化、宗教、社会、税收制度不同，导致个人对捐赠的意愿及认识不同。二是法律层面英美属于普通法系国家，日本属于大陆法系国家。大陆法体系下，凡是法律未做规定的即不可存在。相反在普通法体系国家中，凡是法律没有明文禁止的各种组织，都可以成立。因此，英美国家中非营利组织能够开展的募捐活动形式更为自由多样。三是“企业的社会责任”（CSR）的推行。日本经济团体联合会将其定义为：企业自发性地发掘社会中存在的各种问题，充分利用企业所拥有的各种资源，在不追求短期直接回报的前提下探求解决问题的途径。并发起成立了“1% 俱乐部”，将企业收入的 1%，个人所得的 1% 捐赠给民间非营利组织，用于提供社会服务。CRS 理念已经被日本企业所接纳和认同，并大量参与其中。

（3）辅助金·助成金

辅助金和助成金类似于我国的资助和补贴。辅助金多由政府或公共部门向非营利组织提供，而助成金则多由企业或民间财团向非营利组织提供。与捐赠不同的是，辅助金和助成金对资金用途有严格的限制，只能用于促进特定事业的发展，且属于特定事业的补贴性质，金额不足以完成全部的某一项特定活动。对非营利组织而言，辅助金和助成金通常是单年度提供，下一年度不能确保资金的持续供应，并且还需提供详细的资金运用报告。

（4）事业收入

事业收入是日本民间非营利组织的主要资金渠道。根据资金的来源又可以分为两类，一类是企业或者政府机关将一些事业委托于非营利组织，从而获得的收入，类似于政府购买项目或基金会创投项目；另一类是非营利组织通过产品开发、生产、销售，从而获得的收益。为了与营利的企业进行区别，日本民间非营利组织的这部分收益有一定的限制，其金额不得超过组织年度总收入的 50%，且必须采用不同的会计结算方式。

（5）融资与其他收益

针对民间非营利组织的融资难问题，日本的一些地区政府牵头地区金融机构，设立了专门的信贷产品。如 2005 年 4 月，宫城县政府就与东北劳动金库联合，成立了宫城 NPO 支持贷款，为承接政府项目的非营利组织提供 1 年以内的仅用于过渡资金的短期贷款，金额最高不超过项目总额，利息为 1.7%。又如群马县政府与县内的银行、信用社等联合发起了 NPO 活动支援整备资金，为辖区内缴税并开展活动的非营利组织，提供 2000 万日元以内的设备贷款或 500 万日元以内的运营资金贷款，年利率为 1.9%。根据日本内阁府统计，现共有 14 个地方政府发起成立了 22 个面向非营利组织的金融贷款产品。

其他收益则多为日本民间非营利组织的临时性收入，如利息、奖励等。多为偶发，且不可预测的小额收入，并不作为主要资金渠道。

（6）税费优惠

在税收优惠上，日本政府基本遵循两个原则：“非课税原则”与“非营利事业免税，营利事业减税原则”。即对于非营利法人组织原则上不课税，如会费、捐款、开展非营利活动；但非营利法人从事物品销售、不动产销售、美容、游览场所运营等 34 种行业的，仍需缴税。相对于营利法人 30% 的税率，非营利法人的税率降低为 22%，并允许营利事业收入的 20% 可视同捐赠，予以免税。

2. 对我国民间社会组织建设的借鉴意义

我国和日本在经济、政治、文化、社会文明程度及公益意识方面都存在着较大的差异，不能照搬日本经验。但是，其筹资模式与经验做法，对我国民间社会组织建设具有一定的借鉴意义。

（1）建立信任机制，健全社会组织管理体系

加强民间社会组织自身建设是化解社会组织资金难题最根本的方法。通过“信任展示”，倒逼社会组织自身建设。如鼓励社会组织通过互联网主动公开自身相关信息；又如由政府管理部门牵头，收集、审核、发布社会组织公信力指数，可以在星级组织中先行试点，要求注册型组织积极参加，备案型组织可自愿参加。同时，政府管理部门定期对民间社会组织开展相关的调查，把握趋势、发现问题。

（2）强化顶层设计，营造社会组织发展氛围

一是加强顶层设计，对政府购买项目进行分层分类，市级层面向专业化、跨区域化发展，走“横向发展”，区、街道层面，推共建共治共享，挖“纵深发展”；二是深化“最多跑一次”改革，简化注册与退出流程，消减“僵尸组织”，将资金集中引流到具有活力的社会组织中去。

（3）吸引多方参与

宣传推动企业社会责任（CSR），鼓励中小企业、小微企业参与社会回馈。一是特色小镇模式，由基金小镇、文创小镇等与所在区、街道联合，发起成立“1% 俱乐部”，号召企业将收入的 1% 捐赠给民间非营利组织，为区、街道的社会组织提供资金与资源支持；二是企业协会模式，由街道与属地内的大企业联合发起，中小企业、小微企业参与，为辖区内社会组织提供资金与资源支持；三是基金会模式，即由政府牵头，与大企业联合，吸纳中小企业、小微企业参与，发起成立“1% 公益基金”，负责企业 CSR 的实施与宣传。

（4）加强研究分析，创新社会组织信贷产品

“大众创业，万众创新”，社会组织的发展不缺乏年轻力量和创新思维，短板在于金融支持。因此，创新搭建专项低息贷款不失为一种有益尝试。在组织构架上，由地方政府牵头，金融机构、银行参与。在风险防控上，对注册年限、社会组织评级、申请金额、使用目的、担保内容等设定条件。对大学生创办社会组织的，给予一定的优惠政策。同时，应加强宣传、简化操作，确保专项贷款的有效使用。

通过对日本民间非营利组织筹资模式的分析，挖掘并借鉴日本经验和做法，解决社会民间组织筹资难问题，推动我国民间社会组织健康有序发展，为我国市社会治理创新与国际化发展增添新的动能。

第三章　非营利组织治理机制的基本框架

第一节　治理与治理结构

一、治理及其理论基础

（一）治理

“治理（governance）”一词的英文源于古希腊语和拉丁文，表示指导（guide）、驾驭（steering）之意。根据《辞海》的解释，“治”为“治理、管理、秩序、安定”之意，“理”为“整理、办理”之意，治理则为“统治、管理、处理”之意。早前，“治理”主要用于国家公共事务管理活动和政治活动中。20 世纪 90 年代以来，治理逐渐被赋予新的含义，不再局限于政治学范畴，而广泛应用于社会经济领域，甚至成为一个涉及广泛的“时髦词汇”。

一切组织领域都需要治理。治理并不限于通常所理解的公司治理，政府和非营利组织也需要治理。治理理论表明，我们应该注意到私人部门和志愿团体，即所谓第三部门正在越来越多地提供服务和参与战略性决策，国家正在把原先由它独自承担的责任移交给公民社会。作为政府、企业治理的补充，非营利组织参与社会公共事务的管理，既可以有效提高公共事务管理的绩效，促进公共物品供给质量的改善，还有利于各种社会团体的利益表达，促进公民社会的发展。随着现代社会全球化和信息化的发展，非营利组织日益兴起，非营利组织治理逐渐成为组织治理研究的重要领域。

根据系统学的观点，机制是指系统各子系统、各要素之间的相互作用、相互联系、相互制约的形式及其运动原理和内在的、本质的工作方式。从联合国关于治理涵义和特点的界定来看，治理机制大体上可以等同于治理。组织层面（包括营利组织和非营利组织）的治理机制的实质是组织的利害相关者对组织的监督和制衡机制。因此，具有一般意义的组织治理机制意味着通过建立一系列的制度安排，协调组织各利益相关者之间的关系和利益，形成科学的决策方式，对各利益相关者进行合理的激励和监督，从而维持组织的运营和实现组织的目标。

一般意义的组织治理机制具有以下含义。

1. 各类组织均需要建立科学的治理机制

随着公民社会的兴起，非营利组织在社会事务管理中扮演着相当重要的角色，特别是处于转型发展期的中国，非营利组织作为一种新的社会力量参与到治理进程，但其治理效率还相当低下，建立科学的治理机制是推动中国非营利组织快速发展的关键。

2. 组织治理机制以协调各利益相关者的关系和利益为基础

根据各利益相关者影响组织治理的方式，可以将治理机制分为内部治理机制和外部治理机制。内部治理机制主要是指组织内部权力机构、决策机构、执行机构和监督机构形成权责明确、协调互动的统一机制；外部治理机制主要是指组织与其外部环境中的其他利益相关者的互动关系。

3. 组织治理机制是一个持续的互动过程

治理机制意味着治理结构的建立和持续优化，通过改善治理结构合理配置组织内部权力，实施激励，进行评价和监督。因此，从组织治理的过程来看，治理机制包括协调机制、决策机制、监督机制和激励机制。

非营利组织治理结构不仅仅限于组织内部权力配置的合理，更在于能够与外部环境相匹配。因为在现代社会条件下，组织所面临的外部环境总是处于不断变化之中，而组织内部的要素也是动态的，这就要求组织治理结构能够适应组织内外环境变化的要求，能够及时进行自我调节、自我发展。同时，也需要合理的外部监督机制实现对非营利组织的规范和约束，通过良好的治理环境来确保其健康发展。

（二）治理理论基础

1. 利益相关者理论

弗里曼（Freeman，1984）将利益相关者定义为能够影响一个组织目标的实现，或者受到一个组织实现其目标过程影响的所有个体和群体。

利益相关者理论最基本的原理就是组织是不同要素提供者之间组成的一个系统，因而，对于组织，应该为各个要素提供者创造财富、增加价值，而不是只为特定集团服务。因而，各个利益相关者都可以也应该对于组织进行监督和控制，这正是将利益相关者理论作为非营利组织治理理论基础的原因。非营利组织利益相关者可以分为内部相关者和外部相关者。内部相关者包括董事会、执行层等。外部相关者主要有捐赠者、政府、公众、受益者以及社会等。

利益相关者理论有效结合了内部治理与外部治理机制。由于其先天的产权模糊，非营利组织就特别需要一个利益相关者参与治理，以影响非营利组织的行为和决策，从而更好地保证其服务于公益使命。这样做一则有利于完善非营利组织的内部治理机制，降低信息不对称所带来的执行层的“信息租金”；二则通过不同利益相关者之间的协调、平衡和取舍，可以营造更有利于非营利组织发展的外部环境，从而有利于其公益使命和公共责任的承担。

2. 产权理论

产权作为一种社会工具，以实现外部效应内部化，从而使资源在市场机制的调节下达到最优配置。根据新制度经济学，由于交易成本的存在，产权制度安排或是产权结构的改变，将影响资源配置的效率，通常产权越明晰，越能更好地发挥制度功能。

非营利组织存在不完整的产权。Fama 和 Jensen 认为捐助人是非营利组织的所有者，组织的高层管理人员是代理人。但更多的学者更愿意说非营利属于准公共产权，无明确的所有者，这主要是因为其资金来源的特殊性。非营利组织的资产主要来源于捐赠，一旦捐赠行为发生，也就是捐赠者自愿让渡资产的所有权，因而不具有享有剩余索取权的权利。同时，非营利组织获得了资产的一定产权，具体是享有占有、管理和处分资产的权利，但必须是将资产用于实现公益事业，而不是为私人利益而使用。而受益人实际上也只是承诺范围内所涉及的所有符合条件的群体，是一个虚拟的主体，并不断处于变化之中。受益人的虚拟化也不具有享有剩余索取权的权利。

非营利组织的产权的特殊性决定了必须由各方同时对非营利组织进行监督，强化治理机制，以保证公益资金的合理使用，保证公益责任的实现。

3. 委托代理理论

代理理论基本思想是委托人（所有者）与代理人（经营者）利益不同，因此需要运用制衡机制来防止代理人的权力滥用，其中，最主要的措施是监督、约束和激励机制。

Jesen 和 Meckling 将委托代理关系定义为：一个人或是一些人（委托人）委托其他人（代理人）根据委托人的利益从事某些活动，并相应地授予代理人某些决策的契约关系。Pratt Zeckhauser 认为“只要当一个人对另一个人的行为有所依赖时，代理行为就产生了，采取行动的人就是代理人，受影响的就是委托人”。

从上面的不同定义可知，委托代理关系具有的共性：

①两者之间存在某种契约关系。

②通常委托人和代理人之间存在着信息不对称。

③代理人的行为将影响委托人的利益。

④要减少代理人的机会主义和道德风险，必须设计一套激励机制。非营利组织治理结构体现了委托—代理关系的基本特征。

非营利组织内存在双重代理关系：非营利组织的董事会仅仅代表道德上的所有权，应对所有的利益相关者负责，行使组织的决策权和控制权，他们与非营利组织真正的所有者之间存在的是一种委托代理关系；而另外，董事会和执行层之间存在代理关系。由于非营利组织的产权的特殊性，为了防止组织代理人即执行层的机会主义和道德风险，委托人必须对其进行监督，承担组织控制者的角色。

4. 资源依赖理论

资源依赖理论的基本假设是，没有任何一个组织是自给自足的，所有的组织都必须为了生产而与环境进行交互。获取资源的需求产生了组织对外部环境的依赖。资源的稀缺性和重要性则决定了组织依赖性的本质和范围。

资源依赖理论认为，获得和保持资源的能力是组织生存必不可少的。资源依赖理论的一个重要特点是依赖是可以相互的。Pfeffer 和 Salancik 认为一个组织对另一个组织的依赖程度取决于三个决定性因素：资源对于组织生存的重要性；组织内部或是外部一个特定群体获得或是处理资源使用的程度；替代性资源的存在程度。资源依赖理论的一个重要贡献就在于让人们看到了组织采用各种战略来改变自己、选择环境和适应环境。由组织的外部环境中有影响力的成员组成的理事会发挥一种边界跨越职能，即吸收不确定性、减少组织的依赖性、交换信息、代表组织面对外部利益相关者和提高整体绩效（Middleton，1987）。利用资源依赖理论的基础假设可以更好地理解非营利组织的内部和外部治理。Middleton（1987）把非营利组织理事会看作既是组织的组成部分又是环境的组成部分，理事会成为组织和环境都可以利用的资源。为了控制任何外部依赖性，一个组织可以把重要的外部群体或选民的代表安置在理事会中，界定理事会的一项职能就是协调组织与这些关键因素的关系。另一方面，理事会成员和他们所代表的群体也可以利用非营利组织理事会谋求他们自己的目的，比如提高其社会声望。

资源依赖理论对于理解非营利组织的理事会行为做出了重要贡献，它突出强调理事会把组织与其环境联合起来的能力。相对于企业，非营利组织更易受到环境影响，更需要严格的治理机制来确保组织追求的目标及实现目标的手段的合法性，需要比企业更详细更准确的信息披露，并通过这一治理机制来支持组织的资源汲取活动。

5. 问责理论

非营利组织的公益性以及其减免税收待遇，使得其所承担的责任不仅仅是契约责任，更包含了大量的社会责任，必须接受民众的公共问责。非营利组织问责其实质就是要求非营利组织对利益相关者负责和报告，解释和接受为基于共同期望而实施委托责任的要求。当然，由于非营利组织的公益性，这种问责也不仅仅局限于法律或是规则所规定的，更重要的是维持公共利益与公共信任。它不仅强调外部对非营利组织的监督，也强调非营利组织的自律意识，更强调非营利组织对其利益相关者特别是捐赠者承诺的社会性问责。

问责的最终目的似乎为了更好地确保非营利组织达成某些公益使命，更好地赢得公众的信任和肯定。这种问责不仅仅是靠外部的监督和治理就可以完成，还需通过组织自律来落实非营利组织的责信度，因而，问责机制最终还是一个外部和内部治理相结合的机制。

6. 社会治理理论

所谓社会化治理，指根据不同的情境而回应社会需求并调整其策略作为以达其治理的目的的持续过程。即在与社会互动过程中，了解社会的实际需求以及社会对组织治理角色的预期，并将这些预期内化成治理的一个重要思维，形成一个动态的回馈机制。治理是其核心价值在于调整组织与社会之间的互动关系。

在多元复杂的治理环境网络下，治理体现出“动态性”“复杂性”和“多样性”。而社会化治理是组织与社会交互影响与合作而产生的一种新的制度安排或是范式，更是一种拥有自我治理能力的组织网络，组织与其他组织或是社团间以不同形式的互动而相互依赖，达到共同治理的效果。

二、治理机制

20 世纪关于治理机制的研究取得重要进展，特别是公司治理的研究文献可谓汗牛充栋。只要存在代理问题，并且由于交易费用太大导致契约不完全，公司治理问题就必然在一个组织中产生，并且至关重要。因此，关于非营利组织治理机制的研究必须借鉴和发展公司治理机制的研究成果。组织治理机制由内部治理机制和外部治理机制组成，但在早期，关于内部治理机制和外部治理机制的划分并不清晰。回顾治理机制研究进展的过程中，可以发现随着公司治理价值取向的转变，内外部治理机制的划分逐渐明晰。

在 20 世纪早期，传统的"股东至上主义"流行，根据风险收益匹配的原则，认为企业的财产由股东投入的资本形成，以物化的形式构成企业信用担保的基础，股东承担了企业的剩余风险，因此，股东应享有企业的所有权，企业的目标是股东利益最大化。公司治理的核心表现为经理行为如何表达股东的利益。20 世纪六七十年代以来，"股东至上主义"遭遇了现实的困难，环境问题、顾客价值和企业社会责任等逐渐成为社会关注的焦点。特别是 20 世纪 90 年代以来，全球化和信息化的发展对公司治理的框架和体系造成了极大的冲击。经理不能再仅仅服务于股东利益，还应该服务于更广泛的相关利益主体。利益相关者包括股东、债权人、雇员、供应商、政府、顾客和社区等，在向企业投入了各种专用性资产的多元利益主体要求参与公司治理，分享企业所有权。多元相关利益主体的利益最大化则演变成为公司的目标。

随着"相关利益者理论"的流行，内部治理和外部治理机制的划分逐渐清晰。Blair（1995）的利益相关者共同治理理论认为企业的性质是企业的利益相关者共同创造财富的组织，治理机制的设计要体现实物资本和人力资本两方面的价值最大化。布莱尔把公司治理的含义区分为广义和狭义两个层面。狭义的公司治理仅涉及股东、董事会及经理之间的委托代理关系，以降低代理成本为核心问题。广义的公司治理则涉及公司体系内部各种正式和非正式关系网络及公司活动对社会的一般影响。Cochran 和 Wartick（1988）认为公司治理要解决的是高级管理人员、股东、董事会以及公司的其他利益相关者相互作用所产生的诸多问题（见图 3-1）。

林毅夫认为公司治理机制是指所有者对一个企业的经营管理和绩效进行监督和控制的一整套安排，并认为公司治理机制应包括内部治理和外部治理两个层面，通常人们所关注的公司治理结构是指公司的直接控制或内部治理结构，但更为重要的是通过竞争的市场所实现的间接控制或外部治理。

Denis（2001）评述了 20 多年来公司治理的研究文献，认为按照制度设计所利用资源的来源，可以将公司治理机制区分为内部与外部治理机制。其中，内部治理包括激励合同、董事会（外部董事）、大股东治理、债务融资等，外部治理包括公司治理的法律和政治途径、产品和要素市场竞争、公司控制权市场、声誉市场等（见图 3-2）。

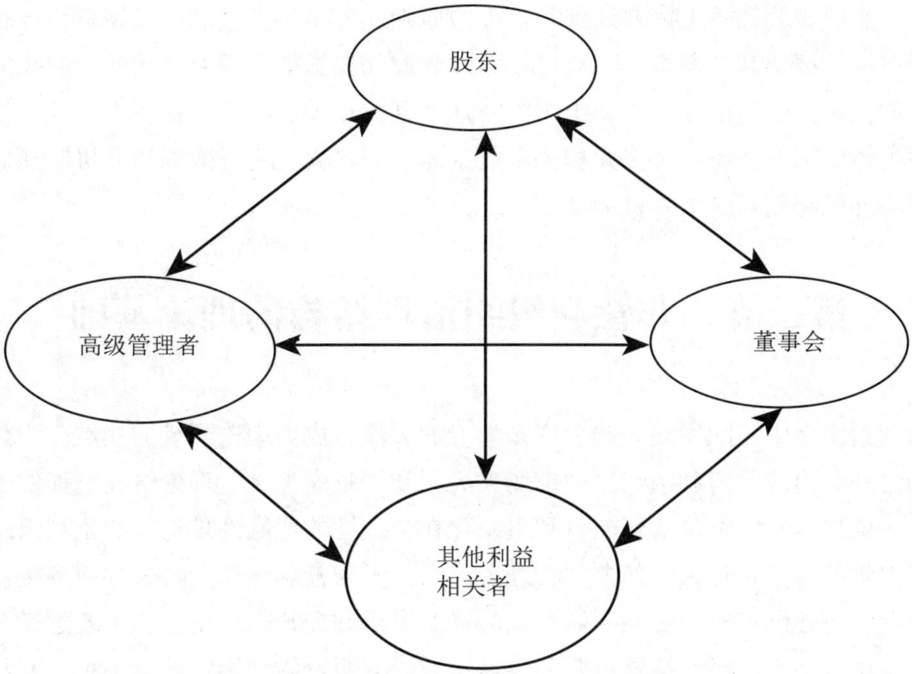

图 3-1　相关利益主体共同参与治理的公司治理范畴

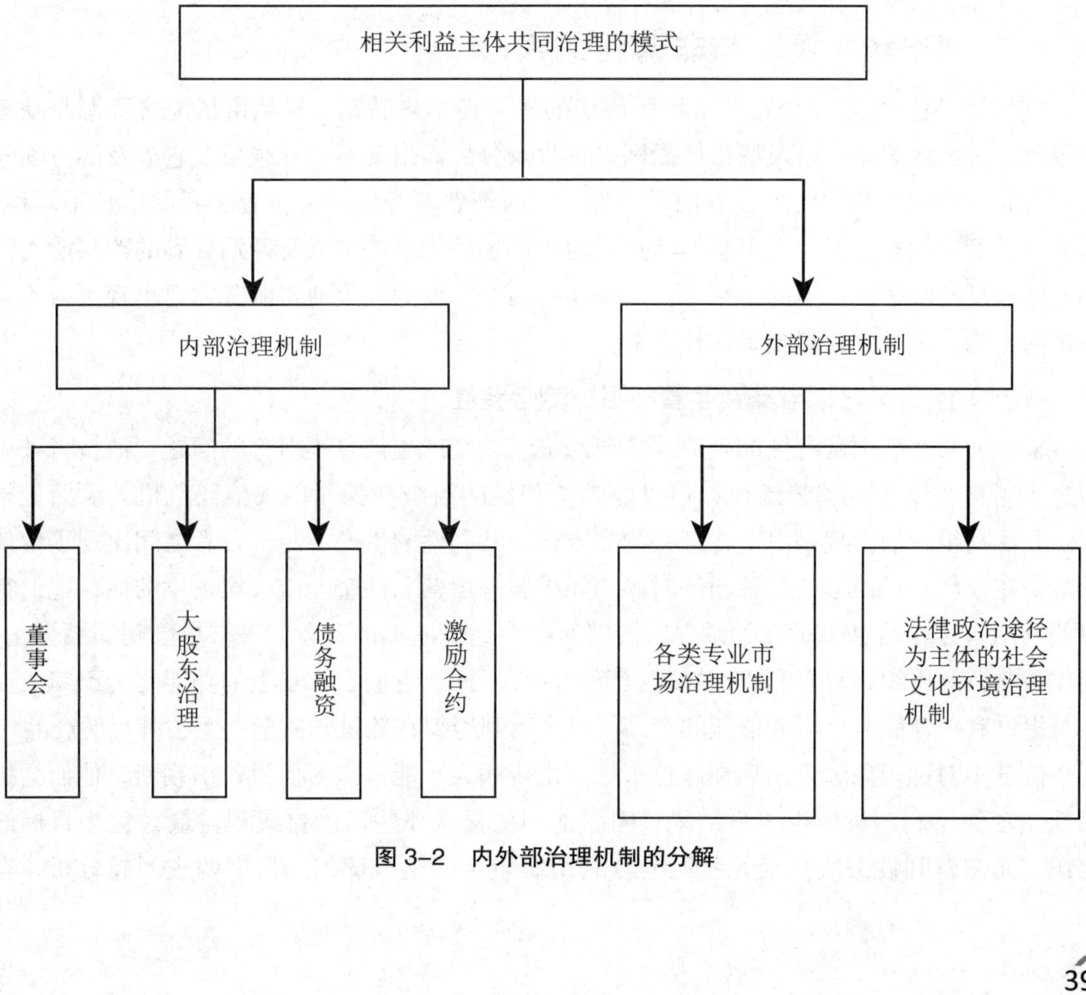

图 3-2　内外部治理机制的分解

因此，按照相关利益主体共同参与治理的原则，公司治理机制可以理解为各相关利益人利用现有法律框架和公司章程，通过权力的分配和实施来实现对公司的控制和对相关利益人权益的保护。公司治理应协调组织内外众多利益相关者的相互关系，因此，如何协调多元利益主体的利益冲突，在多元相关利益主体之间建立一套有效的协调机制和监督机制成为公司治理机制创新的主要目标。

第二节　非营利组织治理结构的理论基础

非营利组织在中国的发展引起了许多学者的关注，成为理论研究的热点。为什么在政府和市场之外会出现非营利组织？“市场失灵”和“政府失灵”理论给我们提供了非营利组织的生成依据，它们也是解释非营利组织存在合理性的普遍性理论。非营利组织非参与公共服务提供的意义是什么？新公共管理理论揭示了非营利组织参与公共服务提供的必要性，它们在政府逐渐退出的公共领域里成为资源供给和配置的新主体，传统意义上的政府包揽和事业单位垄断已经无法缓解服务供需矛盾，克服资源利用低效的不足。非营利组织的介入既是资源的有效配置，也代表体制的进步。

一、“市场失灵”与非营利组织

“市场失灵”是指完全竞争市场所假定的条件得不到满足，导致市场配置资源是缺乏效率或造成经济波动，以及按市场原则进行收入分配而出现不公平现象。它涉及的方面较多，与非营利组织相关的主要有两种情形：一般消费者与服务提供者之间的信息不对称，服务提供者掌握着比消费者更多的信息；由于市场的供给能力或特殊消费者的购买能力限制，导致某些服务供需上的不平衡。市场在这两个方面的失灵使得服务需要出现了得不到满足的可能，于是非营利组织弥补进来。

（一）信息不对称与发展非营利组织的必要性

某些公共产品由营利性的企业或公司来提供，会产生信息不对称的问题，消费者处于信息不对称关系中的弱势地位，很可能被营利性的组织欺骗而出现信任危机。汉斯曼指出，非营利组织的出现是由于在某些物品方面，营利性的生产者与消费者之间出现了信任中断，在信任不足而又信息稀缺的时候，如果服务由营利性企业或公司提供的话，他们很可能利用自己在信息不对称关系中所占据的优势地位欺骗消费者，谋求自己利润最大化，而作为非营利组织，与营利组织追求投资的回报不同，它们在市场上的功能是为组织成员本身提供利他性服务、令人信任的产品，以及营利组织在数量和质量上无法满足的产品。

信息不对称现象经常出现在医疗市场，由于病人不能直接对质量作出判断，他们会担心从业者的营利动机产生不良结果，因而他们更喜欢那些不以自我利益最大化为目标的组织。而非营利性医院恰恰是我国非营利组织重要的组成部门。根据调查问卷分析，有

20%的非营利组织分布在卫生领域，仅次于教育领域位居第二位。所以，非营利组织的出现是解决信息不对称的方式之一。

（二）供需矛盾与发展民非的必要性

在市场经营中，市场的完美与需求满足的完美并不完全重合，其结果是，一部分特殊群体的需求被忽视，因为这些人或者因为贫穷购买力有限，或者市场范围狭窄，均不能为营利组织提供组织的营利来源，市场的利润导向和特殊消费者购买能力的限制使营利组织会忽略弱势群体的需求，出现服务供需上的不平衡，尤其是在社会公正性方面，市场常常不能保证满足特定群体的需求，因为不能获得足够的营利来源。一些特殊的教育领域，如智障儿童教育、孤独症儿童康复等，其需求的独特性使得他们很难成为营利机构所关注的问题，而只有民间组织来应对这些需求。

再如，针对贫困群体提供的基础教育服务不需要贫困群体承担高额的教育费用，但因其有利于国家的发展具有较大的正外部性。而另外一些民办学校收费可能比公立学校更高，但他们能够帮助政府解决部分学生入学问题，使得政府腾出部分力量解决那些贫困群体的入学问题，所以也具有公益性。

二、“政府失灵”与非营利组织

由“市场失灵”到非营利组织发展的必要性忽视了政府的存在，而在主流经济学那里，政府才是弥补“市场失灵”的正当角色，更为完美的理论论述是，认为政府是对“市场失灵”的补充，但政府也会失灵，于是非营利组织则以弥补“政府失灵”的角色出现。

（一）政府公共物品提供与发展非营利组织的必要性

韦斯布鲁德认为，由市场机制提供公共产品会产生搭便车的问题，从而导致某些公共物品的供给不足，如果通过政府的强制性介入，能够按照最大多数投票人的意愿或者占主导地位的政治集团的意见提供公共物品，这样的提供水平虽然能够满足中间需求的选民需要，但由于社会成员的需求状况存在差异，一部分人对公共物品的需求基本得不到满足，而另一部分人的个性化需求也得不到满足。

此外，政府政策制定无法全面覆盖社会的各种问题，它们获得决策所需要的信息、知识和相关研究的能力有限，因此政府开展服务能够满足大部分社会公众的主流需求，但会忽略一些特殊群体的特殊的需求。

（二）政府部门的效率与发展非营利组织的必要性

由于政府部门一度垄断性地提供公共物品，缺乏市场式的竞争机制，与此相比，非营利组织可以在准市场的环境中运作，通过竞争产生活力。近年来，越来越大的压力要求政府退出社会服务领域，以契约的形式交给非营利组织来完成。通过服务的外包，可以降低成本，提高质量，还能增加服务资源的配置效率，使得服务与顾客的需求更好地匹配。让政府将一些公共服务通过政府采购的方式交给非营利组织的前提是非营利组织能够承担起这项责任，这就要求非营利组织具备一定数量和规模，可以提供多元化的高水平服务，满足不同层次群体的需求，使得政府认为把某些服务交给非营利组织是合理高效的，使享受服务的公众感觉到由此提供的服务更能贴近他们的需求。

三、“新公共管理理论”与非营利组织

新公共管理的含义，我国学者毛寿龙认为主要是企业化的管理，加强竞争和市场导向，总的来看就是政府管理采纳私人企业管理的方法，而不是去努力完善官僚制度，利用集权、加强监督、加强责任制的方法来改善行政绩效。因新公共管理在处理公共管理实践尤其是政府与市场、政府与社会的关系时提供了一整套不同于传统行政学的新思路，在传统的公共行政中，政府在很大程度上依靠官僚机构或公共企业，采用内部生产的方式来提供产品和服务。而对官僚制组织和公共企业效益的评估研究日益表明，在可比较的情况下，官僚制和公共企业这两种传统的机制，比私人部门的制度的绩效都要差。

新公共管理偏好外部生产，倡导公共部门改革的一个主要目标是提高产品和服务提供的效率。私人企业的管理方法与公共部门的管理方法有相同之处，政府管理应该也可以采纳私人企业的管理方法，引入市场机制和竞争机制，包括提供公共服务的多元结构，引入竞争而非单一供给方式，政府由公共服务的提供者转变为公共服务的监督人。因此“没有任何逻辑理由证明公共服务必须由政府机构来提供”，而且已经有越来越明显的现实条件要求政府退出服务——尤其是社会服务的领域，将服务以契约的形式转交给非营利组织来完成。新公共管理强调的是结果，而非过程或程序，以促使公共组织更加有效地提供公共物品。这需要进行政府行政改革，引入竞争机制，提高工作效率、管理水平和服务质量，通过民营化，合同外包，竞争中标等多途径改革公共部门，开放公共服务空间，控制政府权力的扩张，而且新公共管理的思想中，体现了顾客导向、结果导向、绩效评估、分权等多角度的改革主张，致力于塑造服务型、管理型、引导型政府，促进其他公共部门和私营部门的参与。

作为社会服务的提供者，Michcle Lipsky 和 Steven Smith 认为非营利组织和政府的根本区别不在于他们的组织目标不同，而在于他们在实现共同目标的过程中所使用的方法不同。在提供公共服务方面，非营利组织和政府部门各有其优势和劣势。根据戴维·奥斯本和特德·盖布勒的分析，非营利组织在政策管理、管理实施、社会公平、防止歧规、防止剥削、提高社会凝聚力方面最有效率。

非营利组织的优势在于：第一，非营利组织更容易接近被服务对象；第二，非营利组织能更灵活地对服务对象的需求作出反应；第三，非营利组织更适合于处理高风险的社会问题。因此非营利组织在很多方面可以成为政府部门的助手，政府部门与非营利组织的合作将会提高社会的福利水平。非营利组织最适合的任务包括产生微利或无利润、需要对他人的同情和承担义务、需要广泛而全面的措施、需要对顾客和委托人有完全的信任、需要志愿人员的劳动、需要亲自动手和对人的关心。

对于促进我国事业单位改革和非营利组织转型的实践。新公共管理的意义在于强调打破政府垄断，引入民间力量参与公共服务的提供，与政府建立合作委托的关系，与事业单位形

成良性竞争关系，以提高公共服务的效率和质量，同时也能够缓解政府的财政困难。非营利组织应该具有同事业单位同等的地位和待遇。根据公平竞争的原则，获得国家财政的补助和支持。通过竞争以促进非营利组织和事业单位的可持续发展，提高资金利用的效率。新公共管理更重视以社会公众的满意程度为重要的评价指标，以顾客和服务为导向。非营利组织处于政府和社会的中间地带，它们更贴近公众，能够从实际出发为公众提供更好的服务。

第三节　非营利组织治理结构的基本框架

一、非营利组织的动力机制

（一）非营利组织的动力结构

1. 非营利组织发展的内在动力

（1）多元化需求的驱动

多元化需求的驱动包括两个方面的意思。一方面是指政府作为公共物品提供者的局限性。通常情况下，政府以满足多数利益者的需求为目的。但随着社会结构的多元化，人们的需求也呈现出多元化的趋势，政府由于公共资源的有限性导致在为少数群体提供服务方面受到了限制。因此，在市场和政府之外必然会留下空白。这部分区域需要非营利组织的涉入。另外一方面来自人们在需求层次上的多元性。著名的行为科学家马斯洛在其对需要层次理论的论述中讲到，人的动机来源于一系列类本能的需求，这些需求按照迫切性、强烈性依次由低向高为：生理需求、安全需求、爱的需求、尊重的需求和自我实现的需求。当一种需求处于最迫切的状态时，它会支配整个有机体，但是一旦这种需求得到了满足，它便不再起支配作用，转而追求更“高层次”的需求。随着社会的发展，人民生活水平的提高，人们的思想认识也随之发生了深刻的变化。他们已不再限于满足生理、安全的需求，而是产生了更高层次的需求。他们渴望得到别人的尊重，渴望实现自己的潜能和价值。在这种内心需求的强烈推动下，一旦社会为其提供了合法的途径，他们很快就会将思想转化为行动。

（2）利益的驱动

利益是指一定社会中，满足人们的生存、发展、享受需要的具有效用的对象。利益刺激是非营利组织产生和发展的直接动因。随着社会的发展，人们的思想意识从被动逐渐转向主动，由等待政府政策的出台到主动要求、自发组织维护自己的利益。为了使自身利益的诉求得到更加广泛的社会支持和关注，人们开始寻找社会中与自己拥有共同政治权利、经济利益、共同利害关系的人，以便形成利益群体。随着社会公共事务的与日俱增所带来的利益多元化，利益群体需要一种能够直接反映自己利益要求的组织机构。因而，出现了一些为维护自身合法财产所有权、使用权等特点的消费者协会、行业协会。它们以为组织内部成员提供帮助为目的。

（3）纯粹的利他行为

在社会中，有一些组织或个人往往把事业当成一种使命，不遗余力地为之努力，用自己的行为带动更多的人变成慈善和公益事业的支持者，这一行为也对非营利组织的发展产生了积极的意义。关于利他行为是否存在这一问题一直颇有争议。但是这一观点其实在心理学领域已经得到了证实。1938 年马斯洛在对黑脚印第安人保留地进行实地考察时发现，那里的人慷慨大方，他们愿意把自己的财富和资产拿出来和大家分享。也只有这样做才能在部落中获得真正的威信和安全感。他们这种行为不仅是一次，而是持续不断地。在每年的“赠送”仪式上他们将财富与大家共享。这种慷慨已经被他们习惯化了，每一个人都以此为乐。关于利他行为存在的现实性我们可以通过对平等的理解得到。随着民主社会的发展，民主社会的一个重要特色“平等”也已深入人心，而这一词蕴含了两层含义，一方面人们越来越独立，另一方面每一个个体的力量是薄弱的。这种力量的弱小让人们感到无力、不安，他们惧怕在灾难来临时无力抵抗，他们渴望在自己无助时得到邻人的帮助。出于自身利益的这种考虑使他们在别人发生困难时往往愿意伸出援助之手，久而久之，这种帮助行为会演变成为一种习惯，这种习惯让每个人在自己力所能及的范围内，在不伤及自身利益的基础上很乐意去帮助他人。当这种习惯成为整个社会的良好风尚时，人们当初发出这种行为的利己性就会逐渐消退。同时由于平等造成的个人力量的弱小会更容易使人们团结起来维护自身的利益。我们有理由相信民主在促进社团建立方面发挥着一定的推动作用。

2. 非营利组织的外部动力

（1）政府的支持

政府作为强大的社会组织在社会事务的发展中扮演着非常重要，甚至是支配性的作用。政府与非营利组织之间存在着千丝万缕的联系。它们之间或是相互补充，或是相互平等的合作伙伴关系，再或者非营利组织是政府的附属。但无论它们之间是何种关系，政府都将在非营利组织的发展中发挥重要作用。政府的支持主要体现在两个方面。

①资金支持。据王绍光在对全球非营利组织的调查中发现，无论是发达国家还是发展中国家，在非营利组织的资金来源中政府的给予都占有很大，甚至是主要的份额。包括非营利组织较为独立的美国在内。而资金问题又是非营利组织面临的主要问题。

②人才支持。非营利组织能否取得合法性的地位，政策、法规是否有利于它的发展等都与政府密切相关。因此，能否得到政府的支持是这一组织发展的一个重要外部动力。拿我国为例，在计划经济体制下，政府为了更好地发展社会各项事业，大力兴办了许多人民团体、科技文化社团、社会公益团体、宗教团体、工商界团体等，在政府的支持下，这些社团得到了一定的发展，但同时这些团体为了获得相应的资源，对政府的依赖性很强，使得团体带有浓厚的政治色彩。这也是学者比较关注的问题，如何使非营利组织在得到政府支持的同时依然保持其独立性。

（2）充沛的社会资源支持

社会资源主要体现在社会的发展状况。经济的发展程度一定意义上决定了是否有充足的资源用来发展非营利组织。虽然贫富与是否从事公益事业没有直接的关系。但是自身基本需求的满足却是从事公益事业的一个重要前提。在人们自身都整日被贫困笼罩时，他们是无力，甚至无心去帮助他人的。只有在经济发展的促进下，一部分先富起来的人才有能力去扶持其他需要帮助的人。当然社会资源除了资金以外还包括非营利组织发展所必备的人才资源。人是组织中的一个关键因素，具备高素质的专业人才是推动非营利组织发展的重要力量，社会发展了，人们富起来了，但仅仅物质的富裕是不够的，他还需要精神上的富有，他还需要有一颗乐于助人的爱心。如果有更多心灵富有的人才愿意走进非营利组织，那对非营利组织的发展，对它的未来无疑都是巨大的推动。这些社会资源的充沛与否决定了非营利组织的发展状况。

（3）社会文化的支持

文化对一个民族的发展起着潜移默化的作用。优秀的文化可以引导、塑造一个强大的民族。同时，腐朽的文化又可以摧垮一个民族。随着社会的发展，法律的日益健全，生活中的是非问题也基本能在法律范围内得到解决，它在维护社会公正和正义上发挥了积极作用。但是法律的能力也毕竟是有限的，它能减少犯罪概率，却不能促使人们从善。社会的善最终要取决于个人的善，而不是机构的健全和法律的公正。这种善的根源来自社会文化。

美国自建立便拥有的民主、平等的意识使他们把帮助别人当作一种快乐，把只关注自己的行为看作是生活的空虚。

我们中国自古就有劝善、行善的优良传统，早在先秦儒家思想中就有体现，再到后来宋代所流传的劝善书，它劝导人们弃恶从善。明清时期这一行为达到鼎盛。改革开放以来，我国的非营利组织在大批怀有爱心的人士推动下开始起步，自然之友、地球村等非营利组织纷纷建立。我们也常听到社会各界为需要帮助的人慷慨解囊的故事，这些都让我们深刻感受到非营利组织未来的道路会越走越宽广，也让我们明白，在非营利组织的发展中，培育一种使人们正确处理自己与他人关系，发扬善行的社会文化是尤为重要的。

（二）动力结构中的潜在冲突

非营利组织发展是由内、外动力相互作用的结果，这些力量既可能协同也可能存在冲突，非营利组织发展的动力并不是这些力量的简单加合。在动力结构中往往存在着潜在冲突，这些冲突既可以是内部动力、外部动力之间，也可以是内、外部动力的相互冲突。

1. 多元化需求的增强与当前资金、制度约束之间的冲突

由于政府、市场失灵造成的空白和对高层次需求的渴望使得非营利组织的发展成为必然的趋势，它们构成了非营利组织发展的内驱力。如果只有需求而不具备必要的外部条件，那么发展只能是一句空话。非营利组织作为一种以公民自愿为动力的组织，除了依靠自身的力量发展外，在发展过程中政府的力量也是非常重要的。它需要政府给予一定的制

度支持和资金支持。无论在非营利组织较发达的国家还是比较落后的国家，非营利组织的资金来源中有很大一部分都是来自政府。

除此，政府相应法规、政策的出台是非营利组织获得合法性的途径，但是就目前全球非营利组织发展存在的主要问题来看，各个国家都面临着一定的资金问题。尤其我国是一个后起的现代化国家，除了国情决定的资金问题外，我们在关于非营利组织的法规政策上进行了很多限定，并且现有的法规也已显落后。这些无疑都将阻碍非营利组织的成长和发展，这也导致了目前存在的已注册登记的非营利组织数量和实际存在的数量不一致，一些非营利组织由于资金短缺而无力兴办等现象。因此，要发挥第三部门的作用，解决多元化需求的增强与资金、制度约束之间的冲突是必不可少的。

2. 公民的利他精神和逐利行为的冲突

谈到动机，政治学中的观点强调人的利益性。认为人的一切行为都是出于利益的需要。但马斯洛等人对于利他行为的论述，使我们感受到利他行为存在的现实性。非营利组织的形成也正是建立在这种利他、互助、奉献等的精神之上。它的发展需要这些精神的不断推动。然而人又具备着利己的本性，如果利他与利己可以同时实现，则可以实现个人和社会的双赢。但如果两者出现冲突，人们又会进行何种选择。这也是非营利组织发展需要解决的一个重要问题。人们利他的行为往往是比较脆弱的，一旦受到伤害便很容易变得小心、谨慎。

因此，这就要求相应的监督机制要跟上。这一矛盾还体现在不同需求层次之间的矛盾。通常情况下，当低层次的需求实现后，更高层次的需求就会产生。可一旦低层次的需求受到威胁，那么人的需求就又会返回到低层次的需要上。例如对一个丰衣足食的人来说，他不再会满足于吃饱喝足，他会渴望参加公益事业获得别人的尊重，但是如果有一天他突然下岗了，那么生存问题又将威胁他，这时他的需求就会回到满足自身的生理需求层面上。因此，解决不同层次的需求矛盾也是非营利组织发展所必需的。

3. 多元化需求的增强（利他）与当代文化的冲突

不同社会具有不同特色的文化传统。在当今全球主要是建立市场经济体制的环境下，市场体制带来的优胜劣汰、弱肉强食的理念已经渗透到人们的思想中。非你即我的零和博弈使个人主义、功利主义具备了产生的温床。

以企业为例，这是一个讲求效益和利润的地方，有些企业之间充满竞争，为了在市场中分到一块更大的蛋糕，它们相互欺诈、恶性竞争的事例处处可见。在利益的支配下，一些企业不顾消费者的利益，不顾我们生活的自然环境。同理，如果整个社会都处于被利益支配的情景下，每一个个体都只顾自身的发展，那么我们的社会会因为缺乏善念而倒退。这种逐利的文化会阻碍人们形成利他的习惯。尤其是我国正处于社会转型时期，旧的社会价值体系和道德伦理观念受到巨大冲击，市场经济的不完善带来的拜金主义、利己主义稍有不慎就会导致社会资本体系一定程度的扭曲，非营利组织发展所必不可少的志愿精神、公益精神和社会公信严重不足。这些都成了非营利组织发展的阻力。

（三）非营利组织动力的形成

非营利组织动力的形成有赖于上述各种冲突的消除或缓解，只有在如下条件下其发展动力才能形成。

1. 从非营利组织自身而言

解决非营利组织自身对发展的追求和现有体制下政策、资金约束之间的矛盾是非营利组织必须处理的问题。其中最根本的途径在于从组织自身着手，归根结底还要依靠自己的力量，在外界因素的支持下，政府和社会的推动下，非营利组织需不断加强内功。非营利组织要有完善的内部管理，包括自身筹款能力、内部监督管理能力、建立人才渠道等。虽然政府在非营利组织的资金支持上发挥重要作用，但一味地依赖政府必然会使这一组织失去独立性，成为政府的下属机构，丧失其本身存在的意义。

（1）非营利组织需要建立自己的专门筹款机构

此外，严格组织的内部管理制度，使非营利组织的工作阳光化。非营利组织在我国刚刚起步，内部的管理存在很多问题，常常因为监督的不得力而使某些人将捐款占为己有，这种管理体制的不透明容易使募捐者对组织产生怀疑，为今后组织募集捐款埋下隐患。同时由于内部管理的混乱和专业人才的缺乏使得组织的服务效果较差，不能得到公众的满意。

（2）加强内部管理就成为非营利组织自身必须解决的一个问题

组织发展中人才起着至关重要的作用，可目前的非营利组织往往出现留不住人才的现象，为此需要建立固定的人才渠道，加强现有员工的专业培训是必要的。只有在自身不断完善的基础上，非营利组织以自己的效率和能力来证明自己，才能更快获得合法性地位。

2. 从政府的角度

为了调整非营利组织发展过程中出现的多元化需求的增强与目前资金、制度约束之间的矛盾，政府在解决这一矛盾过程中承担着主要作用，尤其是在我国，政府甚至起着决定性的作用。

（1）政府需要转变观念

认识到非营利组织在补充自身职能、维护社会稳定、促进社会和谐方面将发挥重要作用，认识到目前体制转型下，我国民间已经出现了发展非营利组织的诉求，非营利组织已经出现了萌芽。政府只有正确认识非营利组织的发展，正确处理政府与非营利组织的关系，才能更好实现政府职能，更好地扮演在社会发展中的宏观调控作用，也为非营利组织的进一步成长提供良好的环境。

（2）政府在转变观念的前提下，可以给予非营利组织一定的资金和制度支持

政府作为非营利组织发展过程中的重要资金来源，决定着组织能否生存，能否壮大的问题。除了资金以外，政府还需要为非营利组织获得合法性提供途径，为它的健康发展提供法律保障。只有如此，非营利组织才可以名正言顺地不断发展、壮大。

（3）政府的监督作用

政府除了在非营利组织发展过程中起着支持的作用外，它还承担着监督非营利组织的作用。通过监督，使得非营利组织更加透明、更加有效地发挥作用。最后，政府还需要不断完善市场经济体制，目前市场经济体制虽然在我国已经初步确立，但仍然存在着很多问题，需要改进。完善的市场体制可以更好地促进中国经济的发展，只有经济发展了，社会进步了，民间组织才能有更好地发展。政府在非营利组织的发展中，尤其是发展初期起着关键作用。

3. 从社会方面

除了整个社会经济的发展为非营利组织提供物质支持外，社会优秀文化的培育和发扬在这一组织中同样占有重要的地位。为了缓解在非营利组织发展过程中出现的人们的公益精神与社会文化的冲突，营造和引导优良的文化是非常必要的。一方面我们要鼓励人们拥有公益精神，建立“正确理解的利益”的原则。托克威尔的话带给我们很多思考，他说，“在民主国家……市民是独立的和无力的；单靠自己，他们几乎不能做任何事情，没有人能要求他的伙伴帮助他们”。

因此，如果他们不学会志愿性的互相帮助，他们都没有力量。在我国，随着民主进程的加快，人们的独立意识会越来越强，但同时他们也会逐渐发现，团结起来的力量是个体所无法实现的。人们从事公益的前提并不是要牺牲自己的利益，而是在保护自我利益的前提下，从帮助他人的过程中得到一种精神上的享受。在奉行利己主义的同时关心公益。一旦这种“正确理解的利益原则”支配道德世界，我们发现社会中会出现许多善举。这种双向利益的交换，可以使人们的爱心能够在较少损害个人利益的基础上得到保护，协调利己和利他之间的矛盾。

另一方面，面对转型时期社会上出现的个人主义、功利思想，我们传统文化中的优良品质受到了冲击，只有通过教育，通过市场体制的完善使人们利己的同时而不损人。通过对非营利组织发展动力机制的内部分析，得出我国非营利组织发展需要具备以下条件：非营利组织自身的发展、政府的支持和社会的民主文化。

二、我国不同体制下非营利组织的动力机制

之所以以体制改革为界划分非营利组织在中国的发展是因为每一次体制改革都是中国社会发展的重要转折点，它有利于我们清楚地看到社会的变化，并且外部环境的改变最终都要影响到系统内部结构的变化。因此不同体制下的非营利组织也具有不同的动力和阻力。

（一）计划经济体制下非营利组织的动力机制

新中国建立初期，我国一直实行高度统一的计划经济体制。这在当时一穷二白、全国一盘散沙的情况下具有一定的历史必然性。并且在中央集中全部资源进行建设的带领下，新中国的经济逐渐复苏，取得了一定的成绩。当然如同所有的事物一样，计划经济在带来

经济恢复的同时也带来了许多消极的作用。它是一种以国家指令性计划来配置资源的经济形式。这些资源被集中、动员起来，以达成国家的目标，全国就像一个高速运转的机器，地方和民间没有自治权力。在计划经济体制下，非营利组织的数量和类型都是非常少的。

除了数量以外，当时社团的种类也很少，当时学术性的团体就占了全国社团的三分之二。由于国家渗透到经济政治生活的每一个方面，因此，企业中的一切行为都是国家进行干预，而行业协会等此类组织便失去了存在的可能性。又因为人民的衣食住行政府都要参与，这也就降低了民间力量进行组织的积极性，当时的中国和国际间的交流也比较稀少，因此受到其他国家非营利组织发展的影响和接受外国资金的机会也比较缺乏。

总的来看当时的中国并不具备非营利组织发展的条件。当时有限的非营利组织适应党和政府要联系广大群众这一需求产生的。这也是计划经济体制下非营利组织的一个重要特征。党和政府的推动是这一时期非营利组织发展的所有动力。它并不具有独立性，严格的来说计划体制是不存在非营利组织的。我们暂且将这些组织称为社会团体。可以分析一下这些不具备独立性但从事非营利事业的组织是在什么力量的阻碍下并未形成真正的非营利组织，而当时有没有推动它向非营利组织发展的力量。

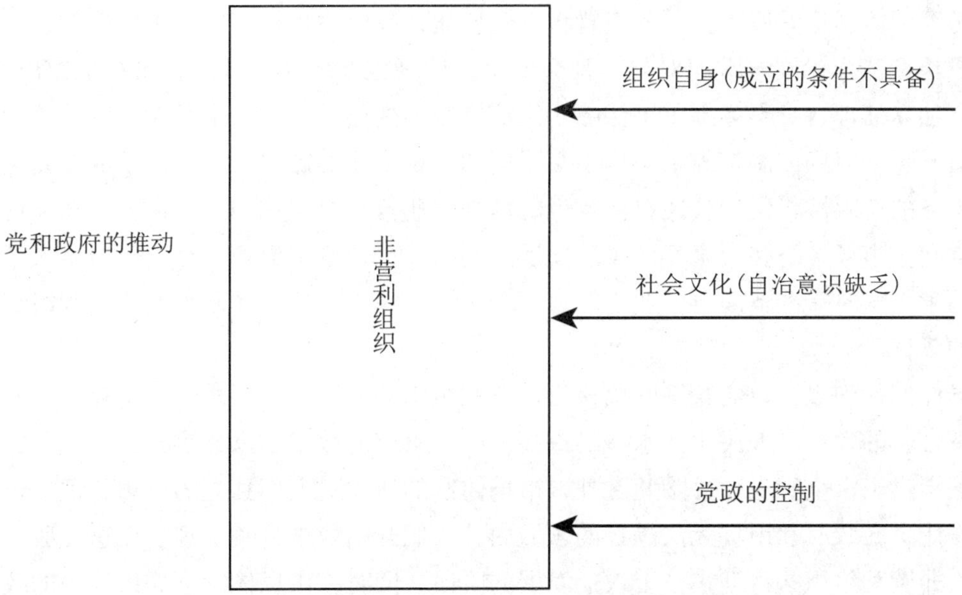

图 3–3　我国计划体制下非营利组织的动力机制

由图 3–3 可见，计划体制下之所以没有产生非营利组织，是因为存在着政府垄断一切和非营利组织自身追求独立性之间的矛盾。组织缺乏独立性体现在组织的资金和人才没有来源，当时所有的资源都为国家所有，留给社会可支配的是非常少的一部分。各种社会团体的发展都是在党和政府的需求下兴建的，它们的资金和人才也都来自政府。在这里我们看到政府既是推力，却又成为阻力，它一方面耗费资金，耗费人力进行社团建设，但另一方面，它又掌控一切，包括那些不以营利为目的组织的管理权，政府决定了组织的去留，因此这一时期的非营利组织纵然有也是有名无实的。

社会文化中并不缺乏善的理念和善的行为，但是缺乏公民自治的意识。而这些与政府垄断造成的公民依赖是不可分离的。因此，可以说计划经济体制的特征消除了非营利组织产生的环境。这一时期社会团体的特点是政府建立社会团体，自上而下建立的社会团体不具有相对独立性，自下而上靠公民自主需求的社会团体没有成立的条件。

（二）市场经济体制下非营利组织的动力机制

我国目前正在努力建设的经济体制就是以市场来配置资源的市场经济体制，这一体制是社会发展的需要，是对计划经济体制的修正。它与计划经济体制最大的不同在于计划经济下国家指令一切，国家整合一切，而市场体制下则资源配置权交给了市场，政府只发挥在宏观领域内的作用。

历史之所以抛弃了看似与社会主义紧密联系的计划体制，选择被认为打着资本主义烙印的市场体制，是因为市场体制承认追求财富和生活质量的提高是人民的正当要求和欲望，是公民的基本权利；它扩大了个人经济的权利，个人选择的权利，扩大了创新的发展空间；它在优胜劣汰的竞争过程中增加了财富。这可以从我们实行市场经济体制几十年来欣欣向荣的景象感受到。

市场经济体制建立后，资源的配置将发生变化，政府不再拥有所有重要资源，而且国外的资源也会流入，同时政府对整个社会的垄断管理也在弱化，政府将给社会留出空间，这为社会独立处理自身事务提供了保障。经济体制转变还带来的一个重大改变就是社会需求逐渐多元化，市场体制打破了平均主义，更加重视个体的需求。这些需求的多元化和政府提供服务的有限性将促使公民自治意识的增强，非营利组织在内外因素的推动下得到了发展的空间。市场经济在带来经济飞速发展的同时，也造成了失业、社会压力增大等社会不稳定因素，这时一些下岗再就业组织、工会等纷纷建立。这一体制下的非营利组织具备了发展的条件。

市场体制的确立，政府管制的放松为非营利组织的存在和发展赢得了生存的空间，市场经济下社会的发展，人民生活水平的提高，中产阶层的数量越来越多，这些为非营利组织的发展提供了资金和人才；除此之外，市场体制的建立对人们独立的思想意识的形成具有重要作用，在政府和市场无法满足的领域内，人们开始要求自我管理。在这几股力量的推动下，非营利组织必将迎来一个快速发展的阶段。同时，市场体制下如果我国的政治体制改革和社会改革没有得到相应的转变，那么非营利组织依然会面对一定的阻力。政府和社会职能界限的不明确，使非营利组织所需要的制度环境无法得到满足，而市场本身主张的优胜劣汰，注重个体，竞争的理念不利于合作、公益精神的形成。因此，市场体制下非营利组织的发展必须处理好制度和市场文化带来的阻碍，在进行经济体制改革的同时，进行社会体制和政府体制改革。使三者之间呈良性互动关系。

在这一时期，我们从图 3-4 中可以看到政治管制放松与非营利组织发展所需要的制度和资源存在着矛盾，政府职能的转变，市场经济体制的确立，为非营利组织的快速发展提供了强大的动力，但是只有市场体制改革的成功，政治体制不能及时跟上，不能适应社会发展，最终又会阻碍到非营利组织的前进。因此，随着我国市场体制的逐步完善，政治体制改革也必须合拍。除此，公民自治意识的增强和利己主义之间也存在着矛盾。如何正确地处理利己与利他是问题的关键。

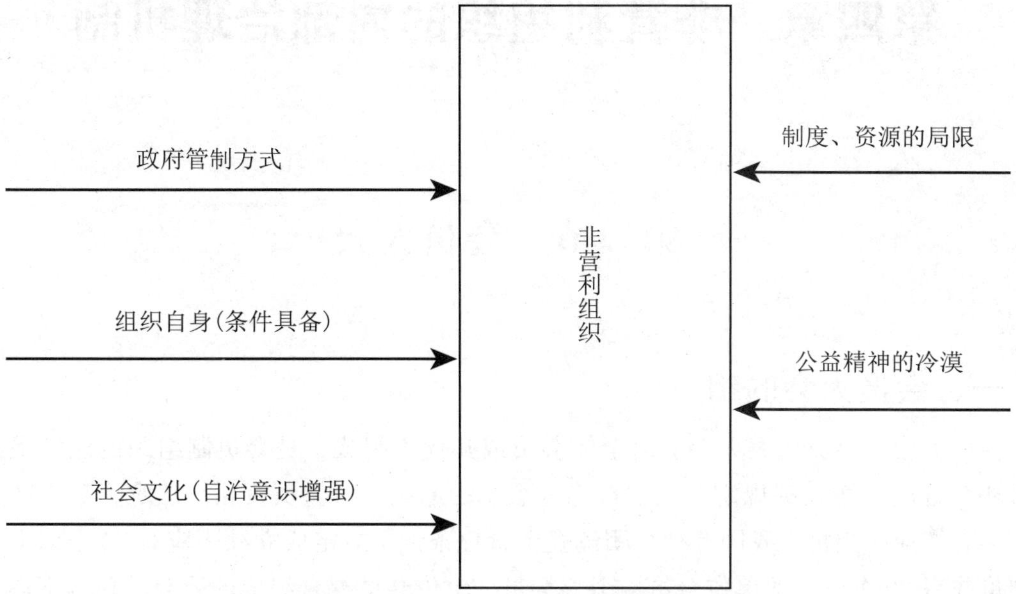

图 3–4　我国市场体制下的非营利组织动力机制

第四章　非营利组织的内部治理机制

第一节　会员大会

一、会员大会的组成

会员大会（会员代表大会）由全体会员或其代表组成，是会员制组织的法定最高权力机构。各国法律大都规定会员“自愿入会”的原则，对会员资格、法定人数、产生程序都会有相应的规定。我国《社会团体登记管理条例》规定成立社团应有50个以上的个人会员或者30个以上的单位会员；个人会员、单位会员混合组成的，会员总数不得少于50个。

另外，各国法律对会员大会的召集方法、社员的表决权、决议方法、决议的效力等作出规定。我国社团组织的会员大会主要分为普通年会和特别会议两类。普通年会是一年一次必须定期召开，而特别会议多在两次年会之间不定期召开的讨论和决定组织重大决策问题。社团做出某种决定要举行全体成员大会时，必须有参加人数的最低比例和投票程序等条款规定。

二、会员大会的工作职能

会员大会是社团组织的意识机关，不能代表社团法人对外进行法律行为，通过设立会员大会集中体现会员意识或目标。以行业协会为例，西方国家一般把服务会员、保证会员利益为行业协会首要目标，建立行业协会的目的在于促进和提高该行业中一个或多项经济利益者是该领域所覆盖的成员经济利益。会员大会的重要性主要体现在有选择组织管理者和重大经营管理等决策权力，其专属职权一般包括：制定和修改章程；选举和罢免理事；审议理事会的工作报告和财务报告；决定终止事宜以及其他重要事宜。

我国《社会团体登记管理条例》规定，筹备成立的社会团体应当自登记管理机关批准筹备之日起6个月内召开会员大会或者会员代表大会，通过章程，产生执行机构、负责人和法定代表人，并向登记管理机关申请成立登记。社会团体的法定代表人，不得同时担任其他社会团体的法定代表人。会员大会通过制定和修改社团的章程，实现如下权力：确定组织的名称、住所；宗旨、业务范围和活动地域；会员资格及其权利、义务；民主的组织管理制度，执行机构的产生程序；负责人的条件和产生、罢免的程序；资产管理和使用的原则；章程的修改程序；终止程序和终止后资产的处理；以及应当由章程规定的其他事项。

会员大会行权能力的实施效果主要取决于会员行权的动力和行权过程中的话语权，会员大会的失效，可能催生理事会的虚设，表现为理事会长期不活动、不开会，理事同组织活动音讯隔绝等，从而造成非营利组织严重的“内部人控制”问题。

第二节 理事会

理事会是非营利组织的决策与监督机构，担负着管理高级人才资源、维护关系、指导政策、管理财务和筹集资金等重要智能。但是，随着环境的变迁、资源的稀缺、信息的不对称，理事会必须不断超越现有的功能范式，以弹性的方式适应环境剧变带来的挑战。因此，厘清理事会的功能与角色就成为提升非营利组织治理能力的“风向标”。

一、非营利组织理事会的规范功能

非营利组织治理事关多元相关利益主体，基于此，非营利组织理事会具有多样化的基本责任，国内外学者对理事会责任做了大量研究。

（一）确定组织目标和使命

确定组织的目标和使命是理事会的首要职责。非营利组织必须有明确的使命，这是有效管理的基础。为了满足利益相关者的要求，理事会首先应为组织设置明确的目标，通过目标吸引资金和人才，并且为有效实现目标而建立组织机构。理事会自始至终都要贯彻非营利组织章程中所规定的宗旨，除非法律另有规定，非营利组织理事会不能以任何方式偏离组织成立时所确定的特定目的。组织的目标和使命一般应具有以下特征：简明扼要；目标的产生具有权威性；目标应是利益相关者达成的共识；表达组织的世界观和价值观；成为组织凝聚力的源泉。世界上许多著名的非营利组织之所以影响广泛，都与其理事会为组织确立了明确的目标和使命分不开，如 1961 年成立的世界自然基金会（World Wide Fund-for Nature）的基本目标是保护地球的生物资源，最终目标是制止并最终扭转地球自然环境的加速恶化，并帮助创立一个人与自然和谐共处的美好未来。联合国儿童基金会的使命是保护全世界儿童的权利，坚持不懈地追求实现儿童的权利将为我们创造一个更加平等的社会，并使我们的人口更健康、更具有创造力。中国扶贫基金会理事会将组织使命界定为：帮助贫困社区的弱势群体提升自我发展能力，改善基本生产条件和基本社会服务水平，促进受援人脱贫与自立，强化基层管理与组织，减轻社会疾苦与不安，传递人类爱心与善心，促进社会和谐与文明。

非营利组织不以利润最大化为目标，但也是利用社会资源为社会提供服务，因此，它也必须实现资源优化配置。非营利组织从事的往往是社会公益事业，既不可能像企业那样用利润来衡量绩效，也不可能像政府那样用政治过程中投票表决的方式衡量绩效。理事会应确保组织以经济的方式创造合理合法地经过慎重选择目标明确的公益产品。为提高组织运作效率，理事会必须建立衡量工作效率的标准。由于非营利组织基于与多元相关主体的利益，其绩效标准的制定和具体实施是一个难点，必须综合考量经济效率和社会效益。

（二）制定战略决策

目标和使命确定后，理事会的责任是为组织制定战略规划、对重大战略问题进行决策。组织治理理论把理事会视作一个工作组，战略决策是其工作的核心。非营利组织理事会的战略服务功能是指理事会制定组织的章程，制定组织战略目标，挑选执行长、审批长期规划、决定组织基本政策等重大决策，担当战略总执行者与监督者，给予管理层在行政和管理上的建议，但日常行政权应授予执行长及行政机构。理事会成员根据自身的专业知识和社会资源为组织制定战略规划提供信息、咨询、质疑和批准。非营利组织制定重要的规划和战略必须建立一个科学的战略决策程序。决策程序一般包括以下几个方面。

1. 理事会召开会议最少次数的规定

理事会的功能能否发挥是非营利组织自治能否实现的关键，为督促理事会担负起应尽的职责，法律应有理事会每年应召开会议的最低次数的具体要求。

2. 组织进行决策时最少有效法定人数的规定

对于一般决议事项，可以过半数成员之出席，出席成员过半数之同意行之。对于重要事项，如涉及章程变更、组织存续以及财产处分或借款举债等，为求慎重，应以 2/3 以上成员之出席，成员总额过半数之同意行之。

3. 理事会的召集方式、程序，以及不能出席时的代理等规范，不须由法律直接规定，只需载明由非营利组织章程中规定即可

我国《基金会管理条例》第二十一条规定理事会是基金会的决策机构，依法行使章程规定的职权。理事会每年至少召开 2 次会议。理事会会议须有 2/3 以上理事出席方能召开；理事会决议须经出席理事过半数通过方为有效。下列重要事项的决议，须经出席理事表决，2/3 以上通过方为有效：章程的修改；选举或者罢免理事长、副理事长、秘书长；章程规定的重大募捐、投资活动；基金会的分立、合并。理事会会议应当制作会议记录，并由出席理事审阅、签名。例如，人口福利基金会理事会是人口福利基金会的最高权力机构。按照章程规定，理事会两年召开一次，满四年换届，全体理事参加。理事会休会期间，由常务理事代理行使理事会职权。常务理事会每年召开一次，全体常务理事参加。一切决定遵循民主集中制原则。人口福利基金会的各项重大事务都要通过理事会讨论通过。

（三）对执行层的监督和激励

基于非营利组织三权分离的复杂产权特征，其委托—代理问题较之营利性公司可能更为严重，并且随着组织规模的扩大，层次的增加，管理层职业化程度将会提高。理事会作为委托人，需要确定经理必备的专业知识、能力等标准并选任经理，并采取适当的激励约

束机制诱导经理的生产性行为。理事会存在的合理性在于其非营利组织利益相关者表达自己意愿的主要场所，是组织与利益相关者关系的纽带。理事会的设置防止内部人控制，它保有部分权力以约束组织的运行方向。理事会在防止行政人员内部控制方面，由于拥有任命执行长的权力而成为可置信威胁，可以约束行政权力的方向。

理事会独立性水平，或理事会成员与当前组织的依赖程度，被认为是理事会实施监督的首要的激励。理事会的独立性主要取决于理事会规模、理事会组成以及经理人的二元性等。那些主要由独立外部理事所组成的理事会被认为其监督更有效率，因他们的激励并不会由于对组织的依赖而受损害。但由于理事会只是出资人或捐款人的受托人，大多数理事会成员不具有专职身份或不具有专业知识，理事会常常成为一个“橡皮图章”，因此理事会对组织领导人的监督是有限的。

（四）获取外部资源非营利组织的生存与发展

依赖于外部组织与环境因素，理事会的挑选被视为是组织与环境产生联系的一种制度安排。非营利组织很难直接从市场上通过交易方式获取自身发展所需的足够的资源，这时非市场方式的获取资源的能力显得极为重要。为了使理事会具有效率化，理事会必须是由最能从外部环境获取必要信息的个体组成。理事会被视为是应对外部依赖、环境不确定性的减少及与环境依存度相关的交易费用的减少的机制设置，通过它把组织与外部环境连接起来。资源依赖理论要求理事会对非营利所处环境作出反应，并且理事的选举依照组织的重要资源的获取最大化为原则。每一位理事可能会给理事会带来不同的资源与关系，因此理事会组成反映了组织对外部环境的依赖程度与理事会成员资源获得能力的匹配。

1. 对外募款

理事会为组织建立良好的社会资源网络，使组织有充裕的经费开展活动。理事会由具有重要资源又真诚支持非营利事业的人士组成，通过捐资等多种方式筹集经费，通过一种直接的方式获取组织所需资源。筹募资金包括了理事自己本人的贡献，从其他个人、政府、公司和基金会获得捐赠，或者以低于市场价格获得物品和服务。

2. 提升组织的公共形象

作为与社区沟通联系的桥梁，理事需代表组织与外界建立良好的沟通渠道，努力提高组织的公众形象，以确保资源及信息的流入与交换。

3. 与政府等相关利益主体建立良好的关系

理事会联络组织与政府等外部环境关系，实现组织存在的合法性，帮助组织从外部获得资源或重要要素的承诺确保关键资源的获得在制度上得到保证。理事会是一种社会网络机制，常常由政府、企业、社会名流等各方面的知名人士组成，他们可能并不直接为非营利组织筹款，但可以动员关系网络为组织服务，间接为组织提供资源，并且有利于促进非营利组织与外部环境形成合作、互利的关系。

二、理事会的规模和结构

（一）理事会的规模

外部环境的复杂性和不确定性会影响非营利组织的运营，理事会成员把组织与运行环境中的关键要素联系起来，并且向管理者提供有影响力的其他人或机构如何评价组织的重要信息，因此，理事会成员必须具有充分的代表性，其规模一般都比较大，大于以营利为目的的公司理事会的规模。理事会的规模无疑会影响组织决策的效率，虽然理事众多可以扩大非营利组织获取外部资源的社会网络，但理事之间“搭便车”、小集团利益比较盛行，导致高昂的集体决策成本。理事会的规模也不能过小，决策权过于集中，容易导致被内部人控制，不利于民主决策。非营利组织理事会规模必须与组织承担的功能、组织的规模、使命与任务的复杂程度以及组织的内外环境等相适应。法律规范非营利组织的权力机构人员名额时，可只规定人数的下限，上限留给非营利组织根据本身的状况权宜决定。

例如在美国，大多数州只规范机构理事会名额的下限，譬如有的州是最少三名，有的则是 5 名，而规范理事会名额上下限的州则非常少。我国《基金会管理条例》第二十条规定，基金会设理事会，理事人数为 5—25 人，理事任期由章程规定，但每届任期不得超过 5 年，理事任期届满，连选可以连任。如中国教育发展基金会由 15—25 名理事组成理事会，理事每届任期 5 年，任期届满，连选可以连任。中国青少年发展基金会也是由 15—25 名理事组成理事会，理事每届任期为 4 年，任期届满，连选可以连任。我国的非营利组织理事会规模偏小，甚至有相当一部分没有理事会，或理事会中只有理事长一个人，事无巨细，均由理事长决策。理事长由行政管理机关任命，或由出资人一人承担。理事会规模小或未设理事会，既不能形成对理事长权力的制衡，也不能对组织内部管理人员或内部职工的偷懒或短期行为进行监督，形成组织“内部人控制”现象。

（二）理事会的成员构成

非营利组织理事会的构成形式很多，确立一个适当的理事会结构，需要考虑到多种因素。

非营利组织利益相关者协同治理在理事会成员构成中也有体现，如理事会中要有特别热心于公益事业的具有理想和奉献精神的人士以保持组织的动力与活力；吸收资助者的代表参加理事会有助于向资助者负责；吸收服务对象的代表参加理事会使组织更有效地对服务对象负责；吸收具有专业知识和能力的人员参加理事会有利于组织有效开展活动。以美国大学理事会制度为例，校董会一般由文化界、经济界及政界的知名人士，学生家长与社区代表，教师学生代表及校长共同组成。校董从不同的角度审视大学的发展，从不同的利益关系参与大学的管理。这种广泛参与的特点，使社会和大学有机地联系起来，不仅使各种社会需要直接反映到学校中来，而且可以通过他们有效地向社会募集资金，同时有利于办学方向更适应社会需要，起到社会对学校的监督作用。

我国相关规章制度对非营利组织理事会的成员构成有比较明确的规定，我国《基金会管理条例》第二十条规定基金会设理事会。用私人财产设立的非公募基金会，相互间有近亲属关系的基金会理事，总数不得超过理事总人数的 1/3；其他基金会，具有近亲属关系的不得同时在理事会任职。以中国扶贫基金会为例，其理事会成员构成包括热心于中国扶贫事业的知名人士；对中国扶贫事业有重要贡献者；本基金会主要捐助人；公益扶贫领域的专家学者。但实际运作过程中，我国非营利组织理事会成员构成还应大力优化，目前成员构成具有以下问题：理事会成员多由政府任命，缺少由组织内部产生的理事或其他利益相关者代表；理事会人员构成既存在内外理事比例失调现象，也存在内部理事过多的现象；理事会中尚未引进独立理事制度。这些问题与我国转型期的发展特征是分不开的。

三、理事会运行机制

（一）理事长的角色与职责

理事长由理事会选举产生，作为组织的法定代表人，理事长召集和主持理事会会议，是理事会决策的核心人物。一般非营利组织都挑选一位德高望重并热爱组织者担任理事长，以有效贯彻理事会的决议。我国对非营利组织理事长的任职资格具有明确规定，如《基金会管理条例》规定理事会设理事长、副理事长，从理事中选举产生，理事长是基金会的法定代表人。基金会理事长、副理事长不得由现职国家工作人员兼任。基金会的法定代表人，不得同时担任其他组织的法定代表人。特别理事还有更严格的限制条款。基金会理事遇有个人利益与基金会利益关联时，不得参与相关事宜的决策；基金会理事、监事及其近亲属不得与其所在的基金会有任何交易行为。

（二）理事会会议非营利组织

重大决策必须经由理事会会议审议批准，监督权的行使只有在理事会会议上可以进行，因此，理事会会议是理事会治理的一项重要的制度安排。理事会在理事长的领导下，通过民主决策履行职责。理事会通常较适合对已经形成的议案进行讨论和表决，而议案本身的形成和提出，诸如执行长或秘书长候选人的挑选、组织战略、重要规章制度等具有相当专业性的事项，需要依靠个人的专业技能，并需要理事会开会之前进行广泛调查和深入研究，方能形成周密的议案。这些议案很难依赖理事会集体形成和提出，而需要常设的机构在理事会闭会期间草拟和提出以供理事会议讨论和表决。理事会会议分为例会和特别会议。例会是组织规定定期召开的会议，特别会议则一般在两次例会之间，遇有重大和紧急事项，经几名理事提议，多数理事同意，可召开理事会特别会议。为了有效发挥理事会会议的决策功能，每年例会必须达到一定的次数，各国法律对非营利理事会例会次数有不同的规定。如德国、法国、荷兰和瑞士的理事会每年的例会通常有 3—4 次，而英国和加拿大非营利组织理事会例会次数较多，每年高达 5—9 次。同时，理事会会议参加人数必须符合法律和组织章程的规定，否则会议无效。一般情况下，理事会出席人数只要达到全体理事 2/3 以上。

（三）专业委员会

理事会是一个决策系统，由于管理的复杂，规模较大的理事会常设立各种委员会，分别执掌各方事宜，彼此分工协调，有效避免了理事之间相互推卸责任的局面发生，而且还有利于充分发挥理事们的各自优势，从而提高办事效率和提升工作业绩。由于组织不同的结构和所处的法律环境的差异，委员会的设置也有所差异。从国际经验来看，在理事会之下一般设有以下专门委员会：执行委员会、审计委员会、提名委员会、薪酬委员会、公共政策委员会等。

1. 执行委员会

理事会常常建立小规模的执行委员会，执行委员会是理事会控制的核心。执行委员会使得理事会能够小范围讨论重大问题，在理事会闭会期间代表理事会行使权力。它也是理事会中的主要协调机关，确定理事会的行为方式、日程安排、协调其他委员会的活动。

2. 审计委员会

审计委员会负责金融控制、责任审计，确保组织和管理层（及雇员）行为符合法律和伦理要求。具体职责包括：选择推荐独立的外部会计师；检讨审计结果及需要由其领导审计的范围；检讨组织内部审计与财务控制系统的构成与活动范围；评估公司的财务报告活动以及会计标准和遵循的原则；检查雇员遵守组织章程及相关法律的情况。

3. 薪酬委员会

薪酬委员会对经理及高层管理者进行监督、考核与薪酬。

4. 提名委员会

提名委员会通常由理事会主席担任主席，负责制定新理事和经理的选聘标准与程序。

5. 公共政策委员会

公共政策委员会通过经常性地研究，从事组织的战略发展规划，审视组织的宗旨，确保理事会的延续性和执行长的稳定继承和过渡。委员会只负责决策，并不负责具体执行和实施，执行机构另设，可以任命执行长及其以下的一系列管理职务，将理事会的决定付诸实施。在理事会管理体系下，虽然决策系统内部以及决策系统与执行系统之间分工明确、职责分明，但他们之间又是相互协调与有机结合的。

转型期我国非营利组织理事会组织结构正在不断完善，大型的非营利组织大都建立了理事会框架内委员会分工负责制，进行专业化治理。各委员会根据自己责任分工或范围，先提出各自的看法或政策主张，然后交由理事会集体讨论表决。以中国青少年基金会为例，理事会设立了执行小组和专业小组，即执行委员会和专业委员会。执行小组和专业小组的设立与调整由理事长提议，理事会会议决定。执行小组和专业小组向理事会负责，没有决策权。

①理事会设立执行小组。执行小组设召集人 1 名，由常务副理事长兼任。执行小组负责理事会的日常工作，包括筹备理事会会议，确定会议程序和议题；编制并执行理事会工作预算；落实新理事的聘请工作；组织理事会的自我评估工作；执行其他由理事会确定的任务。在理事会闭会期间，执行小组经理事长同意，可处理紧急事务，并在理事会会议上作出报告。

②理事会可根据需要设立规划与发展、财务与资产、公共关系三个专业小组。各专业

小组分别设召集人 1 名，由副理事长兼任。专业小组作为理事会的内部分工组织，负责对某些专门事项进行调查研究，形成议案，作为理事会决策的依据。

③理事会执行小组和专业小组需要时可吸收非理事专家和本基金会高级管理人员参加。

（四）独立理事制度

独立理事制度主要应用于营利性公司，为克服可能存在的严重的“内部人控制”问题，非营利组织特别是其中的公益性非会员制组织开始引入独立理事参与理事会治理。独立理事不仅独立于内部管理层，也独立于捐助者和创始人。独立理事来源于有关的社会知名人士、专业人员、咨询公司、律师事务所、会计师事务所等。由于理事成员的开放性，独立理事的引入在一定程度上克服了因理事会各委员会中业务执行机构与监督机构平行而产生的监督软化和关联现象，理事成员的开放性有利于非营利组织提高社会合法性和更多元的社会关系资本。独立理事以其专业知识经常被引入理事会的各专业委员会参与决策的制度、审议等专业性活动。在理事会设立委员会和引入独立理事是改善理事会治理效率的重要制度安排。确保独立理事以及委员会判断的独立性，相关管理条例或组织章程往往规定属于委员会可以单独作出决定的，理事会无权修正委员会的决议。

第三节　执行层

执行是决策和计划具体的实施过程。执行决定发展，执行是对理事会决策的分解、落实与执行，否则，理事会的决策就毫无意义。随着执行层的职业化和专业化成为非营利组织管理发展的趋势，非营利组织建立以执行长为领导核心的高效率的执行层已成为提高治理效率的有效途径。

一、执行层的结构与特征

（一）执行层的职业化趋势

非营利组织需要科学的管理以增强组织决策的执行力。早期非营利组织没有真正意义的管理者或执行层，一直由兼职的志愿者运作。大部分非营利组织没有意识到管理的重要性，认为凭借良好的愿望和公益之心就可以办好事情，并没有意识到必须对运作过程及其结果负责。如何加强对志愿者的管理，提高他们的工作效率是非营利组织实现公益性目标的关键。

社会对非营利组织具有比营利公司更高的期望值，并且，非营利组织富有效率的管理也是吸引捐赠和志愿者的重要条件。因此，现在大部分非营利组织已经意识到改善管理、提高决策执行力的重要性。执行层的职业化和专业化成为非营利组织改善管理的重要途径。规模较大的非营利组织执行层职业化的典型特征是中高层管理引入职业经理人制度。职业化管理意味着管理人员来自职业经理市场，并且其薪资水平由市场决定。一些庞大的非营利组织之所以能够保持高效运转，就是因为它们有高素质的职业化管理层。非营利组织的职业化管理程度依据非营利组织规模的大小而不同。非营利组织的规模越大，志愿者越多，管理层的职业化程度就越高。

职业经理人是以担任管理职务为职业的专业人才，其职责定位是以其专业管理能力，协助组织的委托方（即理事会）执行管理职责，并通过专业能力的施展获得理事会高度的信赖感与应有的回报。国内非营利组织大部分由退休官员出任领导，由官员构成的组织管理结构，虽然他们拥有社会资源，能与政府保持联系发挥影响力，并与企业建立了一定的关系，但他们不具备组织开展公益项目所需的专业管理知识，创新动力不强。

（二）执行层的结构优化

非营利组织执行层是组织的雇员，受聘于理事会，在其授权范围内拥有对组织事务的管理权和代理权。执行层的职业化使非营利组织建立一个分工明确、专业运作、资源优化组合的组织体系，通过组织内部执行机构的专业协作，提高组织的治理效率。因此，执行层的结构反映了组织内部分工协作体系的要求。执行层的结构优化提高了非营利组织的管理效率。如慈善组织由专业的执行人员负责执行长下各职能部门，细化内部分工体系，把慈善筹款机构和项目实施机构进行职能划分，筹款机构专注做好劝募工作，实施机构专注做好可供捐赠人选择的好项目，监督项目的实施过程和效果，管理的专业化带来的服务改善可以提高慈善组织的社会公信力。

非营利组织执行层按照级别可以分为高级执行人员和中级执行人员组成的管理团队。高级执行人员，如执行长或秘书长等是组织的决策者和领导核心，在组织中起着决定性作用，高级执行人员主要进行涉及组织长远发展和规划的非常规性决策，领导中级管理层。中级执行人员，如执行长下设各职能部门负责人是组织管理团队的重要组成部分，主要进行常规性的决策，负责组织的日常管理。从工作内容和性质来看，执行长负责组织全局的统筹管理，其他中高级执行人员与组织执行部门结构相匹配，不同类型的非营利组织职能部门会有较大差异。如中国青少年发展基金会侧重资助服务，在秘书处下设资助服务中心、伙伴关系中心、海外合作中心、公共传播中心、资财管理中心和综合发展中心等六个职能部门。而中国医疗器械行业协会侧重为会员服务，下设行业部、信息咨询和媒体部、技术与法规事务部、会展部、培训部、认证咨询部。

（三）执行层的任职条件

组织执行人员应具备特殊才能，以自己的知识、智力和经验投入到组织运作。在引入职业化管理之后，执行人员作为智力资本的所有者具有较强的流动性，可以通过职业经理人市场实现自身价值，并从回报率低的组织向回报率高的组织流动。职业经理人以经营和管理为“职业”，薪酬取决于其经营管理水平，在职业经理人市场，衡量一个职业经理人的重要标准是他的“职业声望”。在现代非营利组织中，执行人员在组织的发展中起着不可替代的作用，优秀的执行人员甚至成为组织的核心和灵魂，能够协调各方面的工作，确保工作有效运行。优秀的管理人才一旦流失，不仅会影响整个团队工作进程，还会对其他成员造成强烈的心理冲击，从而导致人心涣散，甚至引发大批人才流走。因此，高素质的执行人员是非营利组织的重要资源。与营利性公司相比，非营利组织的执行层既要具备一般职业经理人的职业素质，还要适合非营利组织业务的公益性和社会性目标。

具体来看，非营利组织执行层任职资格应具备以下条件。

1. 良好的职业道德和公益精神

非营利组织执行人员应具备一般的职业经理人的职业道德，包括诚信、守约、敬职等多方面。非营利组织从事的是公益性活动，诸如慈善救济、扶贫、维护弱势群体利益等高尚事业，因此，执行人员只有具有强烈的社会责任感、公益精神和奉献精神，才能更好地理解组织的公益性目标和宗旨。加之，非营利组织吸引了大量的志愿者参与服务，执行人员的道德修养将直接影响其对志愿者管理的有效性。

可见，与企业相比，非营利组织对执行人员的职业操守和道德情操具有更高的要求。

2. 较强协调领导能力

执行人员的协调领导能力表现在具有能够团结组织成员，协调组织的成员工作，激励他人，以实现组织的目标。优秀的执行人员都有营造和谐的组织内部氛围，创造蓬勃向上的组织文化的能力。通过促使组织成员形成公益性价值观，使组织发展目标深入人心并成为团队每个成员的共同追求，这有助于执行层改善组织的管理。

3. 非营利组织工作的专业素质

专业素质不仅包括管理方面的专业素质，还包括非营利组织工作所应具备的素质，如熟悉非营利组织的相关法律法规、运作模式、活动程序等。特别是，如何激励志愿者的工作热情，促进志愿者的规范化管理等。

4. 战略规划设计和组织实施能力

组织战略就是围绕组织发展方向和所要实现的目标，进行资源优化配置，以及与此相适应的经营管理体制的设计。组织实施能力与执行者的意志力有关，认定正确的战略就要坚持贯彻落实。

5. 环境应变能力

非营利组织面对复杂的外部环境，利益相关者众多，执行者具有应变不确定环境的能力，促进组织与外部利益相关者的和谐。

二、执行长的角色与职责

执行长具有两种重要角色，一方面，作为理事会的受雇职员，基于委托代理关系，向理事会负责，应理解并贯彻理事会的决议，并对理事长的工作有协助的义务；另一方面，作为执行层的行政主管，改善工作环境的质量，提高员工的工作效率与士气，组织和激励员工实现组织的目标。

（一）认知组织的内外环境

在众多利益相关者共同治理框架内，各方要求汇聚于执行长，执行长应善于分析组织发展面临的问题，能够认清组织的发展方向，并且善于进行沟通，社会知觉能力强，洞悉人情世故，能够赢得别人的好感和信任。

（二）协助理事和理事长

协助理事长全面掌握组织所有业务方案、财务信息等，与理事长共同研究拟定理事会及专业委员会的议程，向理事长提供政策引导，同时鼓励和支持理事的工作。

（三）促进组织与发展环境的联络

执行长要在与社会各方面的广泛交往中，使社会了解到组织的工作职能、任务性质、理想目标和组织所面对的困难，从而取得社会对组织形象的认同和各种资源上的支持，与此同时也极大地提高组织的知名度，为组织发展赢得更充分的资源。

（四）组织日常的行政管理

做出正确的决策，领导组织走向成功；业务方案的规划与执行；确保正常的财务收支和经费的合理配置；建立并维持一个有效的沟通体系和管理团队，培养一个能够激发员工潜力与专业素质的组织文化；在志愿者的选择、培训、工作分配、考核、升迁奖惩、淘汰等方面，许多非营利机构比营利企业还要严格，因此，执行长识别、选拔、任用、考核评价和激励人才的能力十分重要。

非营利组织大都实行的是归口登记和双重管理体制，业务主管单位负责组织的人事管理，执行长或秘书长的人选要经过业务主管单位考核推荐，然后由会员大会或理事会民主选举。这种管理体制使得非营利组织为了获取行政合法性，在获得业务主管单位认可，如挂靠权的同时，让渡了人事权，业务主管单位对组织领导人的选拔具有决定性的支配权力。操作层面权力的让渡，使得组织的主要领导人都是由业务主管部门推荐的行政官员或退休干部担任。许多社团或基金会成为少数领导干部离任之后的个人落脚点。因此，法律上应认定执行长的职业化和专业化，即执行长由理事会独立聘任，而不是由政府任命，被政府任命无疑带有官场色彩，这种变革直接关系到非营利组织的内部治理。

三、执行层的激励

在非营利组织复杂的委托代理关系中，执行长的激励是一个难点。在理事会的委托下，执行长负责组织的日常管理工作，执行长的工作能力和努力程度对组织绩效和理事会治理效率产生了重要影响。但由于信息不对称，执行层可能偏离组织的目标，产生严重的“内部人控制”问题。如何处理理事会和执行长之间复杂的委托代理关系，国外学者做了大量的研究，一方面，从组织章程上明确执行长对理事会的职责，认为执行长应致力于促进理事间的互动关系，提醒理事们注意组织的变革与创新，向理事会提供有效信息，激励和理事会的工作，同时强调理事会和执行长协同工作，互相商议理事会会议，共同制定组织战略和决策等；另一方面，通过设计一个合理的激励制度和绩效考评制度，加强理事会对执行长的激励和监督。对组织的执行层可以采用精神、物质等各种激励方式，薪酬与绩效挂钩，以减少组织内部人的短期行为和道德风险等内部人控制现象。

早期，由于非营利组织服务的公益性特征，执行人员的工作带有志愿性质，组织对执行层缺乏有效的激励方式。随着非营利组织执行层的职业化趋势，职业经理人制度引入组织治理。因此，非营利组织执行层的激励模式和手段可以借鉴营利公司对职业经理人激励的成功经验。对非营利组织执行层的激励主要有物质激励和精神激励两种方式。非营利组织物质激励主要通过薪酬制度来体现，如年薪、奖金、津贴、福利等。随着执行层的职业化和专业化，将执行层的薪酬与组织绩效相联系成为一种有效的激励方式。

高薪能对执行人员产生极大的激励作用，使其对收入产生较大的满足感，从而激发出工作积极性，为组织创造更大的价值。物质激励效应的实现要靠相应制度的保障，非营利组织应通过建立一套执行人员绩效的考评和奖惩制度，将执行人员的收入与组织绩效联系起来，有利于执行人员在提高自己收入的同时增加组织的财富。绩效考评应创造一种公平公正的氛围，以减少不必要的内耗，使组织成员都能以最佳的效率为实现组织的目标多做贡献。同时，奖金和退休金金额可按服务年限和经营业绩递增，在任期届满或者退休时，根据经营责任目标的达成情况，给予其相应的奖金或者退休金，这种报酬激励成为一种长期性质的激励，减少执行人员的短期行为。由于理事会负责制定高层管理者特别是CEO的薪酬计划，因此理事会的构成以及CEO在理事会中的作用也会对CEO的薪酬产生较大的影响。非营利组织精神激励主要表现为声誉激励和荣誉激励。精神需求是人的基本需求，追求成功的事业、拥有一定的荣誉地位、享有较高的权力、受人的爱戴和尊重本身就是人的内在需要，这种精神满足和价值实现可以激发人的工作动力。

①荣誉激励是指对品德高尚、事业有成的执行者授予荣誉，并大力宣传，提高其社会知名度。基于非营利事业公益性目标，事业本身带有极大的荣誉性质，特别是慈善事业更受社会尊重。授予执行者荣誉，既是对执行者本人的尊重和激励，也有利于提高非营利组织的社会形象和知名度。

②声誉激励是指通过宣传、教育和培训等途径，使执行者转变观点，使其认识到自己所担当的历史使命，树立对职业的热烈追求，激励他们通过提高组织绩效来改善自己的声誉，并且，在执行层引入职业经理制度后，执行者的职业声誉是职业经理人市场的重要竞争力。声誉在人的行为决策过程中是一个重要的影响因素，声誉甚至可以代替报酬之类的显性激励因素，在行为科学看来，追求良好声誉是执行者成就发展的需要，执行者努力经营并非仅仅为了得到更多的报酬，还期望得到高度的评价和尊重，期望通过组织发展来证实自己的管理领导才能，达到自我实现。发挥声誉对执行者行为激励作用的关键是建立健全非营利组织职业经理人市场的竞争机制，通过市场竞争激励执行者的服务性行为。我国现阶段非营利组织领导者主要由政府任命和由离退休人员担任的人事制度不适合非营利组织职业经理人市场竞争机制的建立，难以发挥职业声誉的激励作用，因此，现行的人事制度必须加快改革。

第四节 监事会

一、监事会的基本概念

（一）监事会

监事会，也称监察委员会，是非营利组织设立的专职监督机构，在组织日常经营活动过程中专司监督职责与信息披露流程控制，同时对组织内部人员违反法律、章程的行为予以指正。在我国，监事会是非营利组织的内部自律性机构，它代表了处于虚拟状态的捐赠人、受赠人和社会公众的利益，并以理事会和管理层为监督对象，监督非营利组织的一切经营活动，减少理事会和管理层违反非营利组织章程和内部规定的机会主义行为。

民办非企业单位和公益基金会强调组织内部必须设立监事职位或监事会，民办非企业单位的监事在举办者、捐赠者和单位雇员中产生；公益基金会的监事则通过主要捐赠人、业务主管单位分别选派，登记管理机关可根据工作需要选派。理事、理事的近亲属和基金会财务人员不得兼任监事，监事及其近亲属不得与其所在的基金会有任何交易，且监事不得从基金会中领取报酬。有关监事人数，我国目前并未作硬性要求，《基金会章程范本》中只规定 3 名以上监事可设监事会。

我国《基金会管理条例》第三章第二十二条中明确规定了监事会的职能：监事依照章程规定的程序检查基金会财务和会计资料，监督理事会遵守法律和章程的情况。列席理事会会议，有权向理事会提出质询和建议，向登记管理机关、业务主管单位以及税务、会计主管部门反映情况。此外，《基金会章程示范文本》还补充道：监事应当遵守有关法律法规和基金会章程，忠实履行职责。

具体来说，目前监事会发挥的主要价值功能包括以下几点。

1. 提高组织的决策能力

监事在列席理事会会议时，有权对理事会的决策提出质疑和建议。虽无表决权，但监事能以相对客观的角度提出良性建议，防止理事会独断专行，帮助组织科学决策。

2. 约束理事会成员行为，保护捐赠者及受赠者利益

监事会有权监督和评估组织内部人员对非营利组织法律法规的遵循情况和职责履行情况，并就理事会和管理人员违反法律、法规或者组织章程的行为进行严查，在其行为损害组织利益时，敦促相关人员予以纠正。因此，监事会承担着组织的协助和监督职能，对理事会具有指导作用。

3. 监督组织的财务情况，防范虚假记载

非营利组织的财务情况是组织经营状况的一个综合反映，它体现了利益相关者的利益需求，是监事会监督的一个重要内容。监事会有权对组织的财务会计报表进行核查，并由

自己或聘请专业人员审核公司的财务会计报告，包括资产负债表、损益表、财产情况变化表及有关的会计资料和财务安排等，有效的内部监督保证了信息在组织内外部传递的有效性和及时性，减少了组织理事会与外部捐赠者及受赠者的信息不对称问题，从而抑制了由此可能带来的逆向选择、道德风险、代理成本等。

有关监事会的监督原则，学者刘春湘将其归纳为四点。

1. 独立性原则

独立性原则是指从制度上确保监事会完全独立于业务执行者，能以客观、独立、公正的立场进行监督，不受组织内部因素影响。它对监事会能否充分履行其职能具有决定性作用。因此可以说，独立性是监事会的灵魂，是监事会履行职权的根本前提。

2. 合理性原则

所谓合理原则，指的是组织内部机构的设置、监事会职权和配置以及监督方式的运用应当合理。从监事会和理事会的关联角度分析，监事会行使组织的监督职能，理事会行使组织的决策执行职能，两者的工作范围应当互不干涉，互不影响。只有将两者的地位界定清楚，才能确保两者在组织治理中的相互制衡和相互协同，形成权力制约和平衡机制。

3. 适度性原则

适度性原则即监事会在履行职责时，既不能放纵组织违法行为的产生，又要尽量不干扰组织正常合法活动的运作。

4. 民主性原则

监事会制度的建立本身就体现了民主的管理体制。具体到监事会内部，民主则包括监事会成员的平等和民主、监事会活动程序的民主、监事会工作作风的民主等。

（二）监事会特征

传统监事会特征，指的是监事会监督职能的独立性、法定性、专门性等属性特点。本文认为，监事会特征除上述传统特征外，还应涵盖监事会治理的有关特征，即监事会的组织设置结构，如监事会规模、监事会议次数；监事人员的内在特征，如监事年龄、监事性别；监事会权力结构的配置，如外部监事比例等。有关监事会治理特征的内涵，虽然研究学者们略有涉及，但到目前为止，它只是一个反映监事会运行特征的笼统词汇，尚无明确精准的定义。学者王世权认为，监事会治理特征指的是在一定的市场与组织环境下，关于监事会结构、权力与责任配置以及行为方式的一系列制度安排，其目标在于实现组织的健全性经营。

在实际的制度设计中，各基金会的设计者会依据组织内部偏好制定出具有组织特色、与基金会最契合的监事会治理特征。从不同视角看待监事会特征的重点，能帮助制度设计者在考虑监事会特征时适当调整监事会职能的关键所在。

（三）非营利组织财务治理

在商业领域，财务治理强调组织财务的管理方式和制度等，它使组织在财务运行中的冲突和不同利益得以调和，既包括迫使人们服从正式制度和规则的权力，同时也涵盖人们同意或符合大众利益的各项非正式制度安排。日本学者星野昭吉认为财务治理本质上不同于强迫或是镇压，而是一种非暴力、非统治的治理机制。

国内学者对财务治理内涵的理解和分析也有不同的侧重点，不过各方描述在本质上并无太大差异，且始终遵循一个共同特点：财务治理是有关组织财权的安排机制，一组联系各相关利益主体的正式和非正式关系的制度安排和结构关系网络。它以财务预测、财务决策、财务控制、财务预算和财务分析为手段对组织的筹资、投资、资金耗费、收入和分配进行有效地管理，其根本目的在于试图通过这种制度安排，以达到相关利益主体之间的责任、权力和利益的相互制衡，实现效率和公平的合理统一。

从非营利组织的角度分析财务治理，可以将其解释为特定主体对组织财务行为合理性、合法性及有效性的监督安排机制，它是确保非营利组织履行受托责任、有效分配组织财权的条件。其中受托责任是组织作为非营利机构最基本最重要的一种责任。它意味着管理者在财务决策和日常运作中，必须谨记社会公益最大化的宗旨，及时向利益相关者披露财务信息，承担财务责任，解释组织经济资源的使用情况，并致力于维护和提升组织的公益形象和社会声誉。由于组织管理者作为理性经纪人，存在追求个人利益，规避财务责任的问题。因此，单纯地依赖管理者的素质，指望其自觉履行责任保护捐赠者利益存在很大风险。受托责任的良好履行，最终还有赖于财务治理机制充分发挥。

与企业相比，非营利组织财务治理面临着特有的困境：

①非营利组织产出属于服务性的非市场产出，其数量和质量都难以测量，并伴有很长的时滞性。

②非营利组织的产出缺乏市场价格信号，消费者获取信息困难，不能自由选择产品，且缺乏检验和传递质量信息的机制和渠道。

③由于存在中间环节，最终消费者并非物品或服务购买者，因而增加了监管难度。

④非营利组织虽然面对多样化的监督主体，但鉴于监督主体大多处于不平等地位，在信息获取处理、利益诉求和资源动员等方面存在能力缺陷，再加上监督机制薄弱，缺少类似公共部门权责明晰的制度化和监督机制，导致监督很难发挥作用。

理论上说，非营利组织的监督主体既包括政府部门、社会公众、新闻媒体等外部监督者，也包括理事会、监事会、独立董事、财务总监、组织雇员和志愿者等内部监督人员。从实践来看，尽管非营利组织财务监督的主体较多元化，但根据财务问题的预防及其危害角度考虑，对捐赠者的资产保护制度安排仅靠法律和市场等外生监管是远远不够的，非营利组织需要靠内部控制制度安排弥补其不足，通过内部主体的制衡关系进行更充备的防治。从另一个角度考虑，非营利组织外部监督者由于信息获取的滞后性，使得他们通常只有在问题发生之后才进行事后监督和披露。为及时预防财务问题的发生，有效开展事前和事中监督，则还需依赖组织的内部监督机构，尤其是以监督为首要职责的监事会。

二、非营利组织监事会治理的模式

从全球范围来看，非营利组织已广泛遍布社会各个领域。这其中既包含促进教育科研事业的公益基金会，也有保护环境的绿色和平组织，既涉及以保健为目标的全民医疗机构，也有代表各级工商界人士的工商联协会。这些组织一方面鉴于国家和地域的政治文化差异和历史轨迹而呈现出根植于自身文化底蕴的不同特性，另一方面也由于其在规模、服务领域、日常运作方式等诸多方面的功能区别而表现出组织治理机制的不同。结合各国法律对非营利组织的明文规定，大致可将各国的非营利组织划分为两大基本治理模式，即英美法系国家的一元制治理模式和大陆法系国家的二元制治理模式。

（一）一元制治理模式

在英美法系国家，政府着重强调营造一个适宜非营利组织发展的法律制度和环境，因而组织的登记及创立条件相对宽松，除需享受政府优惠政策的组织必须经过严格审查外，其他组织在设立时甚至无需登记。这种低资格的准入门槛使英美法系国家的非营利组织拥有一个非常积极、自由、活跃的大环境，公民拥有较大的自由结社权利，民间组织活动空间也相对较大。英美法系国家在对非营利组织的监督中侧重外部监督机制，提倡制度与社会监督并行的模式，而不主张行政监督，因而英美法系国家大多采用一元制治理模式（见图 4–1）。在该种治理模式中，理事会既是组织内部的决策和执行机构，也是组织的监督机关。组织不设监事会，而是通过在理事会下设审计委员会、薪酬委员会、提名委员会等，来强化和监督组织理事会及高层管理人员职能。其中，薪酬委员会的主要职责是负责理事和管理层人员的薪酬分配，提名委员会的主要职责是负责理事的提名和任免，而审计委员会相对比较特殊，它的成员必须涵盖一部分独立董事人员。所谓独立董事，指的是独立于组织且不在组织内部任职，与组织或组织理事会、管理人员没有重要的联系，不受组织理事会的控制，并能对组织作出独立判断的董事。正是由于独立董事不受组织制约，可以独立地表达思想和建议，从而有效地保证了审计委员会的财务监督职责，防止组织不良行为的发生。

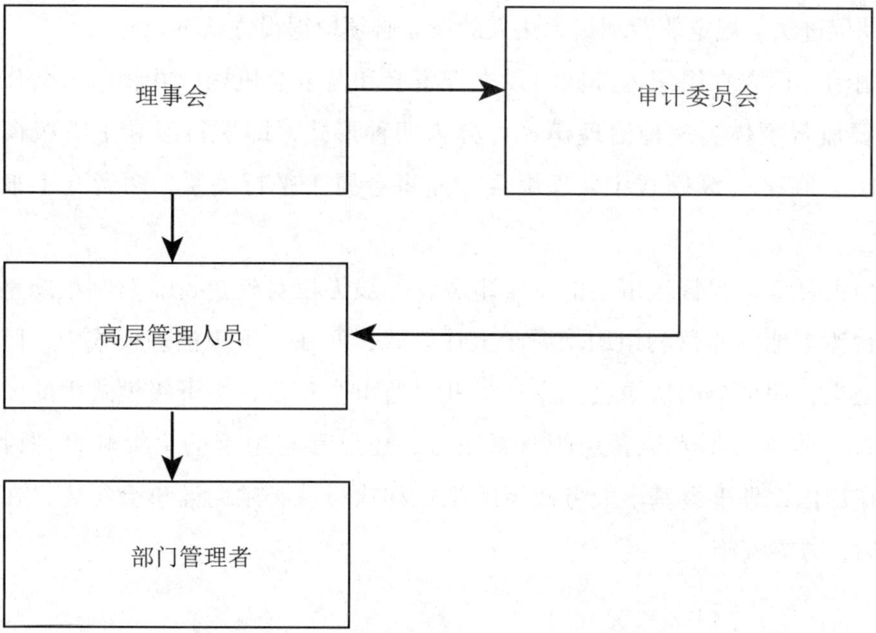

图 4–1　英美法系国家一元制治理模式

美国的治理结构模式是典型的英美法系国家一元治理模式，它参照现代企业治理模式，将组织结构划分为成员大会、执行管理机构以及独立会计师三部分，其中执行管理机构包括理事会、高层管理人员以及首席执行官等。

成员大会如同企业股东大会，属于组织的最高权力机关。理事会是非营利组织的最高决策机关和法定代表机关。比较特殊的是，美国等英美法系国家不设立监事会，而是通过聘用市场上审计事务所的独立会计师，承担审计监督职能。此外，美国设立了严格的会计准则、禁止内幕交易制度、全面的强制信息披露制度、鼓励派生诉讼的程序规则以及发达的新闻监督制度等。可以说，美国对非营利组织的监管在很大程度上不是通过内部监督自律，而是借助外部力量督促组织的运作。

英美法系国家以外部监督为主的治理模式能激发社会各界的参与热情，增加监督范围，但其中的独立董事制度也存在一定的缺陷：首先，鉴于审计委员会仍然是理事会的下设机构，受到理事会的制约和控制，因而它并不能对理事会起到全面的监督作用。其次，鉴于独立董事是由外部人员组成，他们并没有常年驻扎在组织机构中，因而独立董事往往不能对组织作出全面深入透彻地了解，这容易导致他们在行使职权时不能客观地判断和分析，最终引起结论的误判。

（二）二元制治理模式

在大陆法系国家，非营利组织一般采用二元制治理模式（见图 4-2）。这种治理模式大量沿袭权力制约理念，重视集权管理和法律条文，关注治理结构中的权力平衡及机构对称，对非营利组织的创建门槛较高，需要经过严格的审查制度和限制条件，如《日本特定非营利活动促进法》规定非营利组织法人的设立必须取得设立认证。

二元制治理模式在组织内部同时设立理事会和监事会机构，并将监事会作为非营利组织的主要监督主体。这种治理模式可分为两种形式，即平行级和上下级模式，见图 4-2 和图 4-3。在平行级模式中，理事会和监事会属于平行关系，两者互不隶属，互相制约。

监事会主要负责监督理事会的日常事务，一般无权对外执行非营利组织事务，如日本和中国台湾等地的非营利组织均属于上述模式；而在上下级治理模式中，监事会凌驾于理事会之上，理事会由监事会选举产生并对监事会负责，上下级模式中的监事人员职责相对较广，监事会不光监督组织日常事务，还可参与组织的决策和管理讨论（见图 4-3）。如在德国，理事会基本业务政策的拟定和执行就必须向监事会报告，在取得监事会同意以后，方能实施。

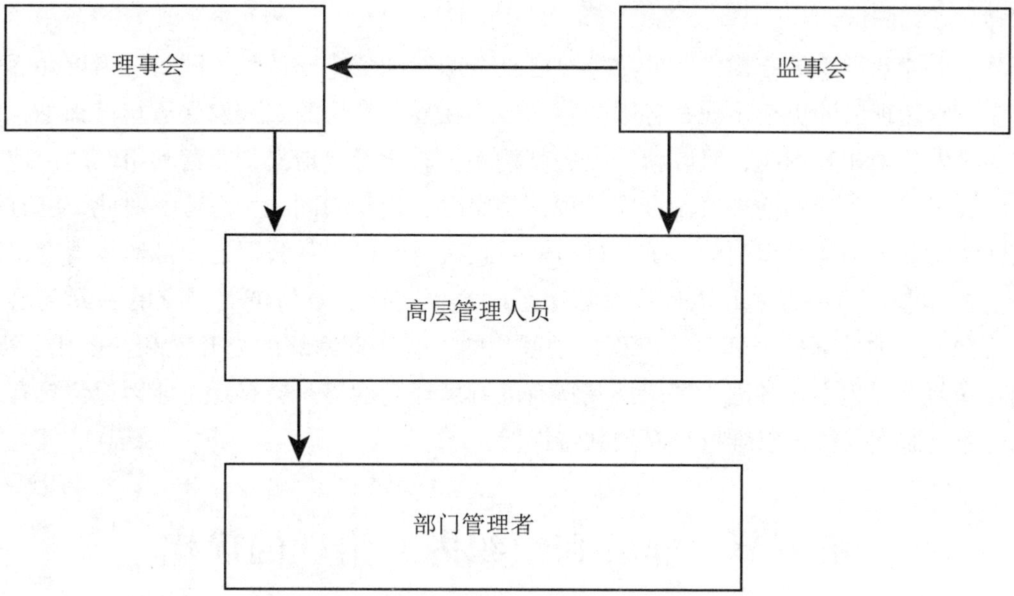

图 4–2　大陆法系国家平行级治理模式

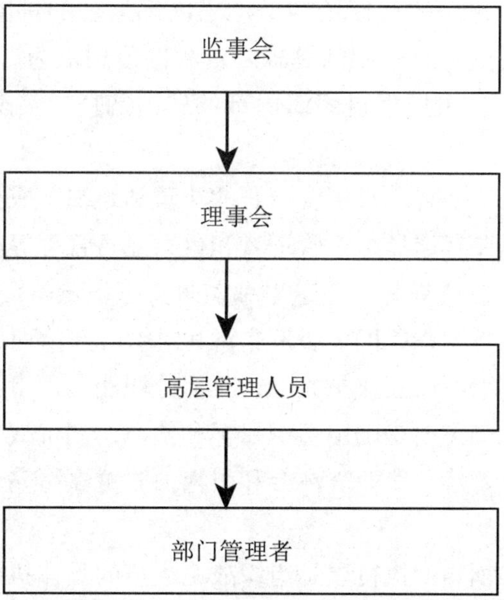

图 4–3　大陆法系国家上下级治理模式

大陆法系国家以内部监督为主的二元制治理模式使以监事会为主的监督主体具有明显的信息优势，能利用职权充分获取大量一手资料，从而弥补信息不对称造成的低透明度问题，降低公司治理成本。同时运用分权治理理论制约理事会和高层管理者的权力，从而提高监督治理水平和能力。但大陆法系国家民间组织活动的空间和自由度较之于英美法系国家要相对薄弱，组织氛围及社会大环境也相对严谨刻板。尤其在内部监督机构能力不当的情况下，一味强调行政手段，中央集权，往往会忽视市场主体的作用及外部相关者，尤其是捐赠者、受赠者及社会公众的利益，导致产生逆向选择、道德风险、代理成本、内部人控制等一系列问题。

关于上述两种组织结构模式的分类早已在全球得到了广泛认可。同时，为更好适应时代潮流，紧随现实的更新步伐，各国非营利组织在复杂多元的实践发展运行过程中，往往会在潜移默化中相互影响，吸收精华，去其糟粕。有学者曾指出，非营利组织的治理机制并非一成不变，不同的治理机制理应呈现互相交融、相互趋同的大态势。对此，已有相关报道证实英美等国在组织治理上试图进行一系列改革，以增强公司的内部监控力度，强化内部监控体制。另一方面，德日等大陆法系国家也正逐步效仿英美国家的一元制治理模式，营造完备的外部监督环境，以更加透明化的方式实现组织的公开度和社会化。当然，在相互学习的过程中，各国为了保持其特有的制度环境优势，会有针对性地保留具有本国特色的原有制度安排，以维持自身的独特性。

第五节　非营利组织内部治理的优化

非营利组织“三权分离”的产权结构增加了内部治理的难度，内部治理参与主体间复杂的委托—代理关系使内部人控制问题较之营利性公司更为严重，通过优化组织结构，改善内部人的激励和约束，可以促进组织内部的权力制衡，实现内部治理各参与主体的和谐。

从内部治理结构的框架来看，对于会员制的非营利组织，成员大会是组织的最高权力机关，其重要性主要体现在有选择组织管理者和重大经营管理等决策权力，其专属职权一般包括：制定和修改章程；选举和罢免董事和监事；审议董事会的工作报告和财务报告；决定终止事宜以及其他重要事宜。理事会是非营利组织内部治理的核心（见图 4-4）。

非会员制的非营利组织不设立成员大会，其部分职能由理事会行使。理事会是组织的核心决策机构，其基本职责主要是确定组织目标和使命、制定战略决策、对执行层的激励和监督、获取外部资源等。建立专业委员会和引入独立董事是完善理事会治理的重要制度安排。

秘书长（或执行长）领导的执行层是组织战略决策的具体执行和实施机构。执行长受聘于理事会，负责贯彻理事会决议，主持组织日常事务，作为受雇职员的行政主管领导整个组织。随着执行层的职业化和专业化，以执行长为核心的执行层成为提高组织治理效率的重要途径。为克服内部人控制问题，完善执行层的激励约束机制是内部治理的重点。监事会是组织的监督机构，负责监督理事会、执行长和高级执行层。非营利组织内部治理机制的框架如图 4-5 所示。

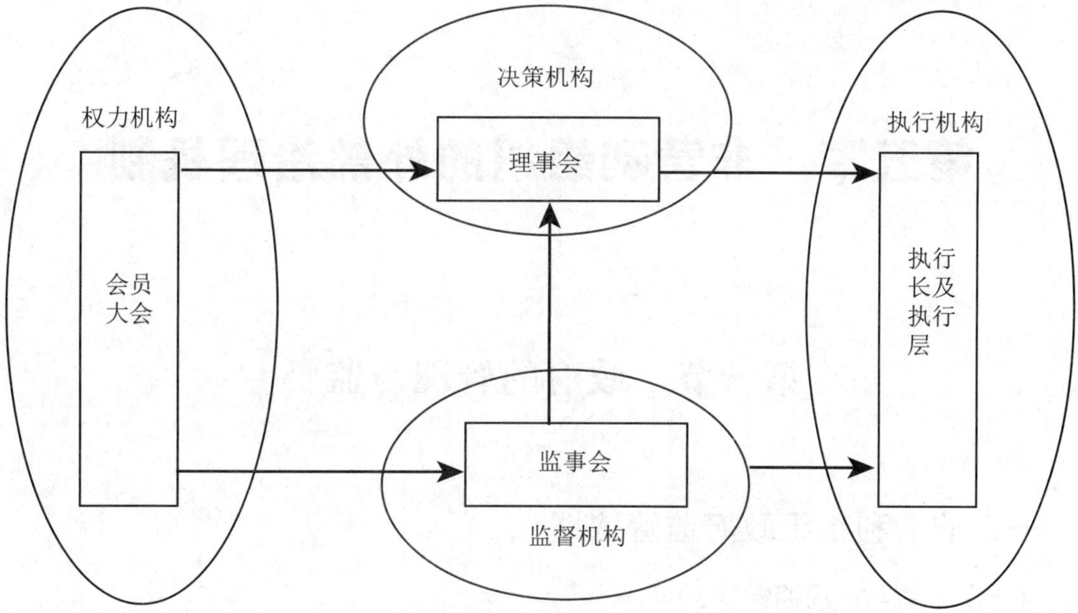

图 4–4　会员制非营利组织内部治理机制

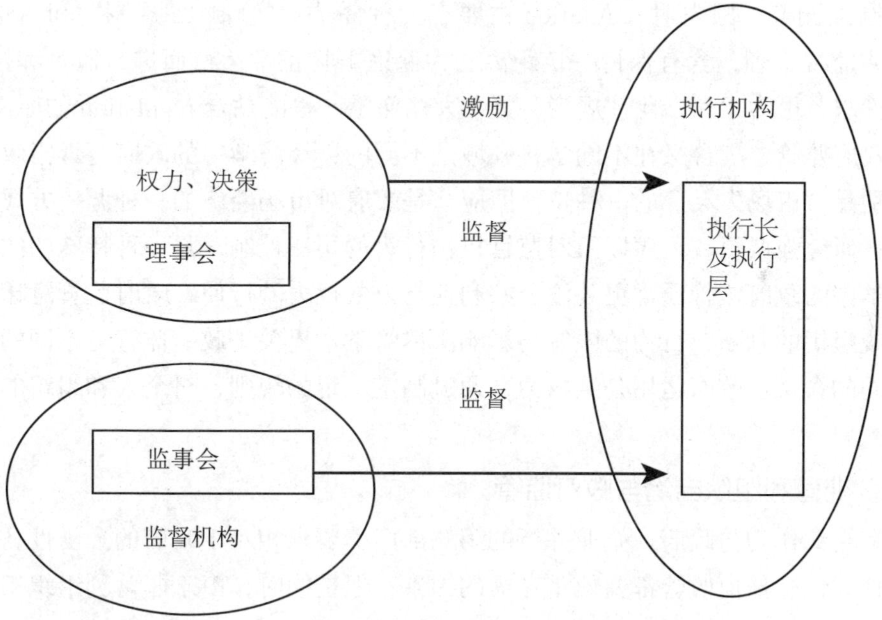

图 4–5　非会员制非营利组织内部治理机制

第五章　非营利组织的外部治理机制

第一节　政府的管理与监督

一、非营利组织政府监管依据

（一）监管与政府监管

“监管”一词源自英文 regulation，是指某主体为使某事物正常运转，基于规则，对其进行的控制或调节。国内对 regulation 主要有三种译法：“管制”“规制”和“监管”。监管指监督或监视管理，含有保持一定距离、为保证事物正常运行而进行监督和控制之意，它较之“管制”更为柔和，比“规制”更令大众熟悉，也能贴合 regulation 的原义。

关于政府监管，其含义在不同学科领域是不同的：经济学中的政府监管指政府对经济问题，特别是“市场失灵”的一种特殊回应，是政府对市场经济的一种调控方式；法学中的政府监管研究强调行政程序以及对监管机构行为的司法控制，是一种特殊的法律限制模式；政治学中的政府监管通常更关注公共利益与公共权力的行使，政府监管意味着国家权力对个人或组织的判断、行为的限制与影响。尽管学术界关于政府监管有不同的理解，但是都有共同的含义：政府运用公共权力，通过制定一定的规则，对个人和组织的行为进行限制与调控。

（二）非营利组织自治与政府监管

非营利组织作为与政府、企业并行的第三部门，要求相对于政府的独立性，因此保证其自身的独立性是任何监管都要慎重考虑的因素；但是同时，由于非营利组织担负着社会公共事业，因此也要求对其进行必要的规制。非营利组织自治与政府监管是辩证统一的。政府对非营利组织的监督管理是为了确保非营利组织健康发展，从而更好地实现非营利组织的自治。而非营利组织的自主发展和自治在任何国家都是相对的，有条件的，都是限定在遵循法律法规和法律所确定的框架内的自主和自治。

正如一些学者所说“所有的现代化政治理论都受到组织的自治与控制这对矛盾的威胁。利益团体要有效行动，拥有自治地位是必要条件，即它应有不受其他组织控制的自主性。但是独立或自治也有产生危害的机会，组织可能利用这种机会增加不公正，助长狭隘的团体主义或个体主义意识，不关心更广泛的公众的利益”。

可以说，政府的监督管理无论是在非营利组织发展的初期还是在以后都是很有必要的。问题的关键是要保持合理适度的监管，而非严格的控制。监管超过一定的“度”就会妨碍非营利组织的自治。因此，非营利组织不可能也不应当是绝对的自治，它必须接受政府的有限的监督管理。政府也必须在对非营利组织约束与保证非营利组织自由之间寻求平衡。

（三）非营利组织政府监管依据

非营利组织的产生、发展、成熟和规范运行，必须有政府广泛深入和系统的监管，监管是非营利组织成熟、发展和完善的制度保证。以下将从理论和现实两方面来分析政府监管的依据。

1. 非营利组织政府监管的理论依据

（1）基于非营利组织公共责任理论的分析

“公共责任”一词有着久远的历史，亚里士多德曾谈到“涉及大量公共资金时的公共责任”问题。但早期的公共责任主要是针对公共部门提出来的，是指向上级负责，要求向某种权威来源说明个人行动的过程，处理的是有关监督和报告之机制。这是狭义的公共责任，现在公共责任概念的内涵更加丰富。公共责任是责任行为主体对责任客体在公共服务中所负的责任。非营利组织承担的公共责任是指非营利组织及其人员要为自己的行动向其利益相关者（如政府、捐资者、公众、服务对象等）做出交代，承担责任，接受监督。非营利组织承担的公共责任包括法律责任、财政责任和绩效责任、职业责任和道德责任等。

法律责任也就是要对本国的法律法规、组织活动所在国的法律法规及国际法律法规负责；财政责任的核心是对资助及其运用的监督和评估：绩效责任是必须对所承诺的和所计划的目标和指标与实现程度作资金比较，以此判断组织活动的绩效；职业责任是指非营利组织的成员以公益为首要目标，利用自己的专业知识最大限度地维护和促进公共利益；道德责任是指非营利组织成员的行为要符合社会道德规范的要求，如能做到公正、诚实、正直等。

非营利组织承担公共责任的原因主要在于以下几点。

①非营利组织的公益性。

这是非营利组织承担公共责任的根源。非营利组织是基于公民社会中的社会力量与合作精神所构成的，公益使命是其核心架构和动力基础，组织的活动依赖的是人们的同情心、爱心等美德。因此，非营利组织在设立的目的、经营方式和社会责任方面都具备公共的特性。非营利组织的公共性使得其公共责任的缺失更容易招致公众的不满。

②非营利组织的资金来源渠道。

非营利组织的主要资金来源渠道有两个：一是从政府获取的资源，这同时也带来相应的约束。正如利特所言：当非营利组织接受公共资金的时候，他们也同时接受了当选官员对资金使用的监督和控制，它们必须在公共资金的使用上承担相应的公共责任。

另一资金来源是捐赠者的捐款。非营利组织的财产主要来源于社会捐赠，相对于企业和政府来说其产权更加难以界定。产权的特殊性也决定了非营利组织的公共责任。非营利组织实际上是社会公益财产的受托人，接受社会的委托代为管理、运作，并确保用之于社会上特定的受益人。由此形成非营利组织产权形式上的三权分离，即委托权（捐赠人所拥有）、受托权（受托机构所拥有）和受益权（受益人所拥有）的分离。由于三权分离，特别是由于公益捐赠行为的大众化，使得公益产权在名义上归属社会但事实上完全成为被虚拟的社会责任，成为对于一个组织及其内部成员来说没有约束机制的责任。产权模糊的直接后果是组织中管理者、经营者权责不明，一部分管理者、经营者利用这一产权缺陷来谋取自己的利益，损害了组织所追求的公益使命。因此，为了确保公益资产的合理使用，保障公益责任的实现，必须具有凌驾于非营利组织之上的权威，以代表出资人行使所有者的监督和组织控制的权利，强化监管机制。

③非营利组织享有税收优惠权利。

政府通过法律的形式给予非营利组织税收的减免。在享有税收优惠权利的同时，法律也规定了非营利组织有义务从事社会公益事务，这意味着非营利组织有对公众负责的必要性。然而一部分非营利组织却滥用免税资格，进行不公平竞争，获取不正当利益，给国家税收造成了严重损失。

由此而言，非营利组织在享有政府赋予的税收优惠权利时应当承担公共责任的定论是有法理上的合法性。

美国哈佛商学院教授赫兹琳杰（Regina E.Herzlinger）认为，非营利组织由于缺乏责任则可能导致四类问题：一类是组织低成效，即组织不能圆满其使命。二类是组织低效率，与它们的花费相比，其成果距理想效果相差甚远。三类是掌管免税组织的个人中饱私囊，为自己谋取过多的利益。此外，非营利组织领域的工资水平也往往受到公众的质疑，公众对某些非营利组织管理者的高薪感到不满。四类是组织风险过高，许多非营利组织常常将捐助人的资金和服务对象的利益置于危险的境地。

因此，非营利组织的公共责任决定了其必须接受政府及社会的监管。然而，目前公众监管尚处于真空状态，也缺乏相应的监管渠道。在一定时期内，政府在非营利组织的监管过程中仍将扮演主要角色。与不受约束的权力必然导致腐败一样，外部监管机制的缺失会导致非营利组织公共责任的缺失，因此非营利组织接受政府的监管是一件自然而然的事情。

（2）基于委托—代理理论的分析

委托—代理理论是西方经济学中一个由契约理论发展而来的重要理论。委托—代理理论认为：委托代理关系是一种契约关系。在这种契约中，委托人授权代理人为其利益而从事某些活动，代理人则通过代理行为获取一定的报酬。委托人和代理人的目标是实现各自的效用最大化，委托人要实现自己目标，同时也必须让代理人在代理过程中实现自己的目标。如果这种委托代理关系满足两个假设：一是委托人与代理人在主体上平等，以便在平等协商的基础上签订代理契约；二是委托人与代理人无根本利益冲突，以便保持委托人对代理人的信任和肯定态度，代理人对委托人的真诚和忠实履行职责的态度。那么，这种关系将能够达到均衡。但在现实中，由于委托代理双方利益不一致、对待风险的态度不同和双方拥有的信息不对称等原因，使得这种均衡状态难以实现，于是就滋生了道德风险和逆向选择等问题。为了解决这些问题，委托人就必须设计合理的激励和约束机制来减少委托人和代理人之间的冲突。可以说，委托代理关系，就是委托人设计出一个契约，授予代理人某些决策权，以报酬等形式满足代理人的效用最大化目标，并对代理人行为进行监督和约束，从而使委托人的效用目标达到最大化。

改革开放前，我国的社会事业是由政府包办，政府对非营利组织赋予职能，全额拨付经费，而非营利组织成为政府职能的延伸，全面接受政府控制。改革开放后，在市场经济不断推进过程中，人口、资源、环境等社会问题也随之出现，政府独自承担社会责任的压力剧增，而迅速发展的非营利组织满足了社会的需要。政府把一部分公共职责转交给非营利组织，非营利组织承担原来政府的职责，接受政府的资助来提供公共服务，从而形成委托—代理关系。

非营利组织的委托—代理关系表现在两个层面上，第一层次的委托—代理关系是政府和非营利组织之间的带有产权性质的关系。非营利组织负有原来政府所履行的职能，是为社会提供公共服务的非权力机关，其资金有很大一部分来自政府投入，通过一定的程序选派出的组织管理者按照政府的事业发展计划，利用政府投入的资金为社会提供公共服务，由此产生了受托责任。第二个层次的委托—代理关系是非营利组织的管理层与组织内部之间的非产权性质的托管关系。

从委托—代理关系的角度研究政府对非营利组织进行监管的必要性，可以概括为两个方面。

①利益冲突。

从第一层次的委托—代理关系来看，政府通过委托代理，可以通过非营利组织代为自己履行一定的职能，发展各项社会事业，满足人民群众对各项公共服务的需求的目的，而非营利组织的管理者及员工可以得到工作和为社会服务的机会以及合理的报酬。但是根据“经济人”（即组织或个人会选择对自身最有利的行为方式，以实现收益—成本最大化）的假设，政府和非营利组织的管理者的目标函数的不一致必然导致利益冲突。政府将资金投入到非营利组织，是要达到充分发挥资金的使用效益，以及各项社会事业按社会需求正常发展的目的。

而非营利组织的管理者可能更为关心自己的收入、晋升机会和工作环境。政府的资金一旦投入到非营利组织，就会形成法人财产，非营利组织的管理者可以支配这些资金。非营利组织的管理者能否按政府的目标使用这些资金呢？政府与非营利组织管理者之间的利益冲突是内生性的，非营利组织的管理者在享有自主管理组织的业务运营的同时，自然关注其自身利益。除了决策失误给政府带来损失之外，非营利组织的管理者增加个人利益的行为，也会在不同程度上损害政府及其他捐赠者的利益。因此，需要设计有效的监管机制以避免和减少这种利益冲突。政府需要通过有效的监管机制协调与非营利组织管理者的关系，防止自身利益受损。

②信息不对称。

在非营利组织的委托—代理关系中，非营利组织的管理者作为代理者，具有一定的信息上的优势，他们经常会利用这种信息的不对称来达到自利的目的，即经济学所关注的“机会主义”和“损人利己”的现象。非营利组织的管理者利用“隐瞒财务信息”“虚假财务信息”等方式欺骗政府和其他利益相关人。由于非营利组织的管理者的领导地位，决定着其掌握非营利组织全面的信息，尤其是对非营利组织资金具有支配权，他们可以通过发布有利于自己的信息来达到利己的目的。在政府与非营利组织的委托—代理关系中，有可能出现财务人员与管理者联合起来利用信息优势欺骗政府和捐赠人等外部相关利益人的现象。

在现行的会计制度下，非营利组织向政府工作报告有关资金的财务信息是不完全的。政府也主要是从非营利组织报告的有限的财务信息中获取非营利组织资金使用情况的信息。在这种情况下，政府对非营利组织的监督成本既有为获取非营利组织资金的财务信息所开支的费用（如专设机构经费、专职人员工资及各种福利等）；又有由于监督不力，非营利组织的管理者的腐败行为给政府造成的经济损失和信用危机。而这种腐败行为给政府造成的经济损失已无法挽回，所以这种控制的成本是相当高的。

因此，政府需要建立完善的监管机制来解决这种信息不对称而导致的损失。

2. 政府监管的现实依据

改革开放以来，我国非营利组织有很大的发展，数量急剧增多，社会影响力日益增强，发挥作用的领域不断扩大。人们常常把非营利组织比作是独立于政府和企业之外的一片圣土，盛赞此类组织具有益智、净化灵魂，以及保护社会健康和安全等社会功能。然而，非营利组织产生、发展的同时也伴随着其内在固有的“失灵”和“缺憾”。

现阶段我国非营利组织发展中存在着不少问题，主要概括为以下几点。

（1）营利化运作

一直以来，非营利原则都是中国公益机构活动的基本准则之一，但是在具体实施中由于各方面原因却屡遭侵犯。有些非营利组织虽然打着“非营利”的旗帜，但还是把追求经济效益放在第一位，使“非营利性”的非营利组织变成“营利性”的组织。

从数量上讲，中国的非营利组织70%是营利的。如残联下属的KH公司乱设子公司事件。科技发展基金会原副秘书长违规运作资金，将基金会大量资金直接拆借给企业。甚至影响最大的ZQ基金会也被报道涉嫌违反国家规定，挪用捐款用于投资股票、房产及各类风险企业，并招致巨大亏损，其中不少投资项目以“回报少、效益低”告终。

商业化的非营利组织凭借其免税优势与企业进行不平等竞争，扰乱公平的市场秩序，也使其公益性宗旨面临尴尬处境，无法向公众解释。非营利组织的合法性和优势在于弥补政府和市场的不足。如果背离非营利的宗旨，进行营利性运作，不但发挥不了优势、效率受损，存在的合法性也备受质疑，公信力自然受到影响。

（2）滥用免税资格

免税资格是政府为了促进非营利组织的发展，在税收上给予其一定的优惠，也是政府对从事公益活动的非营利组织与以利润为目标的企业所给予的不同待遇。

我国非营利组织的免税资格基本上是由财税部门依据税收法律、法规以及财税部门的部门规章来认定的。在所得税、财产税与商品税方面政府对非营利组织采取税收优惠政策。而一些非营利组织利用免税资格进行与公益职能无关的经营活动，获取不当利益，这给国家税收造成损失，更重要的是破坏了正常的经济秩序，造成了不公平竞争，使许多中小经营性企业受到冲击，也影响了非营利组织的非营利特征和公益形象。滥用免税资格是违法行为，而且也容易滋生出经济犯罪和腐败的可能。

当前，非营利组织免税政策被滥用的现象十分普遍，主要表现形式有三种：一是不符合免税条件的非营利组织的收入、财产和活动实际上享受着免税待遇，这种现象在各类非营利组织中都存在；二是部分享受免税的收入没有用于公益事业，而用于提高其雇员的福利待遇. 这种现象主要发生在事业单位中；三是假借公益事业之名进行投资经营活动，变相分配免税收入。这种现象主要发生在民办非企业单位中。非营利组织合法享有免税资格，因此可能成为有心之士觊觎的对象，这比浪费组织资源还严重。

（3）财务管理混乱

非营利组织财务管理是对非营利组织资金活动的反映和监督。非营利组织作为与公共部门和私人部门相对立的部门，其资金与政府财政资金和营利组织资金相比有如下不同之处。

①筹集方式不同。

政府可以通过独有的税收权力强制性地获得资金，并且可以通过调整税率、发行政府债券、出售公共土地获得资金用于财政开支；在市场经济下，营利性组织主要通过向顾客销售产品和提供服务来筹集生产和再生产的资金，并且以获取利润为目的，用资金来扩大生产规模以获得更多的资金；而非营利组织开展业务工作的资金主要来自财政拨款。

②资金性质不同。

政府财政资金是用来提供公共产品和服务的消费性资金，非营利组织在资金性质上与政府财政资金相同，而营利组织的资金属于生产性资金。

③资金运用的目的不同。

政府财政资金与非营利组织资金运用的目的是为了促进社会各项事业的发展，满足社会需要，营利组织资金运用的目的是为了获得利润。从资金的管理上来说，非营利组织资金的收入是最不稳定的，因而出现资金风险的可能性最大，且情况确实如此。

二、非营利组织的政府监管途径

非营利组织的政府监管是一个复杂的问题，包含了很多因素。并且，这些因素相互交织，并不断变化，呈现出多样性、动态性及复杂性的特征。

政府要实现对非营利组织的监管，主要是通过两个途径：法律手段和行政手段。在西方制度相对比较完善的社会中，非营利组织作为公民社会的组成要素，所展现的民间、非官方、独立、自主、公益等特性，是可以承担监督政府的功能，此时国家权力机关主要通过立法等法律手段监管非营利组织。但在制度相对滞后或是政府权力强势情况下，政府对非营利组织的介入相对较多，此时，行政手段更具有代表性。

无论是法律监管还是行政监管，政府对非营利组织的监管机制主要是通过对非营利组织的设立、非营利组织的运作以及税收监管等三个方面进行的（见图 5-1）。其中，非营利组织的设立监管是指政府设置非营利组织的进入门槛，这些门槛包括设立资质、设立组织类型、规模、人员、资金以及组织使命等，政府通过对这些门槛的调节达到对非营利组织的监管。在非营利组织成立后，政府还会对非营利组织的运作进行监管，包括：组织的资金来源以及使用、信息的公开、组织使命的完成等。除了上述几方面外，税收优惠是政府规制非营利组织一个最重要的组成部分和环节，这涉及非营利组织的减免税收资格的审查以及减免的数量和方式等。

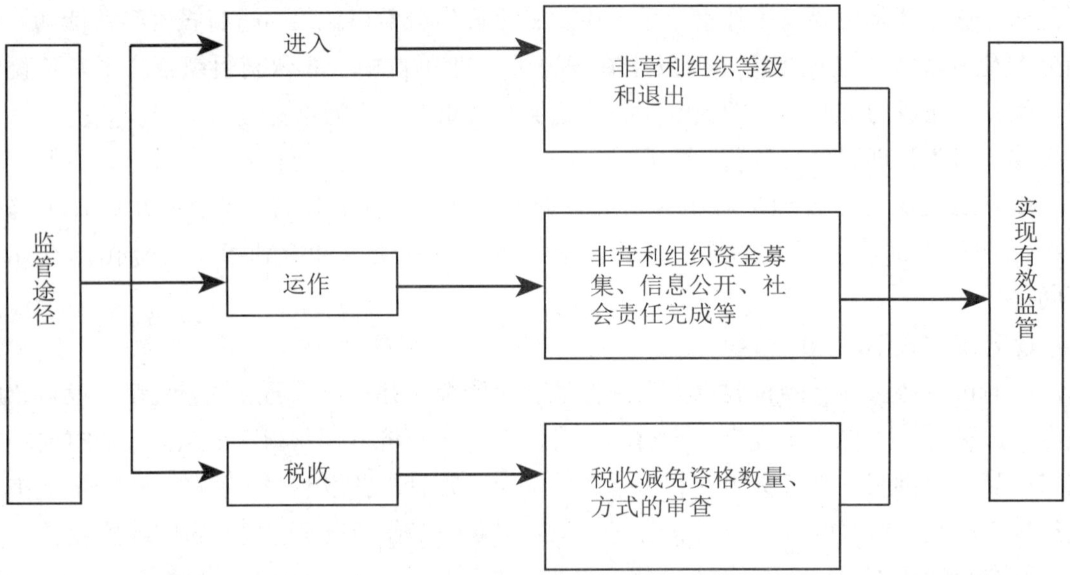

图 5-1　非营利组织政府法律监管的途径和机制

（一）对于非营利组织的法律规制首先便是非营利组织的设立程序

从世界各国来看，一般可以分为三种方式：自由设立制度、登记备案制度和许可批准制度。自由设立制度是指非营利组织可以自由设立，无需任何登记手续；登记备案制度是指非营利组织设立仅需履行一定程序，向政府登记备案，以备政府检查，这种模式也无须政府批准。许可批准制度下非营利组织的设立必须向政府相关部门提出申请，并得到其许可后方可登记成立。

在公民社会中，对于非法人资格的或是不接受大众捐赠和免税的非营利组织的设立一般采取的是前二者模式。许可批准模式虽然有助于强化对非营利组织的监管和规范，但其可能会妨碍公民的自由结社的权利，因而政府对此相对谨慎。

（二）在非营利组织设立后，组织的运作仍需受到相关机构的监督与管理

这些包括董事会行为，非营利组织公众捐款的情况和内容等方面的内容。并会要求非

营利组织公开相关信息，通过信息的公开化和透明化，让民众了解和认清组织的运作情况，以维护公共利益与他人权益。

（三）税收监管

主要是指通过税收政策以及税收手段，对非营利组织进行审时度势的条件，根据其活动是否符合法律和政策要求，进行积极鼓励、促进或是消极限制、禁止。从某种角度上来说，政府监管不仅仅是对非营利组织的存在和发展进行限制和约束，还包括对非营利组织的鼓励。而且，后者重于前者。

由于非营利组织的公益性，一般政府对非营利组织及其捐助者都有一定的税收优惠政策，这包括对非营利组织自身运营收入的税收减免、向非营利组织捐赠的企业的税收优惠、向非营利组织捐赠的个人的税收优惠。在发达的公民社会中，税收减免优惠政策是政府对非营利组织监管最重要的方式，以促进非营利组织更好地发挥其提供公共物品、保障社会公益的“替代效用”。

由政府与非营利组织间的关系可知，政府制定与非营利组织相关的法律时，必须着眼于如何健全公民社会的发展，本着保障非营利组织的自主性，以自治、透明、公开为指标，以接受公众监督、媒体、学术界、网络以及非营利间互相监督为原则，以低密度、低强度的政府干预促成高密度的自我管理为基本的法律规制宗旨，朝参与式自治方向迈进，从而创造出非营利组织间及其与公民对话的网络，促进非营利组织的发展与功能的发挥，推动公民社会的健全。

三、非营利组织的法律规制

（一）规制和法律规制

1. 规制的含义

“规制”（regu1ation）一词在西方最早是一个经济学的概念，一般解释为管制，区别于政府的调节（adjustment）或控制（contro1）。20 世纪 70 年代以来，规制经济学发展成为一个新兴的经济学分支学科。规制一词被学者理解为“有规定的管理”或“有法规的制约”。

在我国，规制理论也有了一定的发展。一些学者认为，“regulation”一词，若译成通常惯用的“管制”“控制”“调整”“调控”等，都不符合原意，因此决定引进日本学者所创造的“规制”一词（也有人认为该词实际上在我国唐朝时即已存在），就像当年从日本引进经济学、会计学、银行等名词一样。但对于规制的含义，国内外学者的认识未尽一致。例如，有人认为规制仅是指狭义上的限制或禁止。

“规制”一词在中国大概源于医学，原意是：为了保持和促进某种机体（如人体）的健康成长，医生安排规定了一整套饮食、锻炼、养生的办法或疗程，这套由各种办法和疗程组成的东西就叫“规制”。在中国最具权威性的辞书——《辞海》对“规制”的解释是，“原指机器的构造和动作原理，生物学和医学通过类比借用此词。生物学和医学在研究一种生物的功能（例如光合作用或肌肉收缩）时，常说分析它的规制，这就是说要了解它的内在工作方式，包括有关生物结构组成部分的相互关系，以及期间发生的各种变化过程的物理、化学性质和相互联系。阐明一种生物功能的规制，意味着对它的认识从现象的描述进到本质的说明。”

“规制”作为经济法上的概念，不能脱离市场主体而单独存在，从经济法的角度分析，“规制”是国家对市场主体间的行为和利益分配进行调节和管理的行为，它有两层含义：一是规范，这是积极意义上的国家干预行为；一是制约，这是消极意义上的国家干预行为。因此，经济法上的“规制”可以理解为国家运用综合手段对市场主体的行为和利益分配进行配置的规范和制约。

所谓“法律规制”，是指运用法律手段来实现社会政策和经济政策目标的行为，即根据规制对象的活动是否符合法律和政策的要求，来进行积极的鼓励、促进或消极的限制、禁止。这里提到的法律手段的特征在于个人或组织被强制的要求服从政府指定的行为模式，违反者将受到制裁。例如，公司需遵守确定的价格，供应特定的商品，进入确定的市场，生产过程中使用特定的工艺，向员工支付法定的最低薪金。相应的制裁则包括罚款、公开披露违法行为、关押监禁、特别的处理命令、禁止做某件事情的禁止令（injunction），直至责令关闭停业。

2. 对非营利组织进行规制的出发点和主要制度

作为政府和市场之外的非营利组织，是对“政府失灵”及“市场失灵”的回应，它可以较好地解决政府和市场都解决不了或不能很好解决的许多社会问题。非营利组织具有一定的公益性，在某些情况下能够代替国家提供公共物品，满足公共需求，有利于促进经济社会发展。同时，社会团体也是人民实现结社自由这一重要人权的主要途径和形式，它是在社会多元化的情况下实现或表达多元需求的重要渠道。因而各国一般都采取鼓励非营利组织发展的政策，并在相关的立法上加以体现。但另一方面，结社自由又是一种特殊的权利，各种非营利组织的兴起无疑会危及现存政治经济秩序的既有格局。只有谨慎合理地运用才能促进政治与社会的良性发展，否则将导致社会动荡及其他恶性后果。因此，各国法律规范在保障结社自由的同时也规定了相应的限制性、监督性条款。过度放开与过度限制都会危及非营利组织的生成与发展。

因此，对非营利组织的法律规制应当体现规范与管制的平衡。一是如何限制、禁止和规范（即某些学者所主张的狭义的规制），二是对非营利组织的一些积极的方面给予鼓励和促进，以使其发挥提供公共物品（Public Goods），保障社会公益的“替代效应”。从各国的实践来看，对非营利组织的法律规制主要包括：注册和登记制度、非营利组织内部关系的规范、对非营利组织资本与财务的规制、对非营利组织的税收规制、对非营利组织不正当竞争的规制，以及法律责任等方面。

（二）非营利组织的设立与变更

1. 非营利组织的设立

对非政府组织适度地、合法地监管是政府的职责所在，非政府组织的设立在各国都有登记或者备案规定，尽管各国规制的方法和程度有所不同，例如德国的非政府组织和企业都在警署登记，有的国家则设有单独的登记机关，但是，对非政府组织的数量和活动有所掌握，则在各国都是共通的。

（1）设立和成立

非营利组织的设立是指拟设立非营利组织的自然人、法人或其他社会组织依照法律规定的条件和程序，所从事的一定的准备工作和行为的总称。参照公司法的相关定义，“设立”与“成立”是两个不同的概念，所谓非营利组织的成立是指非营利组织依法获准设立，实际取得法律上的主体资格、可以以自己的名义从事活动的事实。

（2）成立的条件

①遵守宪法、法律、法规、规章和国家政策，其宗旨不得危害国家安全、统一和民族团结，不得违背社会公德。

②不以营利为目的，具有公益性。

③有与其业务活动相适应的合法财产。

④有规范的名称、章程、组织机构以及与其开展活动相适应的专职工作人员。

⑤有固定的住所。

⑥能够独立承担民事责任。

⑦成立社会团体的还有人员的要求。

《社会团体登记管理条例》规定，申请成立社会团体的“有 50 个以上的个人会员或者 30 个以上的单位会员；个人会员、单位会员混合组成的，会员总数不得少于 50 个”。

（3）成立的程序

我国对非营利组织的成立采取的是核准主义。即除了需要符合法律规定的条件外，还需个别报请主管行政机关审核批准方能申请登记成立。

①订立章程。

章程是规范非营利组织内部关系的准绳，是非营利组织成立的基础。也是规范非营利组织与第三人关系，以及政府对非营利组织进行监督管理的依据。订立章程是设立非营利组织的基本步骤。

②申请筹备。

由于我国实行双重领导体制，因此，发起人首先需要向业务主管单位提出筹备申请并经其审查同意。对于该项程序的具体内容，以及所需要提交的文件，相关条例均无规定，逻辑上应与发起人向登记管理机关申请成立时的规定相同。

③申请成立。

发起人在获得业务主管单位审查同意后，按照法律规定向登记管理机关提交相应的法律文件。

④成立登记。

登记的意义在于非营利组织取得法律规定的主体资格，我国的非营利组织的登记采取严格的法定登记程序，非营利组织不经过登记不得成立和开展活动。

2. 非营利组织的变更

非营利组织主要登记事项需要变更的，应当向登记管理机关申请变更登记。修改章程，应当征得其业务主管单位的同意，并报登记管理机关核准。

（三）对非营利组织资本与财务的规制

对非营利组织资本与财务的规制是保障非营利组织财务责任的重要手段，主要目的是防止诈骗、挪用资金、浪费等行为，保护利益相关者的权益。非营利组织的资金来源大体可以分为四部分：财政补贴、社会捐赠、服务收费和经营性收入。非营利组织不以获取利润为目的，这使非营利组织具有与企业不同的如下财务特征：顾客不是主要的资金来源，不存在利润指标，责权利不是十分明确，所有权形式特殊。

因此财务规制既包括审计法、会计法对所有组织的一般要求，又包括针对非营利组织的特殊要求。

1. 对非营利组织资本的规制

（1）盈余分配约束

机构的盈利和剩余不能在管理者与“所有者”间分配，这是非营利组织获得慈善地位的前提条件，能够充分体现非营利组织的非营利性，确保非营利组织真正实现其社会使命。然而，在保证大部分盈利用于非营利事业的基础上，将适量的盈利以合理的形式分配给管理者作为一种激励，可以提高对高素质专业人才的吸引力，从而提高非营利组织的管理能力，促进非营利组织的可持续发展。

（2）支出比例规定

通常政府法律为非营利组织提供免税的依据是，这些组织为民众提供了本应由政府提供的服务。但有些组织在享受免税优惠的同时，却不愿按其声明的宗旨为民众提供服务。这样，有些国家的法律就明文规定，在财政年度结束时，非营利组织的支出额必须达到总收入额的一定比例。

（3）行政开支比重规制

非营利组织的开支可以分为两类，即项目开支和行政开支。前者直接用于服务对象和慈善活动的组织实施，后者用于维持机构运营，包括雇员工资、设备、差旅费用等。行政开支从募捐收入或资本收益中支出，但要保持在一定的限度之内，一般为15%—20%。

（4）筹款投入规制

由于不少非营利组织目前都面临成本上升的问题，为了争取尽可能多的筹款，它们不再仅仅坐等人家将捐款送上门，而是转而求助于专业筹款人士。但是雇用筹款专家并不便宜。为了保证所筹款项用于最终的援助者身上，法律规定，非营利组织用于集资募捐的开支必须保持在一定的限度之内。

（5）账目公开原则

非营利组织要得到社会的支持，尽可能多地筹集资金实现其社会使命，从而实现自身的可持续发展，一定要有很高的社会公信度。而非营利组织的社会公信度主要取决于其财务收支的透明度。如果没有严格的财务制度，不做到财务收支透明，那么非营利组织的廉洁便无法得到保证，资金不可能得到有效使用，必将导致非营利组织的社会公信度受损。良好的财务收支透明度要求非营利组织应当每年定期编制财务报告，按期接受财务审计，公布财务报告与审计结果，并接受公众质询。

2. 对非营利组织投资活动的规制

从事投资活动以实现公益基金的增值是非营利组织的通行准则。非营利组织的投资管理有三个基本原则：一是风险小，二是有一定的投资回报率，三是保证基金的增值。世界上的许多国家，为体现非营利组织投资管理的这三个原则，一般通过立法给以特别的规定。

对非营利组织的投资规制主要包括以下内容。

（1）投资和贸易的区分

以获取利润为首要目标的商品购置和转卖是贸易而非投资行为。除非直接服务于非营利组织的目标，贸易行为为法律所禁止，贸易活动的利润不得享受免税优惠。

（2）董事会负责制

非营利组织董事会对投资活动负有全面责任，董事会成员用慈善资金进行投机活动并造成巨大损失的，个人会被要求承担赔偿的责任。

（3）专业咨询和投资经理制

无论投资额大小，所有非营利组织在投资实施前都要征询适当和公正的投资建议。建议必须以文字形式提出，提供咨询者必须具有相应的资格和投资方面的经验。如果投资额巨大，可以任命专门的投资经理，董事会须用文字形式授权投资经理运作。同时，应建立有效的内部监督控制程序和定期报告制度，确保授予经理的权限得到恰当和审慎的运用。

（四）对非营利组织的税收规制

税收是国家对经济和市场主体进行规范的主要手段。由于非营利组织是非营利的、自治性的组织体，它不像一般企业可以以营利为主，也不像政府可通过获取大量的财政收入来维持其存续与运转，其大多依靠政府的财政补贴与税收优惠来汲取资源。因此，相关财政税收立法就成为关系到非营利组织存续与发展的举足轻重的问题。对非营利组织实施某种财政与税收方面的优惠，成为各国社团立法的普遍做法。政府出于扶持与鼓励之意，引导非营利组织的活动。例如，对非营利组织非营利、公益性的活动如捐赠给予免税待遇，或者不将其列为纳税主体。这里，财政与税收的优惠是政府扶持非营利组织发展的主要措施，同时也成为规制、监督社会团体的有力手段。

对非营利组织的税收优惠政策主要包括两个方面，一是对非营利组织本身的税收优惠政策，二是对于向非营利组织捐赠的单位与个人的税收优惠政策。当然，对非营利组织的税收优惠范围与程度在不同的国家存在着较大的差别。在有些国家，如美国，组织的非营利宗旨是确定享受税收优惠待遇的主要依据。在有些国家，只有某些类型的非营利组织才能享受税收优惠待遇。如英联邦国家，只有纯粹从事慈善活动的组织才有资格享受税收优惠待遇。通常，为公共利益目的组织或者那些对全民健康和社会福利来说至关重要的组织，在各个国家都享受到最优惠的税收待遇。

（五）对非营利组织不正当竞争的规制

由于社会团体的行为天然地接近联合行为，也就必然内在地隐含着不正当竞争、垄断的风险。社会团体的消极作用古已有之，对同业者实行业务统治和排斥非社团同业者的经济活动是社会团体固有的传统弊端。一旦社会团体所在行业处于激烈的市场竞争，就很容易把天然的协调能力转化为共谋的能力，用以作为实施不正当竞争行为、垄断行为的工具，实施有损于竞争者、客户、消费者以及团体内弱小企业利益的行为，而且由于社会团体的组织统一，相对于一般的不法竞争行为而言，社团决议的执行更富有效率，对社会的危害也越大。社会团体的这种特殊个性，决定了其不可避免地成为竞争法的规制对象。

具体而言，社团成员之间协调一致对交易相对人的反竞争行为如统一订价、数量限制、划分市场，社团对同行非成员的反竞争行为如共同抵制、拒绝新的同行竞争者进入其已有的市场，鼓励成员进行不适当竞争如差别对待、拒绝交易以及社团对成员活动的不当限制等等，都是竞争法所着力规制、关注的对象。

因此，第一，可以运用竞争法的“合理原则”平衡竞争法与团体法的冲突，凡是社会团体“市场外”的行为，其标的或目的即在于影响市场竞争的质和量，原则上即构成违反竞争法而应被禁止；第二，可以采用区别规制原则，即区分消费者团体、中小企业团体、环境保护组织等“弱势团体”与规模较大、实力较强的“强势团体”，赋予它们不同的权利与义务，作出相应的发展或限制的竞争法对策。

（六）法律责任

在社会化条件下，法的调整日趋专业化和综合性，对任何领域的社会关系均采用各种手段进行调整，行为后果不仅有民事责任，而且包括行政的、刑事的、褒奖的、专业及社会性的等各种后果或责任形式，这在对非营利组织的法律规制中也不例外。

1. 承担法律责任的主体

承担非营利组织法律责任的主体，包括非营利组织，非营利组织的法定代表人或负责人及其工作人员，政府管理部门及其工作人员等。它们作为组织或单位，依法须承担法律责任的，除本身承担责任外，也包括由其内部对违法行为直接负责的主管人员和其他直接责任人员依法承担一定的民事、行政或刑事责任。对非营利组织行政处罚的种类，主要有警告、限期停止活动、撤销登记、罚款、没收非法财产等。但政府管理部门本身，依法只能承担行政责任和民事责任。

2. 承担法律责任的情形

（1）非营利组织承担的法律责任

①违反非营利组织登记管理制度的责任。如采取欺诈手段取得非营利组织登记，冒用非营利组织名义，擅自设立非营利组织，擅自变更登记事项，不按规定办理注销登记，违法设立分支机构等行为的法律责任。

②非营利组织运行中的违法责任。如超出其章程规定的宗旨和业务范围进行活动的，从事营利性的经营活动的，涂改、出租、出借登记证书，或者出租、出借印章的，在填制会计凭证、登记会计账簿、编制财务会计报告中弄虚作假的，在法定会计账册以外另立会计账册，不履行信息公布义务或者公布虚假信息的，提供虚假财务会计报告；以个人名义开立账户存储非营利组织资产；未按照规定完成公益事业支出额度的，隐匿财产逃避债务，拒绝接受监督检查等行为的法律责任。

③非营利组织在终止、清算过程中的违法责任。如清算时不按规定通知或者公告债权人，隐匿财产，清算组或清算人不按规定报送清算报告，报送清算报告隐瞒重要事实或者有重大遗漏等行为的法律责任。

（2）非营利组织的法定代表人或负责人及其工作人员承担的法律责任

非营利组织的法定代表人或负责人及其工作人员在其职务行为中是非营利组织法人机构或其成员，或者是雇员，在非职务行为中则是独立于非营利组织、与非营利组织的地位平等的主体。无论在职务或非职务行为中，他们都应就自己的过错而给非营利组织造成的损失承担民事赔偿责任或内部纪律责任。

（3）政府管理部门及其工作人员的法律责任

政府管理部门及其工作人员的违法行为，主要有登记管理机关、业务主管单位及其工作人员等对不符合条件的申请予以批准，对符合条件的申请不予批准，拖延就是否批准作出决定并答复申请者，以及其上级部门强令为这些行为或者违法行为进行包庇等，责任形式主要是对直接负责的主管人员和其他直接责任人员给予行政处分，构成犯罪的依法追究刑事责任。有关主管机关对符合法定条件的申请不予核准，或者违反程序、在法定或合理期限内不作决定并答复当事人的，当事人也可以依法申请复议或者提起行政诉讼。

第二节　非营利组织的行业自律

非营利组织的健康发展需要良好的法规政策环境、组织内部自律机制以及行业自律机制。非营利组织的自律机制可以分为行业自律和组织内部的个体自律等机制。建立非营利组织的自律机制，就是要在法律法规的规范下，建立非营利组织自我约束和控制的保障体制，形成自我管理和发展的可持续发展态势。

一、非营利组织自律机制的意义

世界各国的非营利组织蓬勃发展的同时也遇到了很多问题。“经济人”假设认为，驱使经济社会生活中所有成员进行一切活动的动机是对个人利益的追求，其行动的逻辑是个人利益最大化。如果将“经济人”假设引入非营利界，就不难看到在非营利的各个部门中，虽然是以营利为目的，但是其组织成员并非生活在伊甸园中，他们为了满足自身的享乐，满足自身对于名誉财富的追求，势必自觉或不自觉地追求各种各样的利益。在这一过程中，如果自我和外部约束软化，他们很可能偏离甚至背离非营利组织的宗旨，这样势必导致非营利组织的“失灵”。因此非营利组织的自律有利于净化组织内部队伍，在一定程度上可以调节非营利组织的“失灵”，减少贪污腐败的财款，更好地为社会、为需要的人群服务，从而促进非营利组织的健康发展，推动社会和谐发展。

对于政府来说，构建完善的非营利组织自律机制有利于增强组织的自主性，加强组织自主管理、自主监察的权利，有利于减轻政府负担，符合当代政府“简”的作风，可以避免政府面对众多非营利组织而管理乏力的局面。也可以降低政府的管理成本，有利于政府将资金更多用于经济建设方面，以促进经济快速发展、政治和谐稳定。

二、非营利组织自律的内容

关于非营利组织自律的主要内容，世界各国的情况都具有自己的一些特色。例如，澳大利亚行业协会主要是制定出业内标准，做好信息方面的工作，成为政府得力的助手，代表成员协调他们和服务对象以及政府等之间的关系。而美国行业管理机构主要是制定美国非营利组织的伦理守则，相互之间交流信息，组织必要的会议来共同研究公共政策，以增进组织的公开透明，来保证非营利机构具有活力地健康发展。非营利组织自律的实现形式有行业认可、行业赞许和行业规制等。以此提高非营利组织的透明度和社会公信度。淘汰掉不合格的组织，实现非营利组织的良性发展。

（一）行业认可制

行业认可制指由行业自治组织审查并承认某个非营利组织为其成员，从而在公众中获得某种合法性。非营利组织要获得相关行业认可必须满足行业提出的有关条件。因此，非营利组织会完成行业制定的高标准规定以获得合法性，从而在群众中获得一定的公信力，进而能够获得捐赠。行业认可制对成员的重要约束是在成员违规时可能受到的行业谴责并被开除成员资格。

（二）行业赞许制

行业赞许制行业自治组织根据行业特点和特定的标准对成员组织进行评估、排序并对成就卓越者进行表彰。行业赞许制的目的在于提高那些表现较为优异的成员组织的社会公信力从而无形中对那些表现欠佳的成员组织形成生存压力。因为行业自治组织可能把评比结果公布给潜在的捐助者，成就卓越者就会得到更多的捐助，而那些表现欠佳者则可能得不到捐助从而形成对成员组织的外部约束。

（三）行业规制

行业规制行业自治组织对成员组织制定的可操作的工作标准和要求成员组织的运作应以行业组织制定的这些具体工作标准和要求进行。行业规制通过维护每个成员组织相关行为的统一性来达到规范整个行业的目的。

三、我国非营利组织行业自律机制的构建

（一）政府需要积极发挥作用，支持非营利组织行业自律发挥出作用

在今后一段时间，政府应当高度重视非营利组织自律机制的建立，完善管理机制，积极倡导那些旨在推动建立非营利组织自治机制的努力，并鼓励非营利组织通过必要的行业规约与行业道德来加强彼此之间的交流、合作与相互建立行业监督管理。政府可以利用其行政权力以管理者的身份在登记、组织活动、资金管理、审计等方面加大监督的力度。建立信息披露制度和相应的惩罚制度。通过信息监测，制定相关的治理方法与措施。建立信息系统，使非营利组织的活动透明化，自觉接受公众的监督。

（二）建立 NPO 行业自律

从目前全球各国的情况来分析，普遍都能意识到非营利组织的重要性，也注意强调其公信力的保持，但很少有国家真正对非营利组织制定了强硬性的法律法规，只是给予一些最低的准入标准。就目前情况而言，对非营利组织真正可以起到约束作用的是 NPO 的行业自律协会。自律协会制定一系列高标准去吸引、鼓励 NPO 的加入，以便为他们树立良好的社会形象，从而获得公众对其的认可与捐赠。

（三）完善相关的行业自律法律法规

制定任何法规，都需要结合国情，结合行业发展状况因地制宜地进行规划。同样，我们也需要借鉴其他国家非营利组织行业的优秀做法，尽快出台和完善相关法规，特别是针对经济类组织的法规更应该详细严谨。制度的完善使得组织的运行程序呈现出公正透明的特征，各种信息可以及时有效地向公众公开，减少甚至消除暗箱操作。

（四）强化非营利组织的道德伦理教育

早日建立系统而全面的中国非营利组织的自律标准。虽然非营利组织是以社会和公众的需求作为主要的驱动力，但由于利益的驱动和诱惑的侵蚀会严重影响人的内心，如果没有先进的信用文化和组织理念，非营利组织同样可能失掉基本的道德伦理。因此，必须大力发展文化，通过精神力量思想层面坚定信念，用公益精神来凝聚力量。

当前我们要加大对非营利组织领导人和员工的道德伦理教育，强化组织的理想信念，逐步培养他们的人本观念，把组织的价值观深入到组织成员的内心。同时要切实加强对于职业道德、社会公德以及传统美德的教育。另外，非营利组织也需要树立诚信缺失的危机意识。

（五）组织内部建立完善的激励机制

非营利组织的内部治理结构有利于克服代理人的道德风险问题。然而，内部治理结构是一个相互制衡的组织结构，着重于监督与制衡，而忽视激励合约。而非营利组织中的代理成本与道德风险问题仅仅依靠监督与制衡是不可能解决的。关键是设计一套有效的激励机制来促使代理人努力，从而克服道德风险行为。

第三节　非营利组织的其他外部治理机制

一、非营利组织竞争机制

非营利组织向社会提供的公共物品具有非排他性，不以营利为目的，这意味着非营利组织也不应该居于垄断的地位。当前，我国非营利组织制度安排人为造成的垄断格局，在许多方面限制了非营利组织的竞争。

（一）非营利组织竞争的性质及基础

竞争是两个或两个以上的市场主体为了追求相同的目标或谋取利益而在资本、劳动力、顾客及收入等方面展开的各种各样的争夺。竞争不仅是一种市场的本质属性，而且也是推动经济向前发展的巨大动力。由于组织本身的性质不同，营利组织与非营利组织竞争的性质与基础必定存在差异（见表 5-1）。

表 5-1　营利组织与非营利组织竞争比较

组织类型	竞争性质	竞争基础	竞争内容
营利组织	追求利润最大化	产品属性、服务质量等	资源：利润、市场份额等
非营利组织	实现公益效率最大化	服务质量、满足主体需要的能力和声誉	经济资源：收入、捐赠、志愿者等 社会资源：政治权利等

由表 5-1 可知：营利组织的竞争是各主体为占取经济利益而在市场上相互争夺的过程，而非营利组织的竞争是各组织为了实现公益效率的最大化而在市场上相互作用、相互争夺的过程。不过，非营利组织互相争夺的不仅是收入、董事会成员、客户、合同与资助、捐款、馈赠与遗赠、威望、志愿者，以及政治权力等经济或社会资源，它们也会为了形成联盟而与营利及政府实体竞争。

“竞争基础”改变了组织对行业和消费者需求的依赖性，它有助于竞争者用来选择满足他们客户 / 主体需要的竞争方式。在营利领域，食品连锁店（如麦当劳与肯德基）竞争的基础是谁的食品生产速度最快，以及价格、最新的和最令人兴奋的游乐项目，折扣商店的价格及库存品种，便利店的位置以及消费者进出入店的速度等。

然而，非营利组织为经济和社会资源而展开的竞争，不仅可通过生产高品质的产品争夺市场份额，也可通过协调一致的努力来保持最佳的声誉。也就是说，在非营利领域，竞争的基础往往是服务质量、满足主体需要的能力和声誉等，这主要是因为非营利组织的资源提供者和资源受益者经常是分离的。例如，救灾机构的竞争通常是以其对紧急事件的响应速度为基础的；非营利收容所的竞争是基于为病人提供舒适品质；倡导组织的竞争是建立在如何清晰地阐明其成员的立场，以及利用媒体和政府官员的途径等之上的。

（二）不同市场环境中的非营利组织竞争

根据市场上非营利与营利组织占据的情况，可以将其分为两类：一类是完全被非营利组织占据的市场，称为完全非营利性市场；另一类是非营利组织与营利组织并存的市场，称为混合型市场。为此，从竞争条件、竞争表现及竞争基础等方面分别探讨仅有非营利组织以及非营利组织与营利组织并存的市场环境下，非营利组织之间的竞争情况。

1. 完全非营利性市场的竞争

（1）竞争条件分析

此种市场情境下的竞争问题，首先要明确市场何时将完全由非营利组织占据，也即完全非营利性市场竞争的前提条件。通常，有三种情况：

①为了满足特定群体对公共产品的生产需求，非营利组织才得以出现。故当市场上供应的产品或服务是（准）公共产品时，营利组织很难在这样的市场中存在，市场将完全由非营利组织占据。因为非营利组织提供产品或服务所需资金的主要来源是捐赠或资助，而捐赠者一般不愿意资助这些营利性的企业，因为他们意识到其捐赠可能成为营利组织的利润与红利，而不是用它来增加产量。此种市场的典型例子有非营利性的广播电视、科研服务等。

②即使市场上供应的是非公共产品（如排他性的产品或服务），个体获得一定量却无力支付时，营利组织与非营利组织间的竞争也不可能发生。例如，无家可归者的住房、贫困群体的医疗保健等市场上的竞争只能在非营利组织间展开。在这些环境中，非营利组织扮演的是融资者的角色，往往是从捐赠者及其他来源寻求资金，从营利部门购买商品，并像慈善组织一样分配给那些有需要的人。然而，在这样的市场中，营利组织往往无法像非营利组织一样扮演融资者的角色，其绊脚石就是信任，主要是因为营利组织通常追求利润最大化，以至于它们可能会挪用捐赠资金而背离捐赠者的用途意愿。

③虽然商品和服务可以由营利组织生产和供应，但是由于种种原因使得非营利组织享有提供这些产品的竞争优势，从而营利组织不得不放弃该市场，这是完全由非营利组织间竞争的第三种市场环境。此时，公共政策会通过法律契约影响这些市场中营利性和非营利性产品或服务提供者的组合。

（2）竞争基础

由于非营利组织运作所需的资金主要来源于捐助，所以在完全由非营利组织占据的市场中，组织间竞争的基础会受到个人捐赠者及基金会偏好、专业组织的习俗，以及重视慈善的其他第三方的影响。比如，为受虐妇女儿童提供庇护服务的市场，几乎完全是由非营利组织占据。在这种环境中，组织强调的是对受虐妇女儿童的疏导质量，而不是提高市场份额或收入。因此，在这一市场中，由谁提供服务，提供哪些服务，如何提供，以及什么样的时段提供等决策，主要取决于影响非营利组织运作方式的专业人士和志愿者，而不是对组织的贡献。

2. 混合型市场中的竞争

从历史上看，非营利组织既可以与营利组织合作，也可以竞争。现实中，营利组织已经向大量的非营利性组织进行了捐赠，用来为一个社区或地区吸引新业务。

随着政府的“失灵”，以及福利国家向着“小政府、大社会”的目标模式发展，公众对于非营利组织的要求增加，并期望非营利组织执行原先由政府提供的多种服务职能，与此同时政府对非营利组织提供的资助总体上却呈现出下降的趋势。在这种压力下，绝大多数非营利组织开始走向市场，按产业化的方式运作，筹措、积累和充实资金。在赚取利润的明确意图支配下，非营利组织会决定生产商品和提供服务，于是出现了所谓的商业化。不过，商业化决策往往导致非营利组织进入一个混合型的市场，在这里它不仅会与其他非营利组织竞争，也会与营利组织竞争。

（1）竞争条件

尝试性介入新市场的非营利组织和营利组织延伸了混合型市场环境中竞争发生的情形，通常也有三种情况：

①在追求额外收入的过程中，一些非营利组织逐渐涉入先前由营利组织占据的市场，也就是非营利组织进入已经存在营利组织的市场。

②有时，私营企业也会寻求和发现先前由非营利组织占主导地位的市场中的营利机会。因此，一旦非营利组织成功地创造一种产品或服务，随后营利组织就会选择提供。从而使得这种新组织从营利领域拓展到传统的非营利领域，这在日间护理中心、高档健身俱乐部、医院、博物馆和职业培训等领域经常可见。

③事实上，第三方一般倾向于资助非营利组织，但是也存在它们既支持营利组织，又支持非营利组织的情况，这也促进了混合型竞争。第三方对营利组织的金融支持在医疗保险和医疗补助计划、教育基金学券制计划等中有所体现。如果没有联邦政府提供金融扶持的意愿，诸如哥伦比亚 /HCA 等大型营利性医院连锁机构可能不会出现，而且倘若取消这种资金来源，它们是否能以目前的形式生存也是个未知数。

（2）竞争层次

①一般地，混合型市场中的非营利组织竞争出现在公共产品层次，最为典型的例子就是医疗保健产业。它不仅涉及非营利组织之间的竞争，同时也会有非营利组织与营利组织之间的竞争。这主要是因为医疗保健领域的竞争已从单一的医院转向横向连锁医院（一个产业中的多种市场），包含门诊中心、医生办公室、保险公司、疗养院以及家庭健康服务网络等在内的多重产业。这也将成为以盈利能力、经济理性以及成本控制等为导向的保健制度的发展趋势。混合型竞争的例子比比皆是，除了医疗保健外，在高校、健康俱乐部、影剧院、广播电视台以及生物技术产业中都可能存在。不过，在一些情形下，竞争只局限于单个本地市场，如心理健康咨询。而在其他情形中，它却可以跨越地理和产业界限，如浸信会医院就是这样。它跨越地理范围，不仅在美国的孟斐斯、里普利，在中国的香港也

设立了相应的医院。同时，它不仅经营医院、疗养院、诊断所、急救中心、健康中心等与医疗保健相关的产业，甚至还拥有停车场等产业。

②混合型市场中的非营利组织竞争也出现在个人产品层次。通常情况下，为了提供数量有限的且与其使命和创收能力相辅相成的产品，非营利组织决定在营利性市场中展开竞争，如博物馆。其中，艺术博物馆会开设一些商店，以供出售馆藏艺术品的复制品给消费者。当然，也允许一些私营商店或企业销售同样的艺术品。从而，使得艺术博物馆创办的商店之间，以及与私营企业都会展开竞争。同样地，科技博物馆表演的声光秀会与营利性企业举办的摇滚音乐会以及其他娱乐活动形成一定的竞争。

（3）竞争基础

在非营利组织与营利组织并存的市场环境中，一个非营利组织能否成功地竞争将取决于其能否创造高质量、低成本或差异化的产品，故非营利组织与营利组织一样都需要准确对其产品进行定位。

正如营利性企业一样，合适的成本结构可为非营利组织创造竞争优势。规模经济可以使一个组织提供的服务低于平均成本，如一个非营利性歌剧团，为了自己的演出而修建的舞台布景，可以将其设备租借给其他企业。

产品差异化也会给非营利组织获取竞争优势提供机会。一个著名的非营利组织可以通过出售印有其标志（logo）的T恤，或者利用其设备设施的环境氛围（如艺术博物馆将房间出租给私人团体）获得收入。博物馆售卖宣传特定展览的海报，依靠主体题材的独特性或者事件的渲染来吸引海报的购买者。天文馆利用其独特的环境来吸引激光秀的热爱者，而动物园从一些提供独特的娱乐活动情境中获取优势。这种类型产品定位的成功是建立在非营利组织转变环境的能力上。

另外，声誉也可为非营利组织创造重要的竞争优势。实践中，营利组织创造并利用声誉，可以获取超越竞争对手的优势。然而，非营利组织也许比营利组织更容易使用从其参与者中赢得的信任，尤其是它们具有高品质服务的声誉时更是如此，这是由组织的公益使命所决定的。此时，它们面临的挑战就是当其进入一个商业环境时，需要寻找利用公众赋予信任的途径与方法。例如，利用病人治疗品质方面的声誉，一个全国闻名的非营利性心脏病治疗中心也许比一个全国范围内的营利性连锁机构出售预防性保健服务更加有效。同样地，利用专家、内行提供服务的声誉，一个非营利性教育考试服务中心可能比营利性竞争对手更好地出售教育培训服务。

如果希望增加收入，在混合型产品市场中竞争的非营利组织就必须有效地提供服务。公益慈善机构获得的补贴为抑制竞争提供了一定的基础，但这对非营利组织资助营利性活动没有什么意义，不过前提是这些活动的目标是为非营利性用途创造收入。随着时间的推移，尤其是在混合竞争环境下销售有关的产品和服务时，竞争的力量会驱使非营利组织逐渐使用营利性的经营技术。特别是将混合型市场环境中学习的方法应用到完全非营利性市场上的生产时，营利性生产与销售技术的采用，对一个非营利组织的运作有着深远的影响。

二、独立的第三方评估制度

非营利组织作为独立于政府和企业组织的第三方，在社会治理当中发挥着越来越重要的作用。近年来，各种类型的社会组织数量剧增，然而在发展的过程中也存在很多问题。非营利性表现不足、内部管理不善、公益腐败等问题不仅阻碍了非营利组织的发展，还极大地削弱了其公信力。第三方评估作为非营利领域评估的重要形式，可以提高非营利组织的问责性，增强公信力，为组织的发展提供有效的建议。

（一）非营利组织第三方评估方法分析

当前国际上流行的非营利组织第三方评估的方法可以分为定性和定量两类方法。这两种方法的主要区别是是否将研究资料量化并采用定量计算和统计方法来分析资料。根据评估的主体、客体、内容和目的的不同可分为成本收益分析法、个案研究法、参与式评估法、逻辑框架法、快速农村评估法等。目前普遍采用的评估方法是社会公众参与的第三方评估方式，但由于作为评估主体的社会公众是一种被动的参与，形式上的参与，其评估的专业化水平、权威性程度都存在很大的欠缺，因此存在评估方法不科学的现象。实际上，每一种评估方法都有自己的适用范围和前提条件，采取何种评估方法是根据评估实际需求来选择的，而同一种评估也可以选用两种或多种评估方法互相补充。

当然，评估方法运用的前提是要有足够的信息和数据。这就需要用到一些具体的社会调查方法如文献法、访谈法、焦点小组法、问卷调查法、观察法等来获取可靠的数据或更多的信息。

（二）完善非营利组织第三方评估的思路

我国公民社会发展不是很成熟，相对应的各类社会组织在发展过程中存在很多问题，在自律方面也有不足，因此，需要较多的督促与引导。而第三方评估可以更好地反映社会组织的运行状况，矫正其不良发展，提供社会组织道德公信力。所以说，非营利组织的评估，尤其是第三方评估具有重要作用。然而，在实践中，评估工作并非那么顺利。第三方机构在进行评估的过程中会遇到各种障碍，比如信息的获取、资金的来源、公众的信任等问题。为了确保评估的公平、公正和有效性，除了遵循科学、公开、多元、实用的原则外，还应注意以下几点。

1. 评估机构要能够从被评估的组织里获得足够的信息

包括财务信息、资本信息、资金流向、人员制度安排等等。非营利组织不应隐瞒或提供虚假信息，积极与评估机构配合才能顺利完成。通过评估可以淘汰那些不合格的社会组织，相反，那些评估满意度较高的组织则能获得更大的公信力。如果非营利组织的财务状况及财务管理现状对于利益相关者来说，处于“黑箱”状态，就会增加捐赠者的疑虑，不利于非营利组织公信力建设。

2. 要加快培育第三方评估机构

待成立的第三方评估机构应当是专业性的、学术性的，获得较广的社会认同的权威机构。目前，我国专门进行非营利组织评估工作的机构不多，且缺乏有效的经验。因此，社会要加快培育第三方独立机构，同时学习和借鉴国外一些先进的科学方法和评估体系。第三方评估机构可以从国外吸取有益的理论、技术甚至是整套系统来逐步开展我国的非营利组织评估事业。

3.有效的第三方评估应该采取公开规范化的程序

应该有媒体、社会公众的监督，多采用定量的评估方法。尤其要对那些存在疑点和不良记录的组织进行重点检查评估，与此同时，还需要监察部门、媒体和公众对政府的管理部门和独立的评估机构进行监督、评估，从而保证检查或评估的客观公正性。

三、非营利组织信息披露机制

非营利组织信息披露是指非营利组织出于某种目的向外界揭示自身相关信息，以期满足相关决策者信息需要的一种行为。促进非营利组织信息披露的因素或力量是多方面的，这些因素或力量的构成及其相互作用、相互联系的原理和方式就构成了非营利组织信息披露的动力机制。建立了引力模型、压力模型、推力模型和耦合模型四种模型，力图通过这四种模型的构成要素及相互作用来探讨非营利组织信息披露的动力机制。

（一）引力模型

非营利组织资财来源的多元化使得捐赠者等利益相关者非常关注组织资源的使用信息，对组织信息的需求日益强烈，要求非营利组织披露信息与透明运作。非营利组织信息的使用者和需求者众多，主要包括捐赠者、受益人、债权人、志愿者和社会公众等。

捐赠者是非营利组织资财的主要提供者，也是组织信息最主要的使用者和需求者。众所周知，捐赠者在捐赠之前享有捐赠资财的所有权，一旦捐赠完成，捐赠者就对该资财失去了控制权，实际上与非营利组织之间形成了委托代理关系，对所捐赠的资财保留有一定的监督权和知情权。捐赠者（委托人）基于防范信息不对称条件下代理人出现逆向选择和道德风险，必然会对非营利组织提出信息披露要求，确保所捐款物发挥最大的社会效用。其实，捐赠人真正关心的是其所捐赠的款项是否按规定用途使用以及使用的效率和效果、管理层的业绩和受托责任履行情况，还有组织的社会影响力和持续运营能力等，以决定今后是否继续提供捐赠。受益人是符合组织宗旨需要帮助的社会公众，是非营利组织服务的直接接受者，受益人可以是社会全体公众也可以是特定的团体和个人。受益人在非营利组织公益活动中不应只是被动地接受施舍，活动开展是否到位，受益人最有发言权。受益人只有了解非营利组织公益活动的整体情况，才能对活动作出评价。作为受益人，他们主要关心非营利组织提供产品或服务的数量、质量以及持续性。非营利组织的债权人主要有银行、供货商等，由于非营利组织的创立人、理事、管理层和员工均不需要对组织的债务承担个人义务，因而，债权人在决定是否继续向组织提供更多的贷款或商业信用时，需确定他们向组织所提供的资金是否安全，能否按照合同约定收回本金和利息，以及组织是否按照既定用途使用资金。所以，与公司的债权人相同，非营利组织的债权人主要关心组织的偿债能力、现金流的创造能力以及财务的稳定性等信息。志愿者是非营利组织非常重要的人力资源，是非营利组织的精神所在。志愿者是志愿精神的实践者，是指那些具有志愿精神、主动帮助他人并且不计报酬、承担相应社会责任的人。成功的非营利组织得以脱颖而出的优势之一就是善于吸引和使用具有才华的志愿者。是否成为志愿者，以及参与哪方面的社会公益服务，是每个公民的选择权利、自觉行动和自我支配。作为志愿者，他们需要了解组织的使命、项目计划和组织效率，用以决定是否向组织提供志愿服务。

社会公众对非营利组织的关心，是公益事业得以发展的重要基础。对非营利组织而言，社会公众既是潜在捐赠人、志愿者和受益人，也是其活动的监督人。社会公众只有在充分了解非营利组织提供产品或服务的质量、效率及效果，以及如何提供这些服务等信息的基础上，才能理性地选择捐赠对象。随着社会的进步，社会公众对公益事业的关心和参与程度越来越高。所以对社会公众而言，非营利组织信息的首要作用是保证财务资源筹集和使用的透明度，从而方便社会公众对非营利组织进行监督，并了解组织未来发展前景。

如图 5-2 所示，非营利组织信息的使用者和需求者包括与组织相关的各种利益群体，他们对组织信息的需求不尽相同，但是都非常关心非营利组织所从事的业务活动的相关信息，希望了解组织持续提供产品或服务的能力，以及提供这些产品或服务的效率和效果，从而为自己相关决策提供依据。

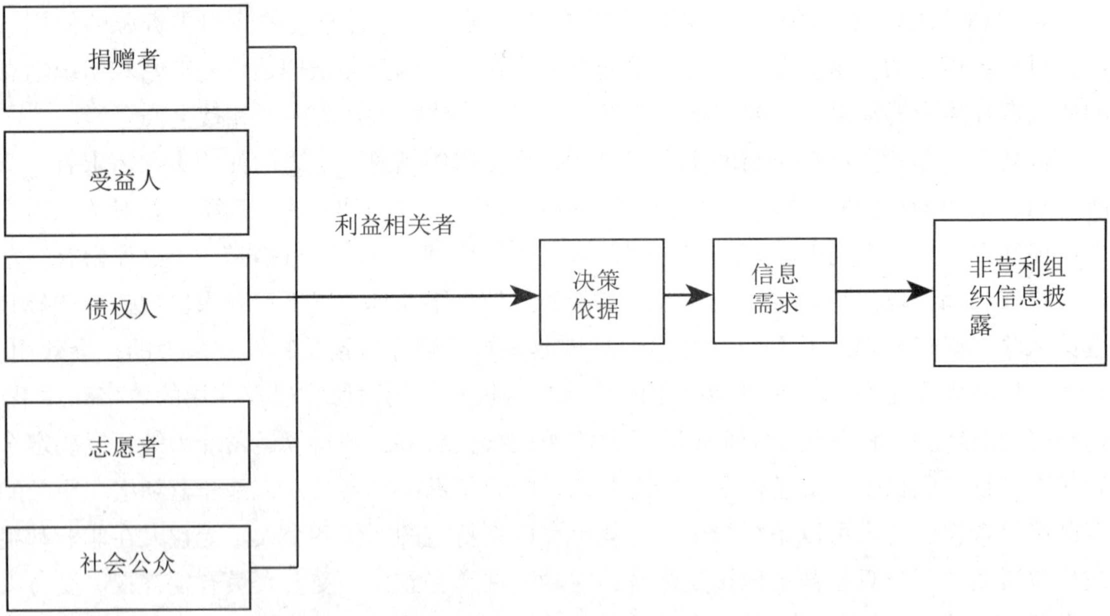

图 5-2 非营利组织信息披露的引力模型

（二）压力模型

1. 政府管制的压力

政府作为非营利组织主要的捐资者及监督管理机构，是非营利组织信息主要使用者之一，并对非营利组织相关信息的真实性和公允性负有监管责任。因为非营利组织信息作为一种特殊的公共产品，其生产的垄断性以及信息质量的“隐性”加之信息使用者在信息交换中处于劣势地位致使供需均衡不会自动达成。作为信息提供者的非营利组织为解脱自身受托职责可能有意隐瞒或歪曲其业务活动的真相，使得非营利组织信息的揭示需要借助外力寻求供需均衡。在非营利组织信息披露均衡的获取中，政府的强制性压力起到了重要的作用。政府主要是用法律和法规的形式强制要求非营利组织进行相关信息的披露。

目前，世界上大多数国家都有一套针对本国非营利组织信息披露管制的法律规范，如美国的《统一非法人非营利社团法》《非营利法人示范法》《政府与非营利组织会计准则》《联邦税收法》等，分别从不同层次对非营利组织财务信息和非财务信息的披露作了相应的规定。我国目前关于非营利组织信息披露法律规范文件主要有：《社会团体登记管理条例》《民办非企业单位登记管理暂行条例》《基金会管理条例》《民办教育促进法》《会计法》《公益事业捐赠法》《民间非营利组织会计制度》《社会团体年度检查暂行办法》《民办非企业单位年度检查办法》《基金会年度检查办法》《基金会信息公布办法》等。这些法律规范对非营利组织信息披露的内容、对象、方式和时间等进行强制性规定，要求非营利组织披露资金筹集和运用情况等信息。通过这些信息，政府相关部门可以从宏观层面了解整个行业的发展状况，以便更好地对非营利组织进行调控和监督。

2. 组织自身宗旨和使命的压力

非营利组织的资金来源是以多元化机制募集社会公众的“善款”为重要组成部分。这既不同于所有权主体为国家、由代理人行使使用权的国有产权，也不同于所有权明晰的私有产权，为更有效分析非营利组织的治理，保证其公益宗旨和使命的实现，王名和贾西津提出“公益产权”的概念，公益产权相对于国有产权和私有产权而言是一种社会所有的虚拟产权或不完全产权，即捐赠者、受赠者（非营利组织）和受益人都分别享有一定的权利但又都不享有完整的产权，其中享有受益权的主体是由社会上所有可能的受益群体构成的虚拟主体。

基于非营利组织的公益产权性质，它必须要有明确的利他的、非营利的组织宗旨和使命，表明它承担的社会或组织的价值认同，也反映了组织活动的范围及其行为方式。从一般意义上说，非营利组织不宜主要采取市场机制活动与风险高、竞争激烈且利润率很高的市场领域。

非营利组织的宗旨和使命应当体现公益性或互益性的要求，决定了非营利组织必须承担相应的公共责任，这种公共责任的首要要求就是非营利组织要履行信息披露义务。非营利组织持有的大部分信息与公共利益密切相关，属于典型的公共信息，利益相关者有权了解与自己利益密切相关的信息，并依据这些信息行使自己的社会监督权。非营利组织有义务披露的主要是公共信息，其所持有的捐助者和受益人的详细情况（职业、收入状况、家庭住址等）等私人信息，则属于隐私权保护的内容，非营利组织仅限于披露捐助者名单与受益人名单。但如果当事人提出匿名的请求，非营利组织也应当给予尊重，以编号或代号方式加以披露。

3. 行业监管和第三方评估的压力

行业监管主要指同类的非营利性组织通过自发联合组织起来的联合会、全国性协会或者行业性社团等，对同类会员单位进行的监督和管理。非营利组织的行业监管主要方式有制定共同遵守的道德标准和服务标准、进行独立的审计和鉴定、评估非营利组织的服务和项目、资格的审查和认证、信息的公开和披露等。

独立的第三方属于非营利组织，但他们并不直接向公众提供专项业务服务。他们往往通过制定相应标准对其他非营利组织的工作和项目进行评估，确认或否定非营利组织的自我评估，并在此基础上对非营利组织的审计和结果公示。这种组织在美国被称为“看门狗”组织，如华盛顿非营利研究与咨询机构，其工作任务就是来监督其他非营利组织的活动，并对其中一些组织加以评估。中国至今还没有一个独立的专门对非营利组织进行监督的第三方评估组织。

行业监督和第三方评估事实上是对被监督和参加评估的非营利组织造成了一种激励与约束，通过这样中立的监督与评估，非营利组织会感受到一种无形的压力，就会避免或减少机会主义行为的发生，就会主动披露信息以增强透明度，进而赢得良好的社会公信力。一旦形成一种良性的信息披露运行机制，组织自身的健康持续发展也就得到了保证。当然，由于这类行业监管机构尤其是中立的评估机构缺乏法律赋予的权力，非营利组织完全可以拒绝接受监督或参与评估，不过这样会引发公众的猜疑，因为行业监督机构和独立第三方评估机构的权威性是不可低估的。

综上所述，政府为了提高非营利组织的透明度、保证效率和效果以增强公众对非营利组织的信任、实现社会效益最大化的公益宗旨会对非营利组织信息披露进行管制；非营利组织为实现自身公益宗旨和使命，必须承担信息披露的责任和义务；行业监管和第三方评估要求非营利组织建立透明的信息披露机制，以提升组织公信力和竞争力。如图 5-3 所示，政府对非营利组织信息披露的管制、非营利组织实现自身宗旨和使命的需要及行业监管与第三方评估的约束，共同构成了非营利组织信息披露的压力机制。

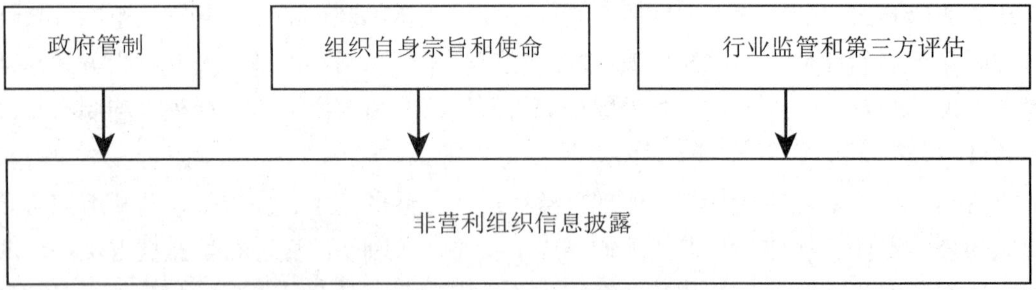

图 5-3　非营利组织信息披露的压力模型

（三）推力模型

非营利组织需要资源支撑方能完成其公益使命，但由于既没有政府机关征税的公共权力，也缺乏企业组织以营利为目的吸引投资而使钱生钱的运营机制，所以社会各界的捐赠（包括政府支持）、服务收费以及投资所得是其主要资金来源。问题是目前情形下服务收费和投资存在限制，贡献比例有限，所以众多非营利组织不得不将募集社会资源作为其主要的筹资手段。但非营利组织又很难控制社会资源的流向，因为社会公益资源具有明显的稀缺性，由于竞争的存在，有限的社会公益资源不足于满足所有公益性服务的资源需要，况且这些有限的资源分散在政府、企业和社会公众等不同的群体手中。

可见，非营利组织是典型的资源依赖型组织，资源依赖容易导致资源获得的不确定性，使组织运营产生波动或停滞。当然，非营利组织可以采取战略行动积极主动地和环境进行互动，以控制所需要的资源来源，减少不确定性，降低组织生存和发展的风险，这就意味着组织的控制机制向外部资源持有者延伸。因为资源更有可能向那些使命认可度高、管理效率好、社会效益显著的公益项目或组织倾斜，那么外部控制的实质是提高组织内部管理效率和社会效益并且将这些信息如实传递出去，以赢得公众的信任而获得宝贵的资源。

如图 5-4 所示，增加透明度与提升公信力可以有效推进非营利组织可持续发展。为了在资源争夺激烈的市场竞争中争取更多的捐赠资金，吸引资财提供者稳定而持久的捐赠，非营利组织必须向外部信息需求者和使用者披露组织的相关信息，这种信号传递机制能够使资源提供者和其他信息使用者了解和判断该组织的“效率”“效果”和“财务稳定性”，借以作出出资决策。换言之，信息披露具有增加透明度与创建社会公信力的特殊作用，非营利组织只有构建基于信息披露之上的资金筹集平台，才能吸引资财提供者持久的捐赠，最终使组织突破筹资瓶颈、走出“资财困境”。

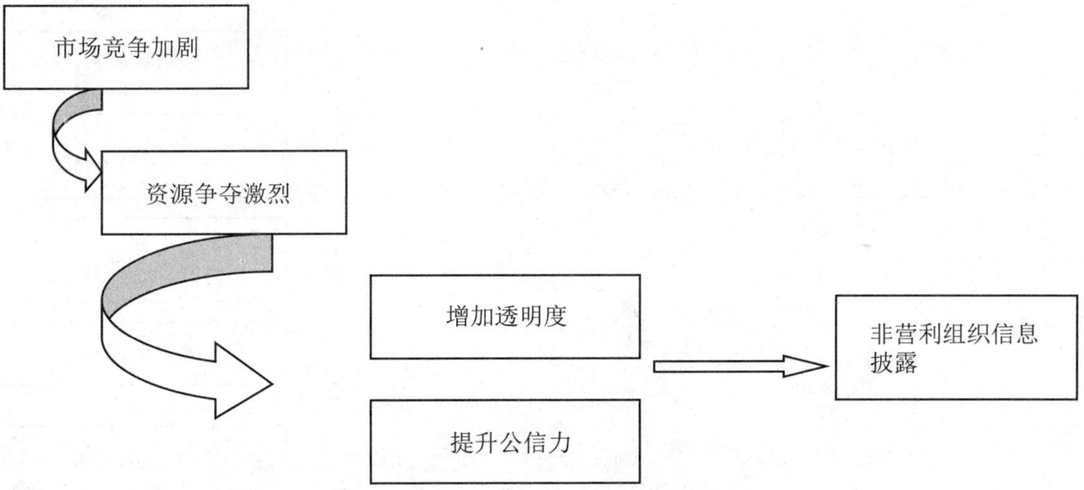

图 5–4　非营利组织信息披露的推力模型

（四）耦合模型

信息披露是现代非营利组织的理性选择，完备的非营利组织信息披露机制能够塑造一个透明、公信力高的非营利组织。非营利组织信息披露的动力机制可以分为引力、压力和推力三个层面，非营利组织信息披露表现为这三种动力机制的内部矛盾及其相互作用。充分发挥利益相关者信息需求的引力，变政府、组织自身及第三方压力为动力，合理利用市场竞争的推动力，引力、压力和推力三种机制的合力将更快地推进非营利组织信息披露的进程。

如图 5–5 所示，随着市场经济的深入和公民社会的建设，非营利组织面临利益相关者的信息需求压力会越来越大，利益相关者对非营利组织信息的需求决定非营利组织信息披露的方向。不同的信息使用者关注信息的侧重点不一样：捐赠者关注的是捐资是否被用于组织的公益宗旨以及组织的运营效率和效果，其中，个人捐赠者更多从自身贡献满足程度的角度出发，机构捐赠者还会考虑捐资对机构本身带来的社会效益；受益人关注是否得到最大化的受益保障；债权人主要关心组织的偿债能力、现金流的创造能力以及财务的稳定性等；志愿者主要关心组织的使命、项目计划和组织效率；社会公众主要关心非营利组织提供产品或服务的质量、效率及效果，以及如何提供这些服务。因此，为满足利益相关者的信息需求，非营利组织需要不断披露信息、提升透明度。政府对非营利组织信息披露管制的压力、非营利组织实现自身宗旨和使命的需要以及行业监管和第三方评估等因素共同促进了非营利组织信息披露的进程。政府作为公共权力机关以及很多非营利组织永久性的资金提供者，要对非营利组织进行管制，以确定这些组织履行受托责任的完成情况。政府通过制定相关法律法规，要求非营利组织披露相关信息，以便对其监管。

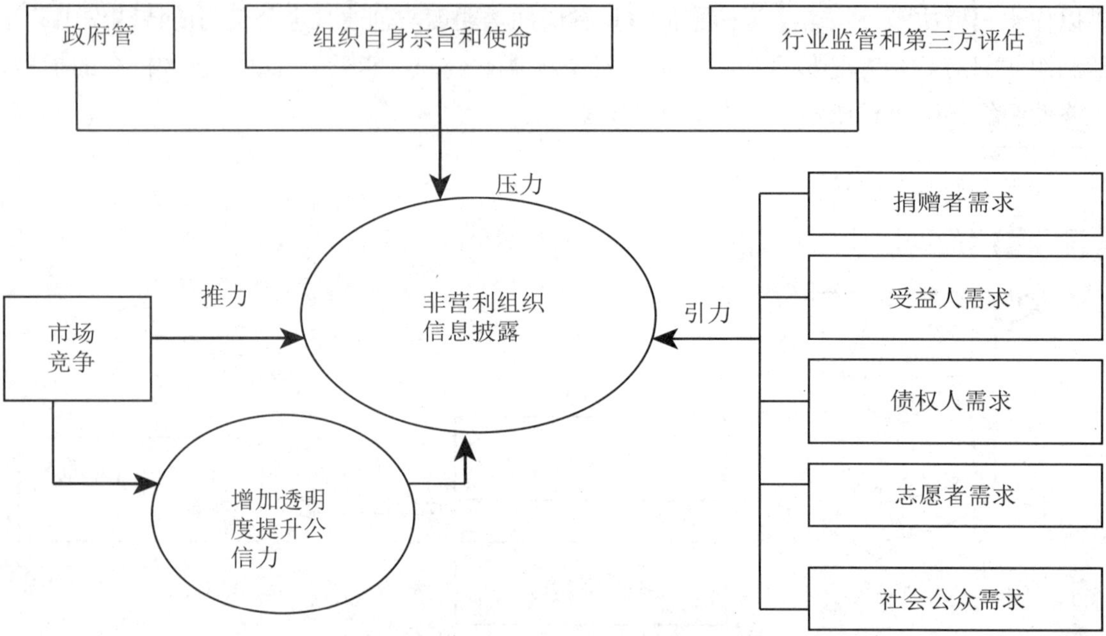

图 5–5　非营利组织信息披露的耦合模型

非营利组织享受免税或减税待遇，并公开吸纳或接受社会捐助，也即是说，它们在使用社会公共资源，其组织使命是指向社会公共利益，或者成员以外的社会需要救助的人群，并对社会发展有积极作用。因而，要求它们具有一定的公开性，自觉接受国家机关、社会公众和大众传媒的监督是无可厚非的。这就要求非营利组织建立一系列披露内部组织信息和活动信息的机制和方便公众了解、获知组织信息的渠道，将自己的组织目标和活动公之于众，自觉接受社会监督。

非营利组织行业自律组织主要作用是制定适用于该行业非营利组织的关于治理结构、信息披露、募集资金等事项的行为准则，并要求成员共同遵守；第三方独立机构（评估机构）则根据行业标准定期对非营利组织进行评估和认证，并向社会公布组织的信用评级及评估结果。毫无疑问，行业自律组织和第三方评估机构对非营利组织形成较大的压力，可以有效地促使其加强信息披露，提升透明度。

市场竞争是促进非营利组织信息披露的推力。面对竞争日益激烈的公益资源市场，为获取更多的资源（物资捐赠和志愿者）以实现组织的可持续发展，非营利组织必须以各种方式主动向利益相关者披露利好消息，增强非营利组织的透明度，从而消除相关利益者的疑虑，进而在利益相关者的心中树立良好的品牌形象和组织形象，为非营利组织不断扩大组织规模、长期吸引志愿者、持续的资金来源奠定基础。

四、其他监督

非营利组织要获得健康的发展，要保证其公共责任的良好实现，要求构建一套有效的监督体制，这既需要其内部的自我约束，更离不开外部的监督。社会监督是非营利组织监督机制中至关重要的部分，充分发挥社会力量的监督作用，反映了非营利组织监督机制的发展趋势。社会监督力量主要包括以下几方面。

（一）捐赠者

监督机制捐赠者的效益意识和监督作用是非营利组织公共责任和监督机制的重要组成部分。效益意识愈强，捐赠者更倾向于把资源捐献给管理良好且活动效益明显的非营利组织。因此需要建立和完善由政府部门、评估机构和非营利组织设立的投诉热线以及互联网等制度化的监督渠道，让公众了解和认可非营利组织自身的社会价值，同时通过畅通的社会监督渠道使公众变被动监督为主动监督。

捐助人捐出资产的行为属于目的性赠予，是附义务的赠予。作为捐助人，有权就该笔资产指定特别用途或期望非营利组织提供某种公益服务。非营利组织作为受赠人，应严格遵从关于资产用途的意愿。如果受赠的非营利组织未能按照约定用途使用资产的，就会构成对捐助人意愿的违反，捐助人则有权请求受赠人实现或请示有关机关督促受赠人实现公益捐赠的目的。因此，必须赋予捐助人一定的权利，特别是知情权，捐助人应该知晓自己的资产是如何使用并带来何种结果。

非营利组织应定期向捐助者报告组织的运行信息，特别是年度财务状况报表。应让捐助人了解到本期如何获得和使用资金的信息；可供未来使用的资金；组织未来持续提供服务的能力。

（二）受益人监督

作为非营利组织的服务对象，受益人的利益关乎组织存在的合理性。非营利组织的受益人可以在捐助章程或信托契约上明确规定，也可以委托非营利组织来确定，一般由董事会来选定。受益人是一般性或不特定的一部分人，或者机构团体，如受到资助的学校、研究机构等。广义上来说，受益人可以是整个社会或全体公众。非营利组织应定期向社会公布其组织运作情况，让受益人了解其权益是否得到实现或受到侵害。对于受益人权益因非营利组织不遵守相关合同义务而受到伤害的时候，可以视非营利组织章程授予的相关权利进行维权。

（三）社会公众监督

与发达国家相比，我国关于非营利组织的社会公众监督和有关社会组织的监督都十分薄弱。由于长期受到封建思想的影响，市民社会在中国还没有发育成型，公众对非营利组织的监督意识还很薄弱，虽然相关法规对社会监督作了法律上的保证，但在实际生活中，公众主动对非营利组织进行监督的行为很少，当一些非营利组织拒绝社会公众的监督时，公众争取和维护其监督权利的也很少。

由于受益权主体的虚拟性，仅凭行政监督、董事会监督和监察人代理实行监督，还是不够的。每一个对该组织关心或者有疑问的人都可以对它进行检查、监督，一旦被发现问题，则会受到严格的处罚，相当于给了非营利组织一个强烈的自律激励。从国际经验看，社会监督是一个不可替代的机制。社会公众监督是实现非营利组织社会责任的重要保障机制。非营利组织的资金管理、项目运作情况、年度工作报告等，都应在规定的媒体上公布，接受政府、会员企业、服务对象及公众等的评估和监督。公众也需要学会对非营利组织的信用要求，主动、积极地维护自己的合法权益，从而形成广泛参与的社会监督机制。

（四）媒体监督

媒体的独立性和舆论监督是非营利组织作出公示和帮助社会公众对之进行社会监督的一种重要模式。媒体的监督是指报刊杂志、广播电台等大众传播媒介进行的监督，具有及时、全面、影响大的特点，是公众获取信息的主要渠道。但公众在现实生活中受到种种条件的限制，公众更希望借助媒体获得决策信息，甚至将监督权力主动委托或让渡给独立而具有广泛影响力的新闻媒体。

由于媒体普及范围广、影响大，具有导向作用和威慑作用，传媒对非营利信息的传播，能够大大减少信息搜寻成本，提高决策效率。所以能够对非营利组织的管理者形成强有力的约束。因此，在西方被称为继立法、司法和行政权之后的“第四种权力”——媒体监督，有着广阔的施展空间。媒体掌握的话语权是基于公民知情权基础上的公共权力，对非营利组织信息的披露，为公众监督提供一个公开、有力的平台，并由此产生聚合效应，形成舆论压力，产生巨大的震慑作用，因此媒体监督对公众监督的有效性起着重要作用，应进一步发挥新闻媒介对非营利组织的舆论监督功能。

五、非营利组织典型案例

（一）大连儿童村发展历程

改革开放以来，作为一种平衡力量的非营利组织发展迅速，引导着社会向政府、市场和非营利组织组成的三元社会结构转型。但我国非营利组织自产生以来就伴随着很多先天不足的弊病，比如政府依赖性强、市场竞争加剧、自治能力差、资金来源有限等。因此，众多非营利组织急需找到一条可持续发展的道路，而社会企业成为一部分非营利组织的首选。本文选取大连儿童村作为研究案例是因为该组织是大连市非营利组织的代表之一，发展时间较长并在不断调整和创新管理模式的基础上实现了多样化救助，并与政府和社会各界一直保持着良好的互动关系。因此，大连儿童村是具有代表性的非营利组织，对案例的研究有很大帮助。

SOS 儿童村起源于“二战”时期的奥地利，最初的宗旨在于为战时失去家庭的孤儿提供一个有母爱的家庭式生活环境，让孤儿们享受到母爱和家庭的温暖。中国最早的儿童村成立于 1984 年的天津和烟台，并于 1986 年开始收养孤儿。2003 年 11 月，金宏伟等社会爱心人士成立了“大连爱在海边儿童村”，也就是现在的大连儿童村，该组织是东北三省首家以救助和抚养服刑人员的无人照管的未成年子女为目的的人道主义援助机构。2008 年 11 月，“中国冰人”、大连理工大学教师王刚义正式接手儿童村，他凭借自己的名人身份和积累的社会关系网，向各界寻求帮助，最后用短短 1 年的时间就解决了儿童村的基本生存问题。2009 年 4 月 18 日，在大连阳光养老中心和中国香港溢鸿公司的帮助下儿童村搬到了夏家河子附近的鞍子山村，为了表达对二者的感谢以及庆祝其渡过难关重新复活，儿童村正式更名为“大连阳光溢鸿儿童村”。2009 年 11 月 18 日，大连阳光溢鸿儿童村正式注册成立，并与大连市青少年发展基金会签署设立阳光溢鸿儿童专项救助基金，中国香港溢鸿公司也首次资助儿童村 30 万元人民币。2013 年 6 月 18 日，大连阳光溢鸿儿童村经大连市民政局批准由儿童福利机构变成公益慈善类社会组织，业务范围包括对服刑人员特困子女代养、代教等服务，住址为搬迁后的新地址即大连旅顺口区铁山街道韭菜房村，院内包含食堂、公共卫生间、学习室、娱乐室、图书馆、菜地，儿童日常生活及学习所需的基本配套设施。之后的几年儿童村又陆续对新址进行修缮，比如进入儿童村大院的“刚义路”、蔬菜大棚、义工学院、图书馆等院内设施，用于修缮的资金全部来源于王村长本人的捐赠和社会各界的爱心捐赠。现如今有 20 多名孩子常年居住在村里，村里集中代养和助养的孩子达 90 多名。

总而言之，大连儿童村是一个专门为服刑人员未成年特困子女提供无偿救助的慈善机构，旨在为这些孩子们提供养护、托管服务，提供生活、教育、医疗等全方位的保障服务，其运行经费来源于“自我造血”的爱心收入和社会各界的爱心捐赠。目前村长及法人是王刚义，具体组织机构及人数如表 5-2 所示。

表 5-2　大连儿童村组织机构情况

组织机构	村长	副村长	理事长	理事	监事长	监事	会计	出纳
人数(人)	1	2	1	4	1	2	1	1

（二）大连儿童村自治模式

大连儿童村从刚成立到现在初具规模，治理模式经历了从无到有、从业余到专业、从组织架构不清晰到理事会管理制度的确立，儿童村自治性的提高得益于其在实践中积累的经验教训，在过去十几年的经验基础上，大连儿童村采取了独具特色的治理模式。

1.“自我造血”模式

大连儿童村能从危机走向平稳发展，离不开社会各界爱心人士的援助，但公众捐赠的不稳定性难以保证儿童村运行的持续性。加之大连儿童村现有孩子的数量增多、运行开支增大，稳定的资金来源成为其可持续发展必不可少的物质条件，因此，王刚义秉持着敢于创新的社会企业家精神，践行着儿童村“自尊、自爱、自立、自强”的村训带领儿童村发展出一套适用于自身实际发展情况的自治模式，即由外界输血的儿童村走向了艰苦创业的“造血”之路。

所谓造血，就是非营利组织改变过去单纯依靠社会捐助的资金运作方式，而是以自我创收为主，社会各界的慈善捐助为辅。王刚义在考察和学习北京太阳村以及国外非营利组织先进的管理经验和慈善理念后，带领儿童村建立了爱心农场、爱心果园、爱心鸡场等创业基地，儿童村从创建伊始就没有依靠政府投资到如今可以自力更生，为我国非营利组织自主治理、独立运行树立了良好的榜样。

（1）爱心农场

大连儿童村位居郊区，王刚义利用周边荒地的资源优势，在业余时间带着孩子们去后山开荒种菜，儿童村日常生活的蔬菜需求得以解决。后来儿童村搬迁至老铁山韭菜房村后，王村长利用院内一片空地搭建了蔬菜种植房，种植的蔬菜除了用于儿童村日常的食用外，还对外界爱心人士开放，为合作的志愿服务团体提供实践的场地和机会，并将此蔬菜房命名为“义工学院”。

（2）爱心果园

儿童村有一片大果园，500 余棵成龄果树的供给远大于需求。因此从 2010 年开始，儿童村推出认养果树的慈善活动，儿童村向认养者收取每棵 500 元的认树款，果树的栽植和管理由儿童村负责，果子成熟后再通知认树者前来采摘游玩。此举深受社会爱心人士的欢迎，参与积极性也得到了很大提高，双方共同受益。

（3）爱心鸡场

王刚义在儿童村后院搭建了一个鸡棚，将山上的野菜和儿童村现磨豆腐渣及剩饭菜作为饲料喂养爱心鸡，从而保证爱心鸡食用的安全性。同时儿童村创造了“爱心认领”模式，肉食鸡以 200 元的价格向社会爱心人士招领，鸡长成时归爱心人士所有，爱心收入可用于每年的探亲开支。同时为了答谢社会各界爱心人士的热情奉献，王村长还创办了非营利的爱心饭店，饭店里的菜都是来自儿童村爱心农场、爱心鸡场的绿色天然农产品。

（4）北京太医馆创业基地

儿童村只是孩子们临时的家，孩子们最终还是要靠自己立足社会。2011 年 11 月 16 日，大连儿童村在北京建立太医馆创业基地，具有医学背景优势的万轩竹任创业中心主任，并受聘为太医馆中医教授。随后，儿童村的两个大孩子已经跟随万妈妈学习中医并开展工作。

综上所述，儿童村能够实现独立自治的资金来源渠道如图 5-6 所示：

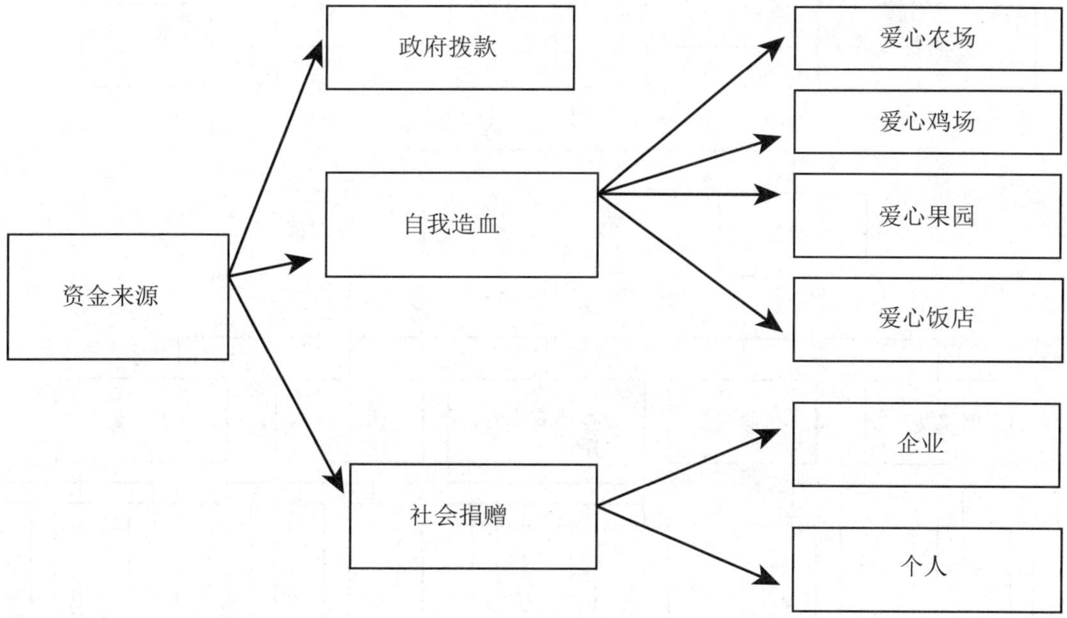

图 5-6　儿童村资金来源

2. 理事会管理模式

大连儿童村的运行管理采用理事会制度，由王刚义任理事长，大连理工大学陈书文教授担任监事长，希望工程李福阳、大连市福利院梁庆安担任监事，万轩竹为儿童村日常负责人，大连市民政局、大连市青少年发展基金会、大连市希望工程办公室为监管部门。每年定期召开理事大会，确定一年的救助工作计划和受捐助资金的使用去向。每年儿童村的财务审计报告都由成大方圆会计师事务所进行审计和公开。2009 年 11 月 18 日，大连市青少年发展基金会与大连儿童村联合设立"大连市希望工程阳光溢鸿儿童村救助基金"，在儿童村接待大厅设立捐款箱，捐款者基本信息和使用要求登记在册并向其开具临时收据和颁发捐款证书，所有捐款首先进入基金会账户，然后转入儿童村账户，会计师事务所每年要对捐款数额和使用情况进行审计并公开，以便接受社会各界的监督。

儿童村还设立有财务处、档案室、志愿者工作营、教育处和生活处，后为了抚养婴儿的需要，儿童村于 2011 年初还设立了专门的幼儿部，在教育处、生活处和幼儿部都配备了专职老师。同时，孩子们的音乐、美术、书法等课程由志愿者工作营里的老师们进行辅导。各部门各司其职，财务处主要负责捐赠善款的登记和核算等事项的管理；教育处主要由德育老师负责孩子的日常学习、品德教育和心理救助，适龄儿童按照国家规定在就近学校接受九年义务教育；生活处主要由专职的老师负责孩子们饮食、卫生管理和服务，目前负责孩子们日常生活管理的邱妈妈是儿童村雇用的当地工作人员，亲和力和照顾孩子们的专业技能得到了儿童村管理层和外界爱心人士的普遍认可；在幼儿部，儿童村按国家标准养护 4 周岁以下婴幼儿，并配备设备和工作人员（见图 5-7）。

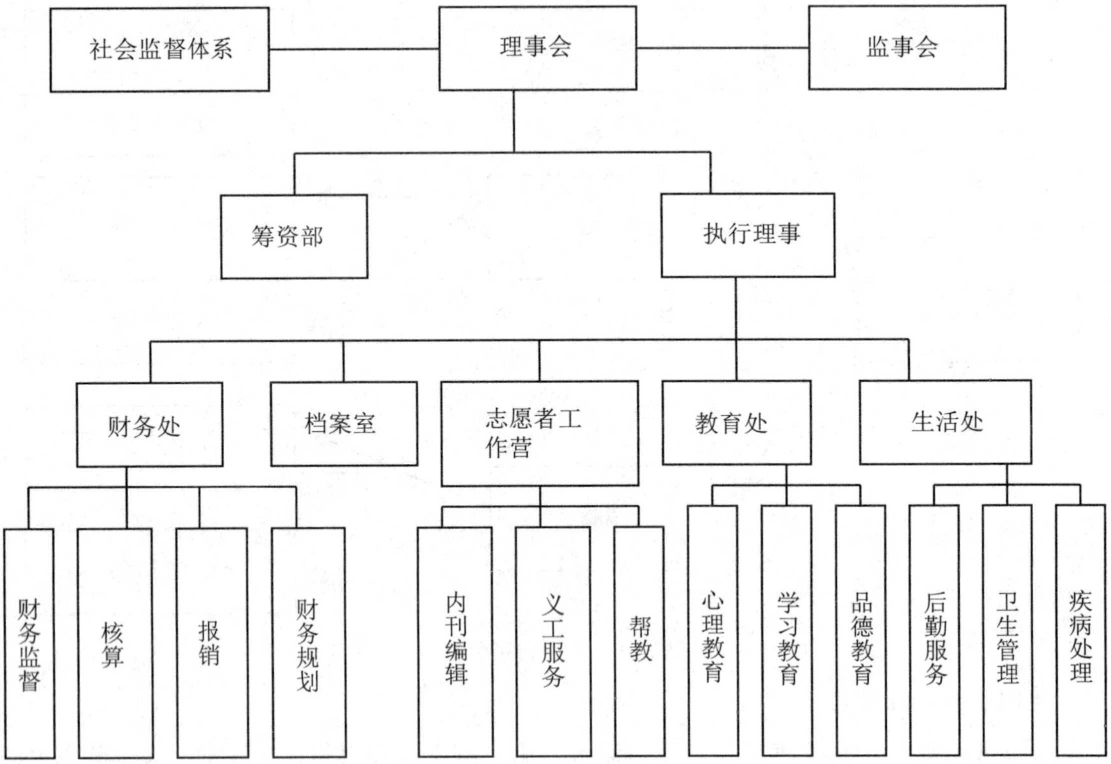

图 5-7　儿童村组织结构图

理事会内部治理模式决定了儿童村的自治性。儿童村作为一个独立自治的民间救助组织，从产生初期到现在基本没有依赖政府的帮助，现有的理事会管理模式是儿童村十几年艰苦发展和管理模式探索的结果，虽然相较于国外非营利组织甚至国内一些专业化程度高的非营利组织还有较大的差距，存在很多管理弊病，但总体上对儿童村发挥其自治性起到了决定性作用。理事会发挥的功能直接影响着非营利组织的日常活动，它不仅可以为非营利组织提供政策上的指引，决定组织的发展方向，还可以组织筹资活动，促进社区和公众的和谐关系，提升组织的信誉。

除了对儿童村整体运营的管理模式外，王村长还专门为孩子们制定了一套管理办法。在行为习惯上，村长对孩子的日常作息进行严格的训练，每天早上五点到六点；在具体的规章制度方面，儿童村制定了专门的大连儿童村考核管理办法，里面包括生活规范、劳动规范、学习规范、文明礼貌规范等基本规范和家规积分考核办法这两大部分，具体的家规考核办法见表 5-3：

表 5-3　大连儿童村家规积分考核管理办法

项目	规则	备注
基础分	—	以上月表现为基础
惩罚分	扣 1 分	违反家规
	扣 2—3 分，罚写家规两遍	严重违反家规
奖励分	酌情加分	表现好
	加 2 分，物质奖励	突出贡献

续表

项目	规则	备注
年总分	满分 180	每天 0.5 分，每分对应 1 元钱，合计一年 180 元，可用于平时零用钱，探亲时给父母买礼物，也可以累积到下一年

正是这样规范又健康的管理方式使得儿童村的孩子们养成了严以律己的习惯，部分孩子曾经因外部环境和家庭影响导致的性格缺陷以及不良行为也逐步得到纠正和改善。

3. 合作发展模式

儿童村不只是单纯地依靠社会捐赠来实现救助目的，还创造性地建立了与社会上的爱心组织和爱心人士的互助发展模式，使得儿童村不再是外界眼中的弱势群体，而是同样能为社会创造价值的非营利组织。儿童村秉持着开放、公开、公益的原则，努力与其他社会组织建立良好的合作互助关系。

（1）维持与企业的良性合作关系

大连本土以及全国各地都有企业与大连儿童村建立了合作交流关系，比如浙江永源汽车有限公司、百年人寿大连分公司、大连安鑫地产、北良公司、大连恒丰集团等，这些公司都以提供财务或提供志愿服务的形式对儿童村做出捐赠。我国《社会服务机构登记管理条例》(《民办非企业单位登记管理暂行条例》修订草案征求意见稿）总则中第七条指出，社会服务机构以及对社会服务机构进行捐赠的个人和组织，依照法律、行政法规的规定享受税收优惠。

企业对非营利组织的捐赠行为不仅使后者得到了物质和资金上的帮助，同时也是对企业自身声誉的塑造，并能享受政府提供的优惠政策，这种互利的合作关系有效解决了儿童村受赠资金不稳定的问题，同时也带动了企业对慈善和公益活动的参与热情。

（2）加强与监狱的精神互助

每年暑假，为了让孩子们感受亲情教育，王刚义都会组织孩子们去监狱探亲。临行前王刚义会给孩子们开动员会，并给每个孩子拍洗生活照，将其作为纪念品送给孩子的亲人。孩子们也会为父母精心准备一份礼物，可能是一幅画、一封信或者是用自己攒下的零用钱买的一份礼物。每到一处监狱，王刚义都会用自己冬泳的经历和抚养孩子的事迹鼓励服刑人员克服困难，好好接受改造；而孩子们也会向大家展示自己特地准备的精彩表演，获得服刑人员一致的好评和感谢。

（3）搭建高校志愿活动平台

儿童村自注册以来就与大连周边各大高校保持稳定的志愿服务关系，已经成为大连理工大学、大连海事大学、大连交通大学、东北财经大学、大连东软信息学院、大连职业技术学院等各高校的爱心基地。越来越多的高校志愿者团队利用休息时间来到儿童村，帮助儿童村打扫卫生、和孩子们一起干农活、辅导孩子们的功课、带领孩子们进行各种拓展活动。这些活动既给儿童村的孩子们带来欢声笑语，又大大提高了高校学生的志愿服务热情和奉献精神。另外，也正是高校宣传的力量之大，通过口口相传的途径，以个人名义捐赠和探访儿童村的年轻人也不在少数，据儿童村管理部长邱妈妈讲述，平均每个周末都会有爱心人士送来孩子们喜欢的食物或者当季的蔬菜，这些爱心人士往往不留信息也不要求拍照合影，慈善观念深入人心。

我国采取措施大力弘扬慈善精神，培育公民慈善意识，鼓励并支持高等学校和科研机构开展相关的理论研究。《慈善法》也明确指出学校等教育机构应当将慈善文化纳入教育教学内容。各大高校都在儿童村建立了志愿服务基地，还有很多学生以儿童村为研究对象进行理论研究并从中产生了很多宝贵的科研成果。

（4）借助媒体提高组织知名度、接受公众监督

儿童村自成立以来，一直都是媒体关注的焦点。虽然来自媒体的报告有正面的也有负面的，但是正是这种报道成为外界与儿童村的桥梁，让外界更多地了解儿童村。随着媒体地不断关注与报道，社会上越来越多的爱心组织和爱心人士开始关注儿童村、了解儿童村、走进儿童村、帮助儿童村。

另外，儿童村也充分利用新媒体平台影响范围广的特点，在微博、博客、微信朋友圈、轻松筹等平台发布求助公告，比如大连儿童村每年入冬前都会发布物资缺乏的求助公告，具体到过冬用的煤炭、柴草，以及土豆、白菜等易储藏蔬菜的大批量需求。儿童村也因此得到了来自社会各界的物品捐赠和资金支持，日常运行得到了有效保证。当然，正是因为媒体的争相报道以及儿童村对外的开放程度较高，大连儿童村始终在公众的视野中。

（5）发展与其他非营利组织的互助关系

2017 年 3 月，哈佛无界爱教（Education Without Barriers，简称 EWB），发布与大连儿童村和 RCA Homestay 确立三方合作关系的声明。EWB 是一个在美国注册的非营利组织，致力于在全球范围，为孤儿等未成年弱势群体提供高质量、个性化、可持续的线上辅导与课程；RCA Homestay 是一个帮助孤儿留学的机构，主要负责平衡孤儿的出国事宜，并帮助其寻找寄宿家庭。EWB 于 2016 年 11 月 1 日与大连儿童村签订合作协议书，承诺两年合作期间内将对儿童村所有孩子进行每日、长期的线上辅导。EWB 的宗旨是培养孩子的学习能力和学习兴趣，不管孩子们是否能出国，EWB 都会为期提供优质、适宜的教育课程。儿童村的孩子们都能平等地接受这样的优质教育，使用计算机定期学习 EWB 提供的课程，极大地丰富了孩子们的知识库，提升了孩子们的学习兴趣。

综上所述，案例将儿童村的合作治理模式总结为图 5-8：

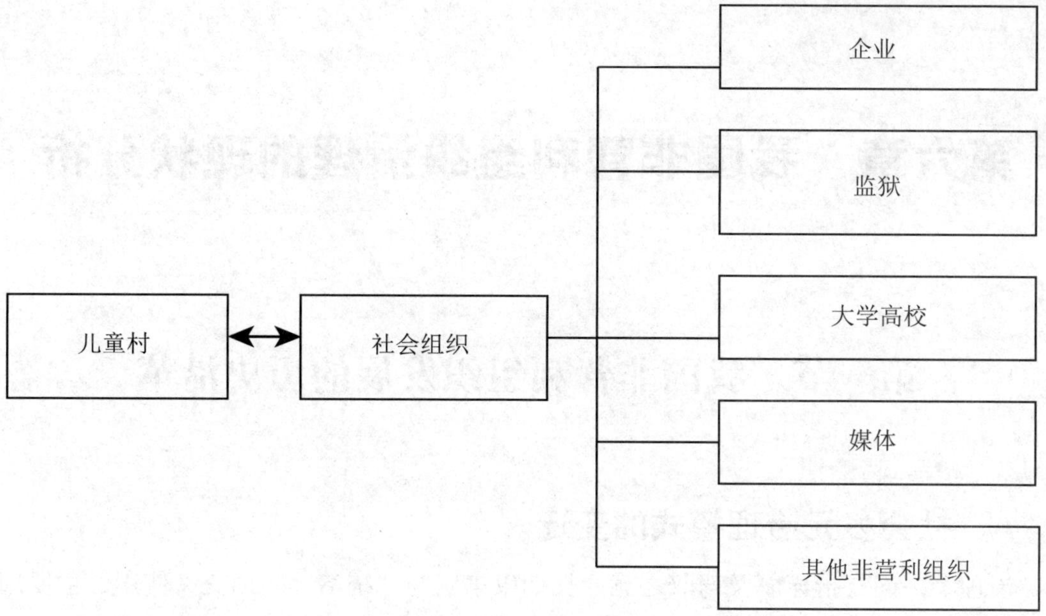

图 5–8　儿童村与社会组织合作发展

第六章　我国非营利组织治理的现状分析

第一节　我国非营利组织发展的历史沿革

一、社会多元治理模式的变迁

“治理”一词有指导以及驾驭之意。长期以来它与“统治”一词交叉使用，主要用于与国家的公共事务相关的管理活动和政治活动中。就结果而言，治理是创造有利于秩序维持及集体行动的条件，因而与政府的管理行为并无多大差异。但是，自20世纪90年代以来，西方政治学家和经济学家赋予“治理”新的含义，不仅其涵盖范围远远超出传统的经典意义，而且其含义也与“统治”相去甚远。它不再只局限于政治学领域，而被广泛应用于社会经济领域，成了经济学家、政治学家、社会学家、地理学家口中的时髦词汇。到目前为止，各国学者们对“治理”已经提出了各种各样的定义，其中全球治理委员会于1995年发表的《我们的全球伙伴关系》的研究报告，对治理作出了如下界定：治理是各种公共的或私人的个人和机构管理其共同事务的诸多方式的总和。它是使相互冲突的或不同的利益得以调和并且采取联合行动的持续的过程。它既包括有权迫使人们服从的正式制度的规则，也包括各种人们同意或以为符合其利益的非正式的制度安排。治理概念的提出意味着公共事务不再仅是政府统治的范畴，非营利组织甚至包括私人部门在内的一系列公共行为主体必须以多元的模式承担起对其共同事务管理的责任。

传统公共行政管理模式相对20世纪以前的管理模式而言，无疑是一个巨大的进步，但随着时代的进步与发展，威尔逊和古德诺的政治与行政二分法无法掩饰现实中公务人员的两重性，韦伯的科层制带来的形式主义与官僚主义等问题在运行了几十年以后也将其自身的一些缺陷暴露无遗。20世纪80年代，强势政府伴随着新公共管理运动在全球政府改革的潮流中重新实现了自身从划桨向掌舵的转变。新公共管理运动是对整个公共管理部门格局的重新认识，它由公共行政学对组织内部的关注转向外部，开始探讨实现公共部门有效管理中不同的实施主体，各自的定位、分工和各自适当的角色，它反映了整个公共管理格局的变化。

20世纪七八十年代以来，公民社会理论再度流行起来并成为当代学术研究的一个热门话题，最初，公民社会研究主要是在政治学层面进行的，但是进入90年代后，这种情况有很大变化，公民社会研究开始转向从社会学角度对作为一个社会实体的公民社会进行实质研究，学者们把这个社会实体的切入点放到了非营利组织上。非营利组织是一个西方语境中的词汇，它不是一种孤立的组织形态，而是西方社会结构的一种反映。国家与社会相分离的基本假设是非营利组织形成的理论基础。非营利组织是现代公民社会的核心。

治理理论对国家和社会公共事务的管理模式进行了重新探索，强调人类政治过程的重心应从统治走向治理，治理实质上就是国家权力向社会的回归，是一个还政于民的过程，一系列公共行为主体以多元的方式共同承担起对公共事务管理的责任。非营利组织作为治理的主体，自 20 世纪 90 年代以来蓬勃兴起。正如罗伯特・里奇等所指出的："治理涉及中央政府、地方政府和其他公共权威，也涉及在公共领域内活动的准公共行动者、志愿部门、社区组织甚至是私营部门。"

对政府部门而言，治理就是从统治到掌舵的变化；对非政府部门而言，治理就是从被动排斥到主动参与的变化。治理意味着政府并不是国家唯一的权力中心，非营利组织也可以成为社会权力的中心，参与政治、经济和社会事务的管理，例如社会保障服务的提供。政府与非营利组织在社会事务治理领域既不是排斥异己的垄断者，又不是事不关己的局外人，而是真诚的合作者。

二、非营利组织发展历程

从 1978 年改革开放开始，我国社会发生了深刻变革，而在市场经济迅速发展的同时，又不可避免地出现了政府机构臃肿、寻租与腐败、社会矛盾积淀和加剧等社会问题，非营利组织作为介于政府和企业之外的第三种组织形态应运而生，并像雨后春笋般遍地萌芽。当然，我国非营利组织同其他国家一样，都经历了一个产生、发展、逐步成长的过程。我国非营利组织的发展历程大体可分为以下五个阶段。

（一）起步阶段

20 世纪初至 1949 年新中国成立是非营利组织发展的起步阶段。在旧中国半封建半殖民地的社会条件下，以维护组织成员利益为主要价值取向的非营利组织以民间结社的名义开始萌生。据社会部 1946 年统计，登记在册的人民团体有 46000 多个，其中职业团体（农会、工会、渔会、工商业团体、自由职业团体）4 万多个，社会团体（文化、宗教、慈善、公益、体育、卫生、妇女等团体）5000 多个。当时还有大量的社会团体未进行登记，因此我国民间团体的实际数量远不止于此。在这一阶段，出现了学术性组织、政治性组织、文艺性组织、互助与慈善组织、"党会"等组织。当然，时代的局限性使得这些团体与现代意义上的非营利组织有极大的差别。

（二）曲折发展阶段

新中国成立初期，我国在经济上推行计划经济，在政治上实行高度中央集权体制。到 50 年代中期，新生政权对民间组织进行了彻底的整顿和清理：部分社团政治化，部分社团取缔。经过整顿与清理，我国各种社会团体和民间组织的数量大大减少，据统计，50

年代我国的全国性社团只有 44 个，60 年代不到 100 个，地方性社团只有大约 6000 个，类别也比较单一，主要有工会、共青团、妇联、科协和工商联等。

总体上来说，这一阶段的中国表现出明显的"强国家，弱社会"特征，非营利组织处于曲折发展的艰难时期，尤其是所谓的"纯民间组织"数量也少得惊人，生存发展空间极为有限。

（三）提速发展阶段

1978 年改革开放到 1992 年党的十四大召开，是非营利组织发展提速阶段。1978 年底党的十一届三中全会召开，改革开放对经济体制和政治体制的渐进变革使得非营利组织得到了长足发展，加之公民社会的崛起，1989 年全国性社团剧增到 1600 个，地方性社团达到 20 多万个。然而，在 1978—1988 年非营利组织快速发展的同时，也存在诸多不规范的地方。1989 年之后，政府对各种非营利组织进行了重新登记和清理，主要是利用相关法律法规明确非营利组织的合法地位与活动范围，从而对非营利组织进行相关整顿与调整。1988 年 9 月和 1989 年 10 月，国务院分别颁布了《基金会管理办法》《社会团体登记管理条例》，同时政府颁布了清理整顿社会团体的通知。1990 年 6 月，政府开始了第二次大规模社团清理整顿工作。总体上，在这一阶段，我国非营利组织与政府的关系得以理顺。到 1992 年，全国性社团有 1200 个，地方性社团有 18 万个。

（四）迅猛发展、质量提升阶段

1993 年党的十四届三中全会通过的《中共中央关于建立社会主义市场经济体制若干问题的决定》提出，要"发展市场中介组织……发挥行业协会、商会等组织的作用"。20 世纪 90 年代以来，我国政府认同了市场经济体制，并确立了"小政府，大社会"的改革目标，经济体制的转轨和政府职能的转变也在很大程度上推进了我国非营利组织的发展。特别是在工业化、城镇化和农业现代化统筹推进的大背景下，非营利组织对于构建城乡一体化、全面建设小康社会起到了重要的推动作用。

（五）全面快速发展阶段

从 2003 年至今，随着全国官办非营利组织改革的兴起以及民间组织的快速发展，我国非营利组织呈现全面快速发展的局面。2003 年 10 月，党的十六届三中全会《中共中央关于完善社会主义市场经济体制若干问题的决定》提出了要"按市场化原则规范和发展各类行业协会、商会等自律性组织"的新要求。2007 年 5 月，国务院办公厅下发《关于加快推进行业协会商会改革和发展的若干意见》（国发办 [2007]36 号），对行业协会治理运行机制、角色和功能、政会关系、管理体制等进一步做了明确阐述，并提出要积极拓展行业协会的职能。

2012 年 11 月，党的十八大报告提出，要"加快形成政社分开、权责明确、依法自治的现代社会组织体制"。这是我国首次明确提出建立"现代社会组织体制"，标志着我国将通过制度层面的优化和顶层设计，促进社会组织的发展。

2013 年 3 月，李克强总理在《政府工作报告》中指出，"改革社会组织管理体制，引导社会组织健康有序发展”。可以看出，非营利组织管理体制的变革将成为我国非营利组织去行政化和依法自治的主要路径。

2021 年 1 月 1 日起施行的《民法典》系统确立了非营利法人的法律地位，为社会组织等非营利法人的发展规划了一个全新的时代。截至 2020 年底，统一社会信用代码数据库中共有法人机构 4633 万个。其中营利法人 3958 万个，非营利法人 496 万个，特别法人 179 万个。与此同时，我国的社会组织刚刚超过 90 万家，慈善组织不到 1 万家。496 万个非营利法人，去除 90 万家社会组织，还有 400 万家——同样是非营利的，他们有可能成为慈善组织。

三、我国非营利组织存在的制度基础及其必要性

非营利组织是与政府机构、市场机制相平行的一种制度安排。作为制度安排，政府与市场都存在“失灵”的情况。即政府存在提供私人物品上的职能失灵，而市场则存在供应公共物品上的失灵。于是公益靠政府、私利靠市场便成了一般共识。这种意义上的政府失灵与市场失灵恰好能够互为解决、相互弥补缺陷。

同时，政府与市场又存在另外一种“失灵”。即一方面政府不仅在从事竞争性私人物品的生产中存在“失灵”，在公共事务方面，政府也存在“失灵”。由于个人的需求是异质性的，而政府提供的任何商品的数量和质量都是由政治决策过程决定的，它倾向于反映“中位选民”的偏好，这一点对于公共物品的提供也不例外，因此政府难以满足每一个人对公共物品的需求，而那些弱势群体以及其他特殊群体的需要又是最需要关切的，而且政府在提供公共物品方面还存在着浪费和低效率的问题，这就为非营利组织的出现提供了契机。另一方面，市场不仅在提供公共物品上存在着“失灵”，在提供私人物品时，市场也有一些功能缺陷。在现实的市场经济中，在有些领域由于物品或服务太过于复杂或中间环节过多，购买者和销售者存在着信息不对称的情况，就有可能发生销售者借此侵害消费者权益的事情，而这些物品和服务如果由非营利组织提供，因其不营利的特性，借信息不对称侵害消费者权益的可能性则要小得多。所有这些，决定了另一种制度安排，即非营利组织的存在成为必要和必需。

（一）承载政府职能转变的需要

政府改革首先要求把大量原来由政府承担的微观管理和服务的职能转移出去，交给社会来承担，这样非营利组织的发展就为政府职能转变提供了载体。非营利组织首先承担了政府为适应市场经济体制而转移出来的一部分经济、社会职能。由于这些职能大都比较具体、繁杂，由非营利组织来承担，能够使政府从微观管理中解脱出来，集中精力抓好宏观管理。同时，随着体制转变的不断深入，经济、社会中的新事物层出不穷。在过去全能政府的条件下，一旦新事物出现，便顺理成章地归口某些政府部门，或者设立新的政府机构来管理，从而导致政府机构膨胀，人员臃肿。现在，由于非营利组织的大量存在，大量的社会性、群众性、公益性和服务性的职能可以转由非营利组织来承担，从而能够大大减轻

政府转变职能的压力。

（二）制约政府权力的需要

绝对的权力导致绝对的腐败。任何公共权力都需要制约，不受制约的权力是危险的权力。政府仅靠内部分权制衡是不够的，更重要的是外部社会力量的制约。但单个的公民是无力与政府抗衡的，只有结成有机的整体即社会组织，才有可能制约政府的权力。托克维尔说："在我们这个时代，结社自由已成为反对多数专制的一项必要保障。"广泛存在的非营利组织是公民结社自由的重要体现，是制约政府权力的重要力量。非营利组织的有效制约能够使政府权力得以合法行使，政府行为得以规范。

（三）提高公共物品供给效率的需要

非营利组织的发展有利于提高公共物品的供给效率。从 20 世纪 60 年代开始，西方世界出现了公共物品的供给由政府向民间转移的趋势，一些原来由政府承担的实施性、操作性的工作正在逐步由非营利组织来完成。迈克·赫德森指出："公域曾是有效的服务提供者，然而其显而易见的局限使世界各国的政府逐渐将具体的服务管理责任委托出去，学校、医院、大学及其他服务机构不断被要求以独立的、非利润分配团体的形式进行运作，而不是在公共服务的支配下运作。这些团体逐渐发现它们之间必须为争夺资金和服务对象竞争，并不得不使它们的资金来源多样化，以争得政府对它们最高的拨款。当这一切发生时，它们开始变得像独立的非营利团体，最后转移到第三域。"

从现代意义上看，公共物品的供给并不都由政府来承担。在政府功能和市场功能的"空白"领域，甚至在习惯上由政府提供公共物品的领域，非营利组织往往比政府部门有更高的效率。非营利组织的效率既得益于政府的"掌舵"与"划桨"职能的分离，也得益于竞争的市场机制的导入。政府将一部分执行性的工作分离出来交给非营利组织，一方面政府能更好地发挥它"掌舵"的专门职能，另一方面非营利组织的兴起有利于公共服务领域市场竞争的形成，从而提高服务效率。正如德鲁克早就指出的那样：成功的组织是把高层管理和具体操作分开，这样就可以使"高层管理者集中精力进行决策和指导"。

（四）扩充就业渠道的需要

我国目前正面临着前所未有的就业压力：一方面，城镇人口的失业率在 8% 以上，农村劳动力有 1/3 是剩余劳动力；另一方面，我国经济增长的就业弹性九十年代以来急剧下降。如果按照传统思路，中国的就业问题几乎是一个没有解的难题。发展非营利组织则成为"山重水复疑无路，柳暗花明又一村"中的那个"又一村"。在美国，非营利组织的受薪人员有 1000 多万，非营利组织成为美国解决就业问题的不可缺少的领域。若在我国，非营利组织则可提供几千万人的就业。

非营利组织活跃在教育科研、文化娱乐、医疗卫生、社会服务、环境保护、慈善机构等社会广大领域，数量之多，规模之大，拓宽了就业渠道，缓解了就业压力。对我国来说，解决政府机构改革中的人员分流难题可以通过发展非营利组织得到缓解和解决。

（五）完善社会保障体制的需要

西方发达国家的社会保障涵盖了社会成员“从摇篮到坟墓”的全过程。我国社会保障的覆盖面小，城乡差别较大，农村的社会保障覆盖率更是偏低。约有4.1亿农村劳动者未纳入社会保障体系。加上城市的2000万人，全国约有4.3亿劳动者没有享受社会保障待遇，也就是说尚有2/3的劳动者处在社会保障的“安全网”之外。

对中国来说，社会保障的一个最大问题是保障资源稀缺。除了中国经济发展水平有待进一步提高之外，主要原因就是整个社会资源分配尚不完全合理。以前，中国政府承担了社会保障的几乎全部责任，但实践却表明，任何一种社会保障制度都不可能单靠政府来支撑。现阶段，建立适合中国国情的社会保障制度或社会安全网，需要动员全社会力量参与，要逐步形成以政府为主导，同时包括企业、社会团体、家庭和个人等多个主体的多元化的社会保障体制。商业保险、捐赠、社会互助和志愿服务应当成为社会安全网的重要组成部分。在完善社会保障制度，维护社会稳定，增强社会的安全系数和对改革的承受力等方面，非营利组织将发挥重要作用。

（六）满足社会多元化需要

随着经济的发展，人们利益逐渐分化，利益格局出现分化，形成各种各样的利益集团。因此，人们对社会公共产品和公共服务的需求越来越高，越来越多样化。面对社会需求和利益格局的多元化趋势，政府很难作出及时恰当的反应，不能满足每一个人的需要。非营利组织的产生和发展本身就是社会需求和利益格局多元化的结果，它支持和体现了社会的自由和多元化价值，能够为特定群体提供所需的公共物品，有效地满足了社会多元化的需求。

（七）培养公民民主精神的需要

非营利组织的发展有利于增强公民的民主意识，培养公民的志愿精神。现代社会，人们的民主自由理念在很大程度上不是靠政治和市场培育的，而是通过参与非营利组织的活动逐步养成的。正如科恩和阿雷托所言，“由于个人是在一个文化传统中成长并参与群体生活，所以他们就内化着价值取向、习得了一般的行动能力并形成了个人认同与社会认同”。人们参与非营利组织的活动使得民主成为人们的生活方式，并融入人们的日常生活中。非营利组织通过运作，能为人们提供参与机会，可以培养社会成员对于国家利益和集体利益的关注，培养他们的服务意识和责任感，弘扬中华民族的优良传统，并提供了一种自我道德教育的有效途径，有助于形成自愿参与的社会风尚。

第二节 我国非营利组织的治理模式

一、利益相关者理论的治理模式

"利益相关者"共同治理模式是公司治理机制长期发展演变的产物。非营利组织在其存在与发展过程中存在所有者缺位、监督机制不健全、不能有效地为社会服务、缺乏公共责任等问题。本文把公司治理的治理模式引入到非营利组织领域，从"利益相关者"共同治理的视角分析了非营利组织的治理结构，构建了非营利组织治理的路径依赖，从制度上提出构建共同治理模式、实施内部利益相关者治理和社会治理的内、外部监督机制，引入独立董事制度，加强信息披露，完善董事会功能等措施。

（一）公司治理的制度概念界定

公司治理概念在国内外存在着多种不同的认识，国内外学者从不同的视角给出了不同的定义。

1."股东至上"的单边治理理论

伯利和米恩斯（Berle and Means，1932）以及詹森和梅克林（Jensen and Meckling，1976）认为公司治理应致力于解决所有者与经营者之间的关系，公司治理的焦点在于使所有者与经营者的利益相一致。法马和詹森（Fama and Jensen，1983）进一步提出，公司治理研究的是所有权与经营权分离情况下的代理人问题，其中心问题是如何降低代理成本。施莱佛和维什尼（Shleifer and Vishny，1997）认为公司治理要处理的是公司的资本供给者如何确保自己可以得到投资回报的途径问题，认为公司治理的中心课题是要保证资本供给者（包括股东和债权人）的利益。上述学者对公司治理内涵的界定偏重于所有者（一般情况下即为股东）的利益，因此他们信奉"股东治理模式"。

2."利益相关者"共同治理理论

科克伦和沃提克（Cochran and Wartick，1988）认为，公司治理要解决的是高级管理人员、股东、董事会和公司的其他相关利益者相互作用产生的诸多特定的问题。布莱尔（1995）认为公司治理是指有关公司控制权或剩余索取权分配的一整套法律、文化和制度性安排，这些安排决定公司的目标，谁拥有公司，如何控制公司，风险和收益如何在公司的一系列组成人员，包括股东、债权人、职工、用户、供应商以及公司所有的社区之间分配等一系列问题。以上学者对公司治理的阐述把利益相关者放在与股东相同的位置上，因而他们提倡"利益相关者治理模式"。

从以上分析可以看出，公司治理是一种合同关系，是随着现代公司所有权与控制权分离而产生，是一种为解决相应出现的代理问题而对根据合同关系配置权、责、利等制度安排，还要应考虑利益相关者的利益，如职工、债权人、供应商、消费者及公司所在的社区等。公司不仅仅是股东的公司，而是一个利益共同体，股权结构呈现多元化，通过利益相关者的内外部智力机制达到共同治理。

（二）从企业治理到非营利组织治理

企业公司治理主要是从权力制衡到决策科学保证公司董事会决策的科学性，使公司各方面的利益相关者利益最大化。对于非营利组织结构如大学、文化社团、专业性的研究机构，其董事层也同样面临着公司治理问题。由于非营利组织内部也存在着代理问题，存在着董事长与执行人员、方案委员会、雇员之间目标不一致，损害各类利益相关者的利益，因而把企业的公司治理机制引入非营利组织，有其现实必要性。在我国企业改革和政府职能转变取得阶段性成果的今天，非营利组织的规范与发展，亟须引起重视。要从根本上克服越轨营利的冲动，也要避免重新沦为政府的附属物，真正贯彻其社会目标、履行共同责任，这些问题的解决最终取决于有效的非营利组织的法人治理结构。

（三）利益相关者在公司治理中的作用机理

1. 利益相关者理论

利益相关者理论（Stakeholder Theory）是 20 世纪 60 年代左右，在美国、英国等长期奉行外部控制型公司治理模式的国家中逐步发展起来的。企业治理结构的本质是一个关于企业所有权的契约，投入企业的不仅仅是股东的物质资本，还有经理人员、职工等人力资本，这些资本的所有者共同拥有企业控制权并分享企业剩余。与传统的“股东至上”的企业理论主要区别在于，该理论认为任何一个公司的发展都离不开各种利益相关者的投入或参与，比如股东、债权人、雇员、消费者、供应商等，企业不仅要为股东利益服务，同时也要保护其他利益相关者的利益。

自 20 世纪 30 年代，就有学者和企业界人士关注企业的利益相关者问题。1963 年由 Stanford Research Institute 首次命名并给出定义后，利益相关者理论得到了众多管理学、企业伦理学、法学和社会学等学科学者的关注，在理论研究和实证检验方面取得很大的发展。美、英、日、德、欧共体（后为欧盟）及一些发展中国家都已开始在立法和判例上考虑利益相关者问题（Donaldson Preston，1995）。弗里曼（Freeman）对利益相关者理论做了较为详细的研究，他认为“利益相关者是能够影响一个组织目标的实现或者能够被组织实现目标过程影响的人”（Freeman，1983）。布莱尔（1996）认为公司应该承认利益相关者的所有权并吸收利益相关者参与公司治理。波特也提出了类似的主张，认为应该鼓励长期职工所有权、鼓励公司董事会具有更广泛的代表性，应该给予主要顾客、供应商、融资顾问、职工和社区代表在董事会中的发言权。

企业本质上是利益相关者缔结的一组合约，其中每个产权主体都向企业投入了专用性资产，构成了“企业剩余”生产的物质基础。一个有效率的企业治理结构在于责权利统一基础上的利益相关者之间的长期合作。

2. 公司治理的利益相关者模式

利益相关者治理模式即利益相关者在公司治理过程中的具体应用。对企业而言，其利益相关者一般可分为三类：资本市场利益相关者（股东和公司资本的主要供应者），产品市场利益相关者（公司主要顾客、供应商、当地社团、工会），以及组织中的利益相关者（所有公司员工，包括管理人员和一般员工）。每个利益相关者群体都希望组织在制定战略决策时能给他们提供优先考虑，以便实现他们的目标，但这些相关者所关注的焦点问题往往存在着很大差别，有时甚至是矛盾的。“股东至上的模型”在公司治理实践中受到人们的质疑，人们要求在公司治理过程中兼顾利益相关者，使企业行为与社会期望一致。传统的方法是通过政府管制或社会调控，然而这两种方式的效果未能达到人们所期待的效果。如何导入利益相关者，使利益相关者渗透入公司治理结构中，成为学术界探讨的一个新问题。

（四）利益相关者——非营利组织治理的路径依赖

路径依赖又译为路径依赖性，它的特定含义是指人类社会中的技术演进或制度变迁均有类似于物理学中的惯性，即一旦进入某一路径（无论是“好”还是“坏”）就可能对这种路径产生依赖。

路径依赖问题首先由保罗·大卫在1985年提出，尔后W. 马兰·阿瑟在此基础上进一步发展，形成了技术演进中的路径依赖的系统思想，后来，道格拉斯·诺斯将前人有关这方面的思想拓展到社会制度变迁领域，从而建立起制度变迁中的路径依赖理论。

公司治理中的路径依赖有两种形式：一种是与初始所有权结构对后来所有权结构的直接影响有关的结构驱动的路径依赖；另一种是起源于初始所有权结构通过治理公司的法律规则对后来的所有权结构产生影响的规则驱动的路径依赖。这里说的规则是指治理公司与投资者、利益相关者和经理人员之间以及他们内部关系的所有法规，不仅包括传统意义上的公司法，而且包括证券法和治理破产，劳工关系及金融机构的法律的相关部分，它们本身是路径依赖的。

利益相关者理论来源于公司治理的研究，是对传统治理理论“股东至上”的补充，该理论认为随着人力资本作用的加强和地位的上升，现代公司治理结构的安排越来越偏离“股东至上”，人力资本所有者在公司治理中发挥着不可忽视的作用。公司治理的中心应该加以拓展，而不仅仅限于股东。因而，对于参与公司治理的所有利益相关者都应拥有明确的公司控制权与收益权。

然而利益相关者的界定，对于非营利组织而言比较困难。一般来说，非营利组织利益相关者一般包括创办的董事、捐助人、管理层和内部职工、服务对象或受益人、政府的主管部门、专业协会、所在社区等等。非营利组织总是面临着众多的利益相关者群体，在某种意义上，每一个群体都拥有“否决权”。如一个中学校长，他必须设法满足教师、学生、校董事会、纳税者、家长和学生的要求。

对于公司治理而言，由于“股东至上”的地位，利益相关者相对而言处于一个从属地位。但由于非营利组织先天的“所有者缺位”或监督主体缺位，如何发挥利益相关者参与组织的治理机制，制度上从“股东至上”的单边治理到“利益相关者”的共同治理，就成为非营利组织治理亟须完善的内容。

1. 构建董事会共同治理模式

从自主治理和共同治理的思想出发，组建利益相关者参与的董事会是完善董事会共同治理的一项重要内容，鼓励利益相关者如捐助人、管理层、内部职工、服务对象或受益人等参与组织的决策。董事会作为非营利机构组织的最高权力机关，必须有一个多元化的机构。董事会的相关利益者的代表坚持市场原则（各利益主体通过市场谈判达成合意契约的原则，各个利益相关者共同拥有组织的所有权），根据谈判达成分配的董事名额，广大职工、管理层和捐助人、服务对象或受益人等利益群体推选自己的董事代表，各个代表对其所代表的利益群体负责，定期向其通报组织的有关信息，这种明确董事会的产生程序以及组成配额有必要在法律或章程中作出明确的规定。同时董事会可以向社会公开选聘非营利性机构的执行人员、审定机构的发展规划、年度工作计划和财务收支专家，监督机构业务和管理活动的合法性。

2. 导入“社会治理”的外部监督机制

对非营利组织的公共责任并不局限于法律或规则的限制与遵守，更重要的是公共利益与公共信任的维持。这种广义的公共责任概念超越了监督控制的技术性公共责任，转而强调非营利组织对其关系人承诺的社会性公共责任，包括对一般公众、新闻媒体、捐助者、董事、志愿者和许许多多的其他利害关系人的责任与义务。非营利组织面对如此多样化的公共责任对象，所涉及的公共责任内容包括了公共信息的揭露、法律与管制的遵守、董事会的监督与信托责任、组织效能、募款伦理与廉洁、对关系人的响应、组织使命的正当性、利益冲突的避免与解决，以及公共资源的管理等等。

对于非营利组织而言，由于其接受了社会捐赠和以税收优惠等形式获得的公益资产，必须向社会公众作出承诺，向公众负责任。对组织关心和与组织有任何利益关联的公众都有权对组织所从事的行为进行监督和检查，强化组织的公共责任。因此，非营利组织没有权力像企业一样拥有自己的“秘密”，它必须向社会公开其财务、活动、管理等方面的信息。一个公益机构需要交代的公共责任应该有：财务责任，即对资金的正常使用的责任；过程责任，即正当的作为和工作程序；项目责任，即对效益负责；优先权责任，即服务对象的相关性和适当性。同时非营利组织要向公众，尤其是利益相关者主动公开有关数据、信息，随时接受查询、质疑。

3. 实施内部利益相关者治理的内部监督机制

由于大多数的非营利组织是建立在一种基于道德和责任感基础上的自我约束，这种约束缺乏连续性和稳定性，其作用十分有限；同时，由于非营利组织的“志愿性”特性，它的志愿服务者往往缺乏专业知识和必要的培训，这就使得非营利组织的活动效率较低；并且作为一个志愿组织，其内部的腐败问题也同样存在，这些现象都在一定程度上使得组织不能极大地发挥其为社会服务的功能，“志愿性”的特点也使得非营利组织的存在没有明确的公共责任，即非营利组织的存在缺乏公共责任的问题，不能保障利益相关者的利益。因此，非营利组织应该完善其内部监督机制，引入组织内部利益相关者（如职工、管理层人员、受益者），参与组织的法人治理，发挥利益相关者的参与职能。在组织内部要建立相应的激励约束制度，对自愿的义务员工实施相应的激励约束。同时，非营利组织在组织内部要避免政府的官僚作风，坚持民主作风，实行民主管理，民主监督，建立透明的财务管理制度。组织内职工是组织的利益相关者，有维护自身利益、关注组织利益、对组织进行监督的权力。非营利组织应该定期及时地向资金捐助机构或是个人、受益者、职工等利益相关群体提供其内部财务资料、工作效果数据。同时非营利组织应该在不断的发展中逐步完善管理机制，真正发挥其“为社会服务”的作用，这样才能不因自身的管理问题导致行为扭曲，以至危害社会。

4. 引入独立董事制度，加强信息披露，完善董事会功能

在非营利组织中，要避免董事会一手遮天的局面，引入独立董事制度，不仅独立于内部管理层，而且能独立于非营利组织的原始捐助人，也可以克服非营利组织的“内部人控制现象”。独立董事的来源可以聘任相关的社会知名人士、咨询公司、律师事务所、会计事务所等，也可以设立专门委员会，如财务、审计委员会、薪酬制定委员会等，由独立董事组成，并且承担额外责任。

经济合作与发展组织（OECD）的《公司治理原则》中包括了有关信息披露的内容，这对于非营利组织也适用。美国对非营利组织进行监督的一个重要手段就是所谓的“公开原则”，联邦法律规定任何人都有权向非营利组织要求查看它们的原始申请文件及前三年的税表，同时人们也可以写信给国税局以了解某非营利组织的财务状况和内部结构。对于那些公益性的非营利组织而言，信息的披露不亚于上市公司。独立董事制度的引入和信息披露的强调，是实施“共同治理”思想的进一步反映。

二、非营利组织分类治理模式

对非营利组织实施分类管理的前提是，政府将现有的所有实体形式分为营利性实体和非营利组织。这就需要我国修订现行法律，全面引入非营利组织这一概念。在实践中，政府对非营利组织必须依照法律进行严格监管，不能因为监管不善而造成营利组织滥用“非营利组织”标签。然后是非营利组织的分类问题，我国政府将非营利组织分为社会团体、民办非企业单位和基金会，社会团体分为学术性团体、行业性团体、专业性团体和联合性团体等四类，民办非企业单位按领域分为教育事业、卫生事业等十类，基金会分为公募基金会和非公募基金会。可以看出，我国政府并没有按照一种一致的逻辑对非营利组织实施分类管理。

在学术界，按照民间化程度，有的学者将非营利组织分为官办、民办、半官半民三类，王名将我国非营利组织分为会员制组织和非会员制组织，会员制组织分为互益型组织和公益型组织，非会员制组织分为运作型组织和实体型社会服务组织。

目前，我国在免税资格认定和政府购买服务的政策制定中，并没有区分这两类组织，而是将二者混淆在一起，没有明确体现出对公共利益组织的倾斜政策。在江苏、长沙和深圳等省市最近颁布的《慈善事业促进条例》中，地方政府对慈善活动和慈善组织进行了界

定，给予慈善组织一定的特殊优惠和政策扶持，并对它们进行严格监管。这种立法思路体现了将慈善组织（即公共利益组织）进行单独管理的思路。但它们是从促进慈善事业发展的角度进行立法，没有在顶层设计上对非营利组织重新进行分类管理。

对于非营利部门的科学分类和政策制定而言，在整体上，首先将我国非营利组织分为“公共利益组织”和“一般非营利组织”（非公共利益组织）比较恰当，这就将“公共利益组织”和“一般非营利组织”区分开。我国将现行的社会团体、民办非企业单位和基金会划分为公共利益组织和一般非营利组织两类，新成立的非营利组织在登记社会团体、民办非企业单位和基金会时，可以选择是否登记为公共利益组织。或者，在财税部门的非营利组织免税资格认定条件中，明确公共利益组织的范围和界定，优先给予公共利益组织税收优惠资格。

三、差别化的扶持和治理模式

在分类管理模式的基础上，我国政府应建立对非营利组织的差别化扶持模式和差别化监管模式。对于一般非营利组织，结合当前的社会组织登记管理体制改革，为了维护公民的结社自由权力，政府应最大幅度地降低它们的登记门槛，使一般非营利组织更容易成立。只要组织满足盈利不被用于分配等最低标准，都可以登记为非营利组织。我国一些地方政府明确了社会组织培育发展的重点，广东省在《关于进一步培育发展和规范管理社会组织的方案》粤发 [2012]7 号中提出，重点培育、优先发展工商经济类、公益慈善类、社会服务类、群众生活类社会组织。深圳在《深圳市社会组织发展规范实施方案（2010—2012 年）》中提出，重点培育工商经济、社会福利、公益慈善类社会组织和社区社会组织，以及非公募基金会。各地政府虽然强调着重发展公共利益组织（慈善组织），但并不是十分明确，也没有理论上的支撑。我国政府应给予公共利益组织更多的支持，在税收优惠、政府购买服务和提供补贴等方面给予特别支持。

与特别支持相对应，政府应对公共利益组织设定更高的登记门槛。在透明度、提交报告和内部治理等方面，对公共利益组织实施更严格的监管措施。政府可以设立单独的公共利益组织监管委员会，对公共利益组织进行登记和实施有效监管。当然，也不是说政府对一般非营利组织没有任何税收优惠、政府购买服务等支持，这种支持应有先后主次之分，在资源有限的情况下，应首先给予公共利益组织。

四、案例分析

（一）PY 义工联概况

1.PY 义工联发展历程

PY 义工联全称为广东省广州市 PY 区义务社会工作联合会，现主管部门是 PY 区民政局和共青团 PY 区委员会。其组织最初源于 PY 团市委办公室的一条名为“友谊中学生”的热线，当时主持接听电话的是 8 名来自不同行业、年龄各异，热心而富有社会责任感的非团委工作人员。1996 年 9 月“PY 市义务社会工作者联合会”成立并召开第一次义工代表大会，标志着PY市义务社会工作正式走上规范轨道。在团市委组织义工工作期间，不少镇（区）和单位在镇团委的协助下也开始利用自身资源在当地组织开展义务服务活动，1997年召开市义工联第二次代表大会时，已有市卫生局、市直属机关及中专学校成立了义工服务组，石楼、灵山等镇成立了镇一级的义工联，开展起各种各样的义务服务活动。

目前，PY义工联已经发展成为形式多样，服务内容丰富的固定组织。截至2018年8月，在册志愿者118117人，较为活跃的志愿者为9万多人，已建成区级义工中心1个，作为志愿者活动策划的“根据地”，区级义工中心设有10个直属部门和16个镇街义工联，10个直属部门按服务职能划分，各司其职，为每一项志愿活动出谋划策。10个直属部门分别是助残部、长者部、环保部、青少年成长部、社区部、人力咨询部、心灵驿站、自由飞翔部、帮扶助学部、乐善探访部，10个直属部门和16个镇街义工联主要提供助残服务、长者服务、环保宣传服务、青少年成长辅助服务、社区服务、心理咨询、帮扶助学等服务。

此外，PY义工联还设置了广州南站地区志愿服务队，提供春运、暑运的客流疏导、道路指引、紧急救护、行李搬运等服务；以及大夫山南门志愿驿站，提供急救医疗、环境保护、集中市民奉献爱心等服务。PY义工联经过22年的发展，义务工作的组织和网络迅速成形，在每次大型的社会公益服务活动取得了规模大、行动快、效果好的良好社会效应，受到社会各界的赞扬。

目前，PY义工联志愿服务力量投入到“城中村”和乡村振兴工作中，在当前社会治理创新和营造共建共治共享社会治理格局中贡献青春力量。对比广州其他各区义工联，PY区义工联成立时间长，组织结构简洁，拥有的志愿服务经验丰富，在社区影响力与知名度更大更广。对比广州各地私人成立的志愿服务队伍，PY义工联的管理体制更为完善，由于隶属PY区团委，因此其社区治理效果更为明显，更能有效挖掘整合社区内外资源，使资源得到最大利用。

2.PY义工联参与农村社区治理模式

PY义工联参与农村社区治理模式有两种，一是各镇街义工联节假日到辖区内入户探访，二是区义工中心定期组织义工到山区帮扶助学。

（1）镇街义工联辖区内探访

PY区各镇街义工联由其辖区内镇团委主管，各镇街根据自己辖区内实际情况和参与志愿活动的人数，设置其部门架构，虽然每个镇街的组织结构不同，但是相同的是，在日常生活中，镇街义工联骨干会紧密联系各居委、村委，由村委、居委提供其社区内特困家庭、孤寡老人名单，义工骨干再根据这些名单进行实地走访，以确定其是否真正需要帮扶。通过实地走访后，对探访对象进行筛选、归类、信息整理，制定日常探访名单，探访名单会根据辖区内实际情况和探访对象的生活质量进行增加、删减。探访名单确定后，义工联便会组织义工开展活动，在周末和节假日对特困家庭、孤寡老人进行家居清洁及探访慰问。例如：镇街义工联会在端午节和中秋节组织义工包粽子、做月饼，包好的粽子和做好的月饼会分发给探访对象，这样既能增进义工之间团结合作的气氛又能让探访对象感受传统节日的气氛。

（2）区义工中心山区帮扶助学

区义工中心每年会组织十余次山区助学活动，助学片区主要是广东省罗定市、阳春市、肇庆市怀集县诗洞镇，广西梧州市苍梧县京南镇以及PY区个别贫困农户。帮扶助学项目于2011年6月启动，主要开展特困家庭青少年学生结对子帮扶助学，提供部分生活学习费用、物资，通过探访调查、每年回访、日常通信等，持续跟进与助学对象的联系，注重引导他们健康快乐成长。截至2017年4月，先后资助学生约300人，已筹措发放助学款约155万元，以及其他捐款捐物约100万元。关于帮扶助学的资金，帮扶助学一部分是助学款，由结对子的资助人来提供；另一部分，就是开展探访活动时采购物资，以及和帮扶对象进行心灵沟通，通信联系等一些费用，简称运营经费，这部分费用是通过社会各界捐款产生的。目前结对子的资助人是超过了在帮扶对象，也就是还有一些人在排队等候参加结对子，而运营经费方面，目前每次开展帮扶活动也是有保障的。总的来说，目前区义工中心开展农村帮扶活动的资金是充足的。

（二）PY义工联参与农村社区治理的困境

1. 沟通障碍

非营利组织在参与农村社区治理中，最基本的互动是交流沟通，沟通障碍的存在成为了政府及非营利组织在农村社区治理工作中的绊脚石，大大降低了农村社区治理效率。

（1）语言障碍

在参与农村治理的过程中，各镇街的志愿者参与自己区域内的农村治理产生的语言障碍主要来源于外来务工人员参与农村社区志愿活动的语言障碍。一方面由于PY区地处珠三角，而珠三角及周边的居民多数使用粤语，PY区区域内需要帮扶的农村社区居民多为孤寡老人、生活困难的残疾人以及孤儿，其生活环境接触的语言普遍为粤语，而外来务工者多数为省外人员，大多数并不会十分流畅地进行粤语交流，再加上广东人潜移默化对外地人的排斥，使得外来务工者参与当地农村治理在语言交流上形成一定的障碍，而为了避免语言障碍而产生矛盾，志愿者骨干在探访分工上需要多下功夫，形成每个探访组“当地人＋外地人”的搭配。

而区义工中心到山区帮扶助学，语言障碍也是一个比较重要的问题，虽然PY区和粤西山区同属广东省，但是由于地域不同且相隔较远，志愿者们到山区帮扶助学仍然需要当地政府工作人员或当地热心志愿者充当“翻译”。但是，由于PY义工联作为外来帮扶者，而帮扶对象是当地人，再加上“翻译”为当地政府工作人员或当地热心志愿者，难免会出现信息失真的情况。

（2）文化差异障碍

强化农村文化硬件基础设施是文化工作的保障，PY义工联以往参与农村治理时发现，由于PY区地处珠三角经济较发达区域，其农村文化硬件设备也较为完善，一般各村配置的办公设备、娱乐设备、教学设备比较齐全，村民也能享受这些设备带来的便利和文化水平的提高，因此由于文化硬件设备缺失带来的文化差异障碍表征不太明显。但是志愿者到粤西山区扶贫助学，当地的文化硬件基础设施几乎没有。

参与农村社区治理的非营利组织，一般是经济支持较为充足、组织人员科学文化水平较高、服务技能较为娴熟，如上所述，由于农村文化硬件基础设施的缺失，继而导致了农村文化生活、文化服务及社会主义核心价值体系的缺失，种种的文化差异一环扣一环，影响着农村居民的精神文化建设。

（3）农村社区居民身心健康障碍

农村帮扶对象多为残疾人、独居老人及孤儿或单亲留守儿童（以下简称弱势群体），残疾人必然是身体残疾，而独居老人和孤儿由于其特殊的生活环境，普遍存在心理问题，独居老人由于年老而没有赡养，多数表现为较暴躁或蛮横，而孤儿或单亲留守儿童由于从小缺失父爱、母爱，普遍表现为孤僻，自闭。

（4）其他沟通障碍

有被调查者认为在参与农村治理中还存在其他沟通障碍，这主要表现为一些非营利组织一年才组织一到两次农村帮扶活动，没有进行持续性跟踪，因此在下一次到本区域进行农村帮扶时就产生了时效性的沟通障碍。

2. 信任缺失

信任是一种依赖关系，是人与人之间稳定交往的基本机制，主体和主体之间获得信任，才能维持持续良性关系。而信任一旦缺失，则意味着这种肯定性关系被打破，其交往目的和道德权威失效。在农村治理中，治理对象是农村社区居民，但治理主体却不是单一的，治理对象对治理主体不信任，治理就变得毫无意义，毕竟治理的目的在于提高治理对象的生活质量。

（1）对非营利组织的信任缺失

由于非营利组织具有非营利性、志愿性、民间性、服务性和专业性，这就要求了其健康可持续性发展必须要依赖公众信任，也是因为其特殊属性，再加上国内复杂多变的社会环境，让农村社区居民对全民性活动进行抵触，社会公益活动难以深入民心，很多农民都认为非营利组织参与农村治理服务只是政府官员为讨好农民而进行的过场表演，再加上慈善组织的负面新闻影响，社会对非营利组织的认同度大幅下降。在 PY 义工联对农村社区贫困家庭及孤寡老人探访中就能发现，服务对象把志愿者的帮扶服务理解为仅仅是政府对其的物质补助，但实质上，PY 义工联在资金充足的时候对服务对象有一定的物质补助以帮助服务对象维持基本生活需要，在日常探访帮扶中，更多的是与服务对象进行沟通，开解服务对象，和孤寡老人谈心让他们精神有所寄托，对有劳动能力的服务对象进行鼓励就业或帮助就业等。非营利组织能帮助政府进行农村社区治理，改善农村社区人文环境，不仅需要政府、社会及企业的广泛支持，更需要农村治理对象的理解和体谅，没有了农民的信任及参与，非营利组织农村帮扶工作不可能深入及长期参与到农村社区治理中。

（2）对基层政权的信任缺失

与农村社区居民接触最广的是基层政府，也就是村委及镇政府，而农民对基层政权的不信任，究其原因，主要在于当前中国处于新型农村社区发展转变期，基层政权执政能力弱化、部分农村地区依然受封建思想、迷信思想的毒害，观念陈旧，生活颓靡，使得基层干部作风漂浮，形式主义泛滥，不是不作为就是乱作为。而农民生活环境落后、交通不便、外界信息接收闭塞或不完整等客观因素造成了其与社会发展脱节，只关注自身利益，当自身微小利益受到侵害时便产生怨气甚至出现过激行为。基层政权与农民的两者碰壁导致了信任缺失，而这两者信任缺失，遭殃的是帮助农村治理的非营利组织及其组织成员，在参与帮扶的过程中，志愿者充当了“受气包”和调节者的作用，不少帮扶对象会把对基层政权的怨气全部发泄在志愿者身上，部分志愿者心理素质佳，则成为怨气调节者，缓解矛盾；部分志愿者心理素质薄弱，则引发二次矛盾。

（3）对帮扶人的信任缺失

不同于对非营利组织和基层政权的信任缺失，帮扶对象对帮扶人的缺失是个体与个体之间产生的信任缺失。帮扶人是帮扶对象的直接接触者，是农村治理的直接参与者，农村居民对志愿者不信任主要还是来源于对非营利组织和基层政权的不信任。志愿者结对帮扶对象的帮助，是信息的传达者或物资的分派员，帮扶对象想要获得更好的资源最重要还是依靠自治。若两者这种道德约束力缺失，对帮扶人而言，是服务积极性的挫败，对帮扶对象而言，是信息渠道的断裂和物质的缺失。

（4）其他信任缺失

在实际帮扶活动以及调查报告的客观题能反映出，除了上述信任危机外，还有一种更为“致命”的信任缺失，那就是基层政权与非营利组织的信任缺失，这主要表现为部分基层干部的不老实导致非营利组织农村帮扶服务错位。中国传统文化思想的影响使得国人凡事讲求亲缘关系，几乎所有的利益输送都是通过或深或浅的亲缘关系完成。农村由于其特殊的地理环境和居住形式，其家族、宗族、氏族群体地缘关系和亲戚血缘关系情感依赖性较强烈，非营利组织在参与农村社区治理时或多或少会进行一定的物质帮助，因为有物质帮助，也因为某些政府官员、村干部社会责任意识淡薄，唯利是图观念浓厚，认为有利益必须要算上家里人一份，因而导致了村委提供的帮扶对象名单可能并不是实际需要帮扶的农村居民。

（三）非营利组织参与社区管理创新模式

1. 推进非营利组织多元化整合

当前新型农村社区建设的背景下，农村社区治理不能再单单依靠政府部门单一管理，像城市社区一样，农村社区也要顺应社会的发展和公共服务市场化的趋势，不仅依靠政府的监管，更要借助社会组织优势和企业资源参与到社区治理中，形成村民自治为主、多元共治为辅的格局。

（1）与政府整合，推动法规政策细化

1）推动法规政策的细化与落实法制的健全是影响非营利组织最重要的外部因素

①加大政策宣传力度。

通过社区滚动屏幕，相关部门微信公众号，志愿团体，慈善团体微信公众号、横幅等对政策重要字句进行宣传和解读，通过广泛宣传让非营利组织、社区成员、基层党政机关、村居委知晓及了解，特别是农村社区，农村社区信息闭塞，需要一级一级往下传达，才能起到文化感染的效果，只有通过社区成员最贴近生活的媒体渠道进行宣传才能保证宣传效果。

②结合当地实际制定实施细则。

地理环境不同、政治环境不同，社会文化氛围不同，每个地区都有每个地区的文化特征，政策的内容是普遍性的，但是真正落到实处，就需要各个地区根据自己地区的实际情况制定相应的实施细则，推动非营利组织和政府基层落实落细，把政策真正落实到社会服务工作的具体实践中。

③政策反馈。

政策的制定在于指导和规范某一个体或组织解决公共问题，达成公共目标，实现公共利益，但是政策的内容可能会出现与实际情况有冲突或有出入的情况，达不到原先的目标，要实现公共利益最大化，就只能通过实践和群众对政策的反馈情况对政策内容不断调整、不断创新，增强政策的时效性和适应性。

2）推动地方政府建立问题反馈机制

政府各部门对志愿者反映的农村社区问题进行推搪或敷衍了事，而志愿者自身又没有权力去处理农村社区出现的情况，究其原因都在于没有建立相应的问题反馈机制。非营利组织深入基层了解社区成员的情况，总会发现一些政府所发现不到的问题，而非营利组织作为非政府组织，对于一些问题没有权力、能力去进行解决，这就需要基层政府建立问题反馈机制，对非营利组织反映的治理问题进行及时的跟踪、了解，并按问题进行归纳分类，反馈给相关职能部门或村委进行解决，才能看到显著的农村社区治理成效。

（2）与村委整合，增强社区居民认同感

基层政权在国家政权结构中处于最底层位置，正是因为其最底层，相比起中央政权和中层政权，它是接触群众面最广、接触群众数量最多的政权，在农村社区治理中，基层政权即村委，是最直接管理者，把握好村委和非营利组织的良性关系才能使农村社区治理公共目标实现利益最大化。由于村委是农村社区的威望主体，社区建设始终离不开村委的审核、管理、监督，非营利组织要参与农村社区治理，就需要与村委整合，在农村治理时，有农村两委工作人员，能降低农村社区居民对非营利组织的排斥感、增强社区居民的认同感。

此外，村委要非营利组织帮助其进行社区治理以及取得农村社区居民的信任，首先，要对本社区的建设和发展作出宏观指导，并做社区治理的排头兵，为非营利组织开路，对一些威胁到社区发展的违规违法行为进行制止、排除威胁农村社区稳定的隐患，非营利组织才能更好地投身于农村社区治理中。其次，村委应开发和合理配置社区内的资源，大多数非营利组织资金不足，在社区治理中会出现供不所需的情况，这时候村委就要发挥其“管家”的作用，合理配置资源，为非营利组织提供一定的资金或物质保障，不仅能提高自身的公信力，与社区居民建立信任关系，更能提高非营利组织参与社区治理的积极性。

此外，村委作为拥有农村社区资源、社会组织资料、企业资料的中间媒体，可建立对接平台，提供贫困村许愿、社会组织和企业爱心认领、愿望达成的服务。

（3）与企业整合，保障物资人力供给

企业是社区治理的主体之一，与政府部门和非营利组织相比，企业的财力资源、物质资源、人力资源更为丰富，且这些资源能很好地弥补非营利组织的资源缺失，帮助农村社区治理。以 PY 义工联为例，在端午、中秋、冬至、春节这些中国传统节日时，都会联系当地热心的企业单位进行恒常探访，企业员工与义工一起到农村社区进行探访，不仅为义工联提供探访物资，更能在分组时补充人力，增加探访效率。

从企业利益上看，既能提升企业品牌影响力又能向社会奉献爱心；从非营利组织角度和社区治理宏观角度看，企业为非营利组织提供发展资金和帮扶物资，既发展壮大了非营利组织，又保障了社区治理的物资、人力供给。此外，企业在与非营利组织参与农村帮扶活动的过程中，学习了帮扶农村社区居民的知识和技能，从一定程度上，非营利组织与企业整合带动了企业 + 农户、企业 + 政府对口帮扶村的模式，而这两种模式其实也正是农村社区治理的新模式。

以广州市为例，由于广州市是中国的一线城市，经济发展迅速，经济水平相比于其他城市较高，为响应“先富带动后富”的方针政策，自 2016 年 4 月起，广州市承担对口帮扶梅州市、清远市共 477 个相对贫困村。为完成精准扶贫精准脱贫任务，企业可通过联系当地相关的政府职能部门，为贫困村奉献爱心，也可以利用贫困村区位优势和资源条件由政府带动，帮助扶贫村发展集体经济，通过“企业 + 农户”“企业 + 基地”模式发展特色农业产业体系，既能带动扶贫村经济发展，又能在一定程度上增加企业盈利，实现“双赢”。此外，由于企业帮助了政府部门完成了扶贫工作指标，在企业建设发展的道路上，地方政府一般会为此企业提供政策便利。

（4）与社会整合，完善志愿行为管理

随着九年义务教育的普及以及电子产品的快速发展，中国公民的科学文化素质和思想道德普遍提高，要促进全民积极参与志愿服务活动，光靠志愿意识提升还远远不够，要把志愿意识真正落实到社会实践中，才是“全民志愿”的关键。

2. 加强非营利组织内部建设

要提高社会公信力，非营利组织的服务质量和内部建设是最关键因素，如果一个组织的内部人员素质低、服务质量差，必然给社区成员留下坏印象，当这个组织参与社区治理的时候，社区成员就不相信这个组织，拒绝它的任何服务。非营利组织要可持续发展，继续为农村社区服务，就需要把内部建设好，保证自身的服务质量。

（1）品牌建设形成竞争力

品牌是公众对一个组织的文化价值评价和认知，打造品牌建设，是一个组织提高社会公信力的途径，非营利组织的品牌建设，不仅是组织的形象提升，也是吸引公益资金的手段。非营利组织要提升自己的品牌形象，除了依靠政府对慈善行为的大力弘扬，更重要的是要依靠组织自身规范化管理，促进服务能力提升，形成良好的社会口碑。

品牌打造要落实到帮扶实践中，特别是农村社区，其排外性较强，要让非营利组织在此社区立足，需要通过显著的活动成效以及在帮扶服务开展时潜移默化的宣传来提高村民对自身的信任。同时也可以横幅、宣传车等途径对自身服务先进事迹和服务成效进行介绍和宣传，稳定社区成员对慈善组织的信心。充足的经费支持和物资保障是非营利组织开展服务的基础，要统筹资金，合理安排，有效使用才能使非营利组织拥有长盛不衰的活力。

（2）技能建设扩充服务队伍

非营利组织在农村社区治理产生实效，需要其不断提升服务技能，增强业务能力，顺应农村发展多变的需求。

1）适当提高市民加入非营利组织的门槛

门槛过低，会导致组织总体素质低，从而影响农村治理服务质量，适当提高门槛，会将思想道德水平较低以及只加入非营利组织而不参与服务的人员过滤，从源头上整体提高非营利组织的思想道德水平，减少组织内部“闲置人员”的人数，保证组织人员的专业技术素质。

2）鼓励具有专业技术的市民加入志愿组织

鼓励专业技术人员加入志愿组织，如法律专业技术人员、讲师、心理咨询师、医护人员等，对这些人员提供一定补贴，鼓励其参与农村社区治理服务，专业技术人员的加入，有利于带动整个志愿组织学习专业技能知识。此外，通过上述专业技术志愿者对志愿组织内部各人员进行定期的专业培训，从总体上提升志愿者技能，拓展志愿服务领域，满足农村社区成员多样性需求。

3）建立健全的评估激励制度

每次活动结束后对参与活动的组织成员的行为提供反馈，通过自评和他评对每位组织成员的优点和缺点进行记录和评价。定期对有突出贡献，积极参与服务的组织成员进行物质上或精神上的奖励，提高组织成员参与农村治理活动的积极性，让组织更有活力，把正能量带给农村社区居民。

4）对组织成员的人身安全和心理健康提供保护

人身安全是开展各项活动和服务的首要前提，任何活动都具有一定的风险，况且组织成员在参与农村社区治理时要面对和处理的往往都是较为危险和困难的社会问题，组织应提供专业的安全培训，以应对突发情况，避免不必要的人身伤害或心理创伤。

（3）创新建设推进组织发展

创新是人类主观能动性提升的表现，一个组织要不被社会摈弃就需要不断创新，跟上社会进步的步伐。

1）依靠新科技提高信息处理能力

目前，手机越来越普及，在中国，几乎人人都拥有手机，而手机软件更是繁多，其中，微博、支付宝、微信是政府、企业、非营利组织最常使用的用于发布官方消息及接收消息的APP。因此，非营利组织应及时适应宏观环境的变化，作出机动改变，运用最新的信息平台和管理系统改造业务操作流程，实现与市民互动的无缝对接，提高组织信息化处理能力及管理水平。

2）借鉴国外非营利组织先进的管理经验

与国外非营利组织相比较，最值得国内非营利组织学习的是内部监管制度。在中国，非营利组织负面新闻频频出现在公众面前，除了政府监管不到位，还在于非营利组织自身组织结构不合理，缺乏自律机制。在内部监管方面，可借鉴美国的第三方评估机构。美国全国慈善信息局是民办的最大的公益组织评估机构，定期对公益组织进行评估，公布达到其评估标准的公益机构名单，其评估结果得到政府和社会的普遍认可。对社会公布这样的调查，实际上起到了监督社会捐赠的作用，也起到了对公益机构优胜劣汰的作用。依靠第三方评估机构，专业人员定期对非营利组织人员管理，财务管理等进行评估，使非营利组织有危机意识，促进非营利组织健康发展，同时也能提升公众对非营利组织的好感度。

第三节 我国非营利组织治理存在的问题及原因分析

一、我国非营利组织内部控制存在的问题及原因

非营利组织的影响力是所有公益事业组织的生命线。如果要改善该组织作为价值产业的属性，就需要通过提高社会公信力，使非营利组织能够发挥最大效能解决社会问题。但在非营利组织经营过程中，各种经营管理弊端显露出来，甚至引发严重社会信任危机。

（一）内部控制环境薄弱

1.组织内部人员内部控制观念淡薄

现阶段，内部控制的具体规范在企业内部不断实施，并且收效甚大。但是在非营利组织中，管理者却一直认为非营利组织内部控制的构建缺乏相关的规范指引，所以现实操作力度不足。对于有些非营利组织的管理者，他们是以委托人的身份管理组织并为公众服务，对于非营利组织的资产却没有处分权和收益权。同时由于非营利组织缺乏市场的驱动性，管理者只需要保留正常的运营模式而不需要创新和改变，因此对于改善组织的运营管理以及内部控制制度构建方面的积极性不高，没有有效的风险事项应急机制。

2.非营利组织的组织结构不完善

非营利组织虽然不像企业一样以追求利润为目标，但是同样要以提高经营的效率和效果为目标，所以非营利组织应该学习现代公司的制度要求，建立由决策层、监事层、经营领导层、员工组成的公司治理结构，并需要进一步致力于内部结构的紧密性，优化组织结构。

治理结构框架要求董事会对公司作出战略性指导并有效地监督经营管理人员，确保董事会对公司和股东负责。在非营利组织中，决策层和管理层通常和政府有密切的关系，甚至在对公众影响较大的组织中，由政府部门直接指定，政府对非营利组织的董事长、董事或管理人员的选聘并不是以管理才能与专业水平为主要标准。清华大学NGO研究所的

研究发现："在我国的NGO组织中，根据组织的章程民主选举产生的管理干部比例低于30%。而在NGO中已经上任的干部中近2/3的人员，一部分直接由业务主管部门派遣，一部分由组织负责人提名并经过主管部门批准。因此，在我国，大量NGO组织缺乏独立的人事任免权。"有些管理者并不懂得经营管理技术，对于组织的运作管理缺乏经验；或者是有些管理者集所有职务于一身，从决策审核到执行身兼数职，这就为组织内部出现舞弊现象提供机会。监事会是组织中的监管机构，对组织业务的执行情况进行监督和控制，是公司组织机构的重要组成部分。然而在大多数非营利组织中，监事会的作用微乎其微，在地方性的组织中甚至不设立监事一职，并且许多监事会成员专业水平较低，根本无法胜任监事工作。

3. 人力资源管理制度存在缺陷

人力资源管理是内部控制有效的关键因素，组织需要保证所有成员具有一定的专业水平、基本的诚信和道德价值观以及良好的专业素养。鉴于非营利组织为社会提供特殊的公共服务，组织成员的素质高低对非营利组织的发展尤为重要。

非营利组织应该根据组织的宗旨将专业胜任能力与职业道德修养作为重要的聘任标准，任用适当的人员。企业的人力资源政策直接影响每一位成员的业绩和表现，如果组织所有成员都具有一定水准的诚信、道德观和专业能力，并且能够全面地运用到组织中，对高效地贯彻和执行内部控制有很大的帮助。

（二）非营利组织缺乏风险评估和应急机制

随着非营利组织规模的扩大，资金在社会范围内筹集与分配的范围和数量也逐渐增多，这使得非营利组织开始出现商业化发展的现象，而且在红十字会组织中尤其严重。这种商业化意味着要与市场相结合，而市场往往都是有风险的，这些风险都必须加以评估。风险评估就是针对组织运营过程中可能存在的风险进行分析，按照风险的重要程度确定控制的关键点，这是提高内部控制效率的关键。多数非营利组织仅看到了商业运作带来的资金优势，却忽视了其中的运营风险。

对内外环境的变化缺乏足够的警惕，对于环境变化缺少一套风险预警和防范系统。非营利组织管理层对内外环境的变化缺乏认识，特别是对当今市场越来越激烈的竞争态势没有足够的重视。面对不断变化的内外环境，非营利组织针对可能存在的风险如何采取适当的措施加以应对，在这方面他们并没有做任何准备。此外，盲目投资、盲目举债是非营利组织无视风险的又一表现。

（三）非营利组织的具体业务流程存在漏洞

1. 职务设置存在冲突

不相容的职务如果都集中于一人，错误或舞弊的发生可能性就会在很大程度增加。非营利组织的正常的运营活动包括计划、授权、核准、执行、记录等程序，若每个流程都有相对独立的部门实施，形成相互制衡机制，这样能够使内控制度有效执行。非营利组织中由于治理结构存在一定缺陷，在职位的设置上对于独立性缺乏考虑，使得职务设置存在冲突的现象。由于非营利组织规模大小不一，处于基层的组织由于业务简单，有些工作人员身兼数职、一手操办。

2. 授权审批制度不完善

组织在建立及完善内部控制时必须实施授权批准控制，这就要求各部门以“各尽其位、各执其责”为原则，明确规定工作的授权批准范围、权限、程序、责任等内容。各管理层必须在授权范围内行使自己的权力，避免越权审批和推卸责任。在非营利组织中，由于缺乏外部的监管，对于组织中的授权审批范围、层次、责任、程序等方面没有专门的授权批准体系，经常出现滥用职权审批的情况。

3. 财产保护疏于管理

内部控制基本规范规定，“财产保护控制要求企业建立日常管理制度和定期清查制度，采取财产记录、实物保管、定期盘点、账实核对等措施，确保财产的安全完整”。对于非营利组织中的各类慈善机构，他们的资产主要是来自于社会的捐赠，所以需要建立严格的财产价值和实物的控制制度。经过调查发现组织对于财产的控制方面存在许多问题：在存货与固定资产管理方面，缺乏定期对存货盘点和监督制度，对于存货的盘盈盘亏处理不及时，有些组织不存在定期的财产价值评估制度，使得资产的实际质量与账面反映严重不相符合。

在汶川地震期间，市民捐赠物资很多，以至于没有安排足够的地方存放，管理人员情急之下临时租借场地用于存放物资，由于没有专业人员管理，导致一些物资流失。也有些公立医院对于大型医疗设备的购进缺乏可行性分析，盲目购进，造成医疗设备长期闲置，再加之组织缺乏固定资产减值测试程序，使得有些设备使用价值丧失。

4. 预算控制不足

“预算管理是非营利组织财务管理的核心，是内部控制制度和管理控制系统的重要组成部分”。对于非营利组织，科学全面地预算管理体系是提高组织财产利用效率和效果的重要手段。但是很多组织管理层对于预算不够重视，上下级之间缺乏必要的沟通，使得预算的编制和组织实际的执行不相符。预算职能部门对于预算编制缺乏积极性，而且在预算编制时对于信息准备不充分。正是由于组织预算监督力度不足，甚至有些组织随意改动预算指标、提高费用标准，预算和分配执行行为不受严格约束，最终预算编制失去原本的效用。

（四）信息系统不完善、信息透明度低

无论是西方国家还是中国，都会面临扩大公信力影响范围的问题。要提高非营利组织在社会上的认可度，就必须向公众证明非营利组织积累的资金都会合理运用，并且为社会创造福利。信息披露制度的改善将会在很大程度上提高非营利组织的社会公信力，实现非营利组织公开透明的重要途径就是要将财务及非财务信息全面公开，同时在信息时代建立完善的信息管理系统。目前我国的非营利组织在不断提高信息的公开透明度，但依然问题重重。

此外，在欧美国家，事务所等中介机构是作为披露非营利组织信息的重要补充，甚至已经建立了责任赔偿制度。根据清华大学NGO研究所调查显示，年终经过专业的注册审计部门审计的非营利组织不足15%，如表6-1所示，可见非营利组织的财务信息披露方式需要进一步改革。

表6-1 非营利组织的财务信息披露方式

非营利组织的财务报告审计状况	
类型	比例（%）
每年年终编制年度财务报告，但无严格审计	10.9
每年年终编制年度财务报告，有内部审计	50.4
每年年终编制年度财务报告，通过注册会计师审计	14.7
无特殊情况，不编制年度财务报告	10.5
其他	4.1
无回答	9.4

（五）非营利组织内部控制监督体制不健全

为保证内部控制体系运行的持续有效性，内部控制的主管部门针对内部控制运行的有效性在组织内定期或不定期进行检查和综合评价。最常见的内部审计机构是审计委员会和内部审计部门，任何组织都需要设立独立的内部审计机构，或者将二者结合起来。但是我国许多非营利组织不单设内部审计部门，即便是设立，对于持续监督或者专项评估也很少进行，大部分审计流程流于纸面而得不到实际的执行。部分非营利组织的审计委员会是由组织内部的管理层兼任，并将该部门设置于行政管理部门之下，这将严重影响审计监督的独立性，也助长了部分工作人员凌驾于管理层之上的气焰。

在红十字会组织中没有设立审计委员会，审计督查部门为总会机关下设部门，负责日常工会内部审计工作，在一定程度上削弱了审计工作的独立性。其次，内部审计人员需要较强的内部审计专业知识，能够熟练开展审计业务。实际上组织中内部审计人员的素质不高，业务与技能比较单一，他们普遍重视账面上的财务数据，而对于账外的经济业务的实质缺乏敏感性。对于管理部门下设内部审计稽查部门的人员，更是缺乏动力和职业素质去独立从事内部审计工作，而是顺应上级机关的安排。对于发现的违章、违规问题往往不能及时处理，经营中潜在的问题也不能及时发现并采取有效的措施解决，尤其对财务预算编制或执行情况的跟踪反馈来看，更没有有效的监督。此外，非营利组织属于为社会服务的大众组织，社会舆论的力量和社会关注度都高于其他组织，所以外部监督机制的建立是改善非营利组织内部控制机制的重要途径。

（六）非营利组织内部控制的融资问题

1. 非营利组织的融资困境

尽管近年来我国的非营利组织规模不断壮大，但是，有很多组织的融资活动存在较大的难题。很多非营利组织由于融资资金匮乏，无法维持正常的经营活动，也无法开展相应的公益性活动，以下总结了影响融资活动开展的主要因素。

（1）融资结构不合理，自创收入比例低

我国大多数的非营利组织融资结构不合理，主要依靠捐款进行融资，其他融资方式还有待进一步完善，导致融资资金相对不稳定。2018 年，我国非营利组织的自创收入占比只有 21.46%，我国非营利组织的融资资金受到外界经济环境的深刻影响。2017 年，非营利组织的捐赠收入占比为 80.52%，但到了 2018 年，占比却下降到 73%，这是由于外界的经济危机影响了捐赠企业的收入情况，进而影响了捐赠规模。在 2018 年开展的房地产慈善之夜活动中，人口福利基金会只募集到了 100 万元的善款，捐赠力度远远不足。

（2）缺乏资金运作能力，闲置资金难以增值

非营利组织在开展融资活动的过程中，通过捐赠、补贴等方式吸纳相应的社会资金，再通过开展公益活动将善款分享给更多的受益者，如果能够充分地利用这个时间差开展相应的投资活动，就能实现资本效益的最大化，为融资提供相应的支持。但是，我国的非营利组织投资收益能力相对有限。2018 年，非营利组织的投资性收益占比只有 5.14%。原因包括：首先，非营利组织的思想过于保守，没有充分体现组织的盈利能力；其次，大多数的非营利组织将全部的资金用于公益活动，如果用于投资会提高资本的风险性，为了降低风险，只能选择保守的方式管理资金；最后，由于大多数的非营利组织缺乏专业性的投资人才，无法做出科学有效的投资决策，投资盈利能力相对欠缺。

（3）慈善捐款规模占 GDP 的比重过低

通过对慈善捐款在国民经济收入总值当中的占比情况进行研究，可以发现，2018 年，我国的慈善捐款在国民经济收入总值中的占比只有 0.01%，相较于很多发达国家而言，我国的慈善捐款规模较小。相关调查显示，美国的该比例达到了 2.2%，而英国和加拿大的该项比例达到了 0.88 和 0.7。所以，我国的慈善捐款规模还有待进一步扩大。

（4）国内自然人的捐赠比重不高

我国非营利组织融资的主要来源为捐赠活动，但是，我国的自然人捐赠比重相对较低，在很多发达国家中，个人捐赠的比重最高可达八成，通过对我国自然人的捐赠情况进行调查可以发现，我国的自然人捐赠金额从 2017 年的 73.41 亿元下降到 2018 年的 52.54 亿元。我国的自然人捐赠比重相较于很多发达国家远远不足，使得我国的捐赠事业缺乏发展活力，严重限制了非营利组织融资活动的进一步开展。

2. 造成非营利组织融资困境的原因

（1）缺乏优秀的专业人才

对于非营利组织来说，如果想要和市场中众多的营利组织一样实现长远的发展，一定要在其内部形成相对完善的管理运行机制。但目前市场中绝大多数的非营利组织，都没有重视专业的融资团队对于整个组织发展的重要性。对相关数据进行调查之后发现，我国有 50% 左右的非营利组织没有兼职人员，甚至有将近 7% 的非营利组织没有专职人员，另外，还有将近 35% 的非营利组织没有志愿者。

通常情况下，市场中的营利组织都会在经营生产的过程中获得经济效益，因此，这样的组织通常都会招聘到更多优秀的人才，相比之下，非营利组织中的工作人员以志愿者的

身份加入到非营利组织的工作中，报酬有限使得他们只从事这方面的工作，所以，导致非营利组织在发展过程中始终没有强大的动力支撑，能够为社会所提供的服务质量得不到保证。在非营利组织中，全部的资产属于公益法人，所以，非营利组织在招聘工作人员时无法为具有专业能力的优秀人才提供更多的收入，很多专业人才更倾向于选择业绩比较好的营利性组织。

（2）缺乏绩效评估机制

公众更希望看到这些非营利组织在经营过程中的绩效评估报告，但由于其特殊性，使得该项工作的进展并不容易，使民众对市场中的非营利组织产生怀疑，这些组织获得资金更加困难。从法律角度来说，我国并没有建立相对完善的制度对非营利组织进行管理。《中国慈善透明度报告》中的相关数据显示，在接受调查的非营利组织中，只有 1/4 的非营利组织会主动对外公开自己的各项信息，但对于大众所关心的财务信息公开甚少。因此，在非营利组织经营的过程中时常出现工作人员徇私舞弊的行为。

（3）缺乏创新动力

对于任何一个组织来说，如果想要实现长久的发展，一定要增强自身的创新能力，对于非营利组织来说也是这样。但由于非营利组织经营的特殊性，无法像营利组织一样在日常经营的过程中通过各方面的创新实现自身的发展，尤其是在资金方面。对于非营利组织来说，在选择投资项目的过程中也会对其面临的风险进行充分的考虑，确保将风险降到最低。很多非营利组织在日常经营的过程中始终不能引入新的融资理念，很多融资手段都无法和当今社会的发展相适应，因此，融资情况并不乐观。

（4）对商业化融资的理念认识不足

很多人认为，非营利组织不能以营利为目的从事相关的商业经营活动，如果主动面向社会进行经营性以及投资性的融资，那么就不属于非营利性组织。Silamon 在其理论中已经对非营利组织的资产所有者进行了阐述，根据其理论，非营利组织的经营者可以通过参加特定形式的经营活动实现利润的增加，但是，这一部分利润只能用于组织慈善事业的开展。在当今社会中，如果非营利组织想要实现长远的发展，仅依赖政府是远远不够的，必须通过一定的商业经营丰富自身的融资渠道。

二、非营利组织外部控制存在的问题及原因

外部环境是指非营利组织得以生存发展的环境，包括外部体制环境、外部监督环境、法律环境、社会环境。

（一）外部限制性政策

作为第三部门的代表，非营利组织是西方制度背景下的产物，它代表着公、私领域二元建构基础上的一种社会中介组织与机制，作为一种新兴的组织和机制，非营利组织在我国被众多学者称为建构市民社会的重要力量，然而非营利组织本身也是一定社会结构的产物，它的任何建构都离不开它自己被建构的环境。转型时期我国非营利组织产生的社会背

景与西方发达国家有着明显的差异，我国非营利组织的产生过程与社会转型过程紧密相连。西方非营利组织的发展有较长的历史，总体上是一个权力分化与制衡的过程；我国非营利组织的兴起是在经历了“总体性社会”的国家与社会高度合一的状态后，为应对“总体性社会”带来的体制危机，随着政府职能的转变而逐渐释放出社会空间，政府主动推动的国家与社会关系的重塑过程。我国的“政府主导型改革”决定了非营利组织的发展初期将与政府有着更多的共性，这样在非营利组织的发展过程中，容易受到政府体制方面的问题，对于非营利组织的自治性构成严重的威胁。

1. 严格的准入制度

我国政府对非营利组织采取严格的准入制度。非营利组织要想在民政部门正式登记，首先必须经业务主管单位审查同意，其次要具备以下六个条件。

①有 50 个以上的个人会员或者 30 个以上的单位会员；个人会员、单位会员混合组成的，会员总数不得少于 50 个。

②有规范的名称和相应的组织机构。

③有固定的住所。

④有与其业务活动相适应的专职工作人员。

⑤有合法的资产和经费来源，全国性的社会团体有 10 万元以上活动资金，地方性的社会团体和跨行政区域的社会团体有 3 万元以上活动资金。

⑥有独立承担民事责任的能力。

政府给非营利组织设置这些“门槛”，虽然可以理解为是为了确保非营利组织有能力积极开展公益活动并维持自身运作，但在客观上限制了非营利组织的产生、发展。实行这种管理体制的基本代价是，堵住了民间非营利组织进行登记注册的合法渠道，并将政府的有限资源和精力耗费在如何限制民间非营利组织的成立上。对那些自发成长的非营利组织来说，达到上述会员和物质条件的标准是有一定难度的，找到一个业务主管单位更是相当困难。一般的政府机构不愿意做业务主管单位，因为有一些责任要求。其结果是，一方面越来越多的民间非营利组织不能通过合法渠道进行登记注册而选择其他的权宜之途，另一方面政府也越来越难以对民间非营利组织进行有效的过程监督和管理。在这样的束缚下，很多非营利组织不得不放弃作为一个合法的非营利组织应有的权益。如一些非营利组织，因为找不到主管单位，所以只好进行工商注册，和企业一样到工商部门去参加年检，不仅在减税免税上无法获得合法的待遇，还在接受捐赠上产生了很大的问题。对未经注册的非营利组织，由于缺乏法律的保护，活动的范围和方式也都受到很大的限制。未注册登记的非营利组织，由于没有纳入规范管理，还会产生某些严重的问题。

2. 僵化的双重管理体制

我国政府对非营利组织实行双重管理体制，即对非营利组织的登记、注册、管理及日常管理实行登记管理部门和业务主管单位双重负责的体制。这一体制的特点是负责民间非营利组织管理的机构是双重的，按照现行法规规定，国务院有关部门和县级以上地方各级政府部门、国务院或县级以上地方政府授权的组织，是相关非营利组织的业务主管单位；

县级以上民政部门是非营利组织的登记管理机关。实行登记管理机关和业务主管单位双重审核、双重负责、双重监管的原则，形成宏观方面的登记管理和微观方面的业务管理双管齐下的严格体制，用以规范、监督和管理中国的民间非营利组织。实施双重管理体制的主观目的在于加强对民间组织的管理，预防违法行为，然而客观上却带来了一些负面效应。

（1）政社不分影响了非营利组织的独立性和自主性

这种政社不分的双重管理体制模糊了政府与非营利组织的组织边界，致使非营利组织对政府过度依赖，依靠政府权威调配资源、开展服务，助长了政府对非营利组织的直接干预，使大多数非营利组织实体的产生、目标、经费来源乃至于领导成员等都依赖于行政体系，使其成为政府行政的外在延伸，严重束缚了组织的活力。在业务活动方面，非营利组织必须得到民政部门的认同，而业务主管单位更是拥有几乎无限的权力，可以随意干预甚至直接操持非营利组织的活动。在人事管理方面，中国根据组织章程民主选举产生管理干部的非营利组织不到 30%。而近 2/3 的非营利组织的干部或直接来源于业务主管部门的派遣和任命，或者由组织负责人提名并得到业务主管部门的批准。

（2）多头管理阻碍了非营利组织的发展

民政部门和业务主管单位是各自独立互不隶属的，它们之间也不可避免地存在着观念的差异与利益的矛盾，它们二者同时对非营利组织进行管理，难免会产生政出多门，多头管理，造成了不必要的管理矛盾与摩擦，造成了管理混乱和低效率，阻碍了非营利组织的发展。

3. 分层管理

分层管理是世界各国普遍采用的非营利组织管理模式。我国现行法律规定民间组织的活动范围不得超出登记管理机关的行政管辖范围。这种体制方便了政府部门对非营利组织的管理。我国幅员辽阔、人口众多、自然地理条件千差万别、社会经济发展水平参差不齐，在政府管理能力比较薄弱的发展阶段，实行这样的分层管理体制还是合理的。但这种管理模式的缺点也比较明显：它严重地限制了民间组织之间的竞争，破坏了全国统一的竞争性公共物品市场，造成一种诸侯割据局面，大大降低了资源配置的效率。

4. 限制竞争

非竞争性原则不仅限制和控制了当前非营利组织的登记和注册，造成了它们组织的登记注册困难，而且在更大程度上强化了同行业组织进入社会的壁垒，使得社会垄断现象严重。再加上缺乏相应的竞争机制，在一定程度上成了一定利益集团而不是全体组织的代表，违背了非营利组织的最初追求社会公平的宗旨，从而导致了其社会认可度降低，作用的范围和力度也都受到限制。

现阶段，我国非营利组织经费不足和能力不足已成为相当普遍和严重的问题。其中的原因是多方面的，但缺乏竞争是个根本原因。由于缺乏竞争，非营利组织往往不思进取，也没有不断改进管理提高服务水平的动力。管理和服务跟不上，影响力便必然降低，导致财源萎缩，也留不住优秀人才。经费和人才不足，自然无法开展正常活动。这实际上形成了一种不良的循环，不利于非营利组织的发展。

（二）外部监督薄弱

1. 官方缺乏对非营利组织的合理有效监管

我国政府对非营利组织的管理可以概括为“管理的权力很大，管理的能力很弱”。“管理的权力很大”表现为：政府对非营利组织实行的是双重管理体制，登记部门对非营利组织的成立实行的是审批制而不是核准制，因此对非营利组织的成立拥有最终的权力，而业务主管部门的管理职能也决定了只要想干预，就可以“合法”干预非营利组织的内部事务。“管理的能力很弱”表现为：由于多数地方的民政部门没有专门的民间组织管理机构，即使有，人力也很有限。

也就是说，一旦某个非营利组织注册成立，那么登记管理部门很难对之实行有力的监管。而业务主管部门也因为精力有限而不愿或不能管理非营利组织的日常活动。在我国，民政部门、业务主管部门、审计和财务部门都对非政府组织有监督职能，但关于他们之间的职责分工，各监督主体实施监督的程序和手段等，现有法规缺乏可操作性界定。民政部门、“业务主管部门”、审计部门和人民银行等都对公益机构负有监督的职责，但关于四个部门之间的职责分工，各监督主体实施监督的程序和手段等，现有法规缺乏可操作性的界定。

从理论上说，监督主体的多样化可能会陷入奥尔森所讲的“集体行动的逻辑”。从实践上看，“组织缺位”导致的“三个和尚没水吃”的局面，可以说是中国公益机构监督中的困境。

2. 非营利组织的社会监督尚显薄弱

社会监督是通过来自民间社会的压力实现对非营利机构的有效约束，主要包括了新闻媒介的监督、社会公众的监督和有关社会组织的监督。与发达国家相比，我国非营利组织的社会监督显得十分薄弱，从非营利机构的三个主要社会监督主体来看。

（1）我国社会公众的监督难以落到实处

我国的相关法律虽然对公民的社会监督权作出了法律上的保证，但在实际中，由于受到多种因素的影响，社会公众很少主动对非营利机构的运作和行为进行监督。目前捐助者的监督面临的主要问题是动力不足和监督主体缺失：即小额捐助者缺乏监督的动力，而大额度捐助者则往往忙于自身业务而无暇顾及，还有的捐助以遗嘱的形式出现，存在着监督主体“自然缺失”等情况。一般的社会公众和公益基金的受惠者由于其自身所处的位置，就更少对非营利机构行使监督。

（2）新闻舆论监督的力度相对不足

在快速发展变化的当今社会，新闻媒介在保障公众知情权、对公共部门进行监督方面担当着十分重要的角色，但从我国目前的情况来看，新闻媒介的监督功能远没有得到应有的发挥，主要表现为新闻舆论的监督受到多种限制，监督的渠道不畅，前期监督、追踪监督不够等等。

（3）具有监督功能的社会组织和评估性机构发展滞后

从西方发达国家的情况来看，一些专业性的评估机构在非营利组织的监督中发挥了重要的作用，例如美国的“全国慈善信息局”，该团体收集了全国400多个慈善团体作出合标准和不合标准的书面评价，向社会公布。而我国在这方面则有明显的差距，当前我国的现实情况是迄今为止还没有一家独立的专门对非营利机构进行监督的第三方。

目前我国大部分公益性非营利组织是依赖其自律以及和其捐赠方的信任程度，而并非制度监督和规范性约束。类似红十字会、慈善总会这种公益性组织，披露其善款来源和使用情况是基本义务，但这些组织缺乏法律和社会监管。非营利组织和上市公司一样，都是“自治机构”，讲究自律，但是和上市公司不同的是，如果他们不披露信息，不公开透明，有监管机构来约束、处罚，然而确并没有这样的机构来监管和处罚非营利组织。哪怕是审计部门的审计，也只是一种警示而已，目前中国的这些公益性非营利组织，主要是行政性监管，缺乏法律监管，而相关法律条文的完善和社会力量的监督将是今后的发展方向。

（三）法律环境不完善

有关非营利组织的法律规章过于简略，各种行政规定内容庞杂，透明度低。一个走向法治的国家，依法管理是一切社会管理首先要遵循的基本原则。但是，目前我国非营利组织的法律规章过于简略，民政部和其他部委制定的规定成了非营利组织管理的主要依据。在实际管理过程中，这些规定发挥的作用往往比法律、行政法规要大得多。而有些规定也只有少数符合相当严格的形式上的要求，属于宪法规定的行政规章，向社会公开发布并且从发布之日起生效，而大多数都是行政机关内部的文件，是上级对下级机关的工作指示。这些规定没有制度化的公布渠道，在下发生效后的不定时间以后，才可能因为某种原因而公开，这种公开带有相当的任意性。但正是这些行政规定是行政机关工作的最直接地根据。这种现象说明，我国目前关于非营利组织的法律制度建设是相当滞后的，这种滞后造成了行政机关在执法中有太多的自由裁量权和黑箱操作的空间，对于非营利组织的发展非常不利。

有关非营利组织的民事关系调整的法律薄弱。目前，行政管理的规定占据了我国相关法律的绝大多数，而有关非营利组织的内部组织、财产关系等民事问题，则极少规定。但是，非营利组织要有大的发展，没有完善的民事实体法加以规定是不可想象的。因为非营利组织是民间组织，这些关键的民事问题是民间的契约所无法调整的，因而必须有政府的必要干预，通过完善的民事实体法加以规定和制约。这样才能够保证非营利组织形成一个稳定的组织框架，尽量减少可能的内部纠纷并达到组织目标。

此外，我国还没能建立起一个综合的、主要用于促进非营利组织发展并规范其行为的积极开放的法律制度。目前，我国政府在进行社会公共管理时，还带有浓厚的计划体制色彩，其立场往往是政府本位。政府在制定公共政策时更多的是从有利于自己对社会进行管理与控制的角度出发，而不是从社会本位也就是从有利于社会发展的角度出发。这一点在政府制定有关非营利组织的法律制度时表现得尤为明显。现有的各种法律政策，不管其内容如何严整规范，它们所带有的控制、限制的基调及其制度性规定，在相当长时期里都会成为制约我国非营利组织发展的因素。同时，各种不同的法规政策之间以及实施主体之间也存在着彼此摩擦和不协调，这也是政府与非营利组织互动中不容忽视的一个问题。

（四）社会志愿参与不足

1. 社会对非营利组织缺乏应有的认识与理解，非营利组织缺乏吸纳志愿者的有效渠道

在我国，非营利组织是一个外来语。西方非营利组织的发展有着来自文化方面的深厚积淀，包括与市场经济相适应的普遍的公民意识、自治观念、法制观念、契约精神、公益精神等，而我国缺少这些方面的文化背景，我国非营利组织发展中所需的历史文化传统、社会组织资源以及社会经济发展程度等方面都有不足。

我国历史上虽然也有非政府的民间社会，但我国具有强大的“官本位”传统，“普天之下，莫非王土；率土之滨，莫非王臣”，因此，我国传统的民间社会非常薄弱。可以说，在我国两千多年的封建社会中，从未出现过近代意义上的“国家——社会”关系上的作为国家权力之外的民间社会。

我国受传统儒家文化影响的民众总是盲目相信和依赖政府，对政府的功能要求永无止境，希望政府给包办一切社会事务，并认为政府的集中领导能很好地解决一切问题。当政府要把一部分公共事务和公共产品下放的时候，就出现了市民对民间组织的排斥，导致对民间非政府组织社会作用的认可和社会行为理念支持的缺失。因此，我国缺乏非营利组织活动相关的文化传统，公众结社意识不强，对非营利组织的关注与了解明显不足。

2. 志愿活动的行政化倾向

中国非营利组织中很多志愿活动不是完全起自民间的，而是通过行政方式自上而下地组织的，而且，所谓的志愿参与者很多也是通过组织动员而参与过来的。很多活动通过组织动员而参与，人性化不足，自由空间变小。由于认识和理解的偏差，很多志愿者积极报名，一两次活动就放弃，不利于工作的衔接。

以共青团的志愿活动为例，许多活动比较提倡个人在上一级团组织的指导下组织志愿者活动，这就带有很强的行政管理的色彩。

三、案例分析

（一）案例概况——四川省九寨沟 7.0 级地震救援工作

1. 案例基本情况

2017 年 8 月，四川省北部阿坝州九寨沟县发生 7.0 级地震，因震级较高，兰州、成都、重庆、绵阳、西安等地震感强烈。震区属于高山峡谷区，地震引发的次生地质灾害较为严重，导致人员伤亡和部分道路交通中断，增加了救援和人员转移安置难度。

据统计，地震造成 25 人死亡，525 人受伤，6 人失联，176492 人（含游客）受灾，73671 间房屋不同程度受损（其中倒塌 76 间）。另外，地震造成四川绵阳市平武县 11 个乡镇不同程度受灾，共造成直接经济损失约 1.1446 亿元。

2. 非营利组织积极参与救援全过程

灾害发生后，国家减灾委、民政部紧急启动国家Ⅲ级救灾应急响应，国家减灾委、国务院抗震救灾指挥部组成联合工作组赶赴灾区指导救灾工作。四川省政府出台了关于救灾救助工作的紧急通知，省委、省政府汇聚各方信息，科学研判，迅速作出决策，紧急拨付救灾资金。针对抢险救灾工作进展和面临的突出问题，省委省政府成立联合应急中心，各相关部门参加，集中力量解决群众急需、急难，保障群众基本生活。

在地震来临前，四川地震局、四川抗震防灾协会协同发布预警信息。四川抗震防灾协会是由四川省住建厅和四川省勘察设计协会领导，由四川省建筑科学研究院、西南交通大学、中国建筑西南设计研究院、四川省建筑设计研究院、四川省地震局等五家单位作为理事单位，及全省高校、科研、设计等众多参加单位组成的行业协会。因为有比较强的预警能力，所以一直深受政府信赖。在此次地震灾害中，四川抗震防灾协会根据科学的地震预警系统，与四川省地震局协同对外发布了预警信息。在救灾工作中，许多非营利组织积极参与进来，共组织志愿者千余人，捐助价值达几千万物资进行援助。地震发生后，中国红十字会总会于当晚启动三级应急响应，立即从成都备灾救灾中心眉山仓库，向灾区紧急调拨家庭包 1000 个、棉被 2000 床、帐篷 200 顶，共计价值 62.802 万元的救灾物资。中国社会福利基金会的救灾救援伙伴机构蓝豹救援（凉山）队 1 车 4 人和陕西曙光救援队 3 车 11 人第一时间集结完毕，作为第一梯队奔赴灾区开展救灾救援工作。同时，中国社会福利基金会拨付首笔 50 万元用于救灾救援工作。由波司登公益基金会联合中华慈善总会向九寨沟地震灾区捐赠的价值 168 万元物资发往地震灾区。壹基金支援四川的救灾物资也第一时间送抵四川省，包括 12 平方米救灾帐篷 382 顶，36 平方米救灾帐篷 14 顶，家庭救灾箱 200 个，睡袋 2300 个，折叠床 1350 个，温暖包 400 个，彩条布 532 件。另外，省外的广东省雏鹰助学促进会、北京应急志愿服务总队，省内的四川义工联合会、四川省志愿者协会、四川省爱心服务中心等数十家非营利组织通过捐赠物资和派遣志愿者队伍的方式参与救灾救助工作。

在灾后重建过程中，许多非营利组织发挥其专业技能优势，参与到灾后重建过程中，贡献了自己的一份力量。四川省科学技术协会、四川省旅游协会等非营利组织参与到四川省政府起草的《“8·8”九寨沟地震灾后恢复重建总体规划》制定过程中来，就相关部分给出了自己的专业意见，有效保障了规划的科学化水平。壹基金与四川省妇女儿童基金会合作在九寨沟地震灾区建设了 6 个壹乐园儿童服务站负责灾区儿童的心理辅导工作，壹基金还以儿童和减灾为核心，结合政府的灾后重建规划和灾区灾后重建的实际需求，与政府有关部门、公益机构、社区、学校和专家共同合作，开展壹乐园运动汇和音乐教室、减灾示范校园、社区减灾等灾后援建项目，提升当地社区和学校应对灾害的能力，支持灾区建设更具有风险防范能力的“韧性家园”，同时推动和支持本土化社会服务机构的孵化与成长。阿坝州社工协会、九寨沟 8090 爱心服务队和北川社区志愿者服务协会也都建立了儿童服务站，帮助孩子们克服心理障碍，重拾对生活的信心。另外，一些比较小的非营利组织也自发组织起来，参与到灾后重建过程中，比如说，北川羌族自治县红十字会带领北川羌族自治县红十字志愿服务大队、北川新媒体联谊会和互联网协会羌风公益部、北川安昌镇何氏车行的志愿者们迅速行动，发挥各自优势，开展医疗服务、心理咨询等服务项目。

3. 政府与非营利组织合作不够顺畅

在救灾救助工作中，媒体也报道了一些负面新闻。这从某种程度上折射出，现阶段我国政府与非营利组织在共同应对公共危机时还存在协同问题。这表现在以下几方面。

（1）救援物资安置混乱

政府救援物资放在“自己的地盘”，非营利组织救援物资放在“自己的地盘”。九寨沟地震发生后，其他省份政府向九寨沟地区捐助了大量物资，当地政府将这些物资放置了一个区域，而非营利组织一般会租用当地的仓库来放置自己的物资。这样就很难对物资进行精确的统计和合理的归置，不利于救援物资的有效到位。

（2）救援物资发放紊乱

在物资发放时，政府发放自己的物资，非营利组织发放自己的物资。因缺乏有效安排，出现了“军大衣太多而帐篷不够、方便面过多而饮用水不够”的情况，壹基金联合救灾平台伙伴可口可乐（中国）紧急调运 240000 瓶纯净水后，饮用水不够的情况才得以缓解。

（3）非营利组织专业技能不足造成政府对其不信任

在此次救灾过程中，爆出了非营利组织派出的志愿队伍专业技能不足而越帮越乱的负面新闻——志愿者的帮助反而造成了现场秩序的混乱。另外，在现场救援中，很多救援者连怎样搭建帐篷都不会，造成许多帐篷损伤，饱受社会公众诟病。也因此，一些政府工作人员对志愿者的介入持否定态度，这影响了非营利组织和政府的协同治理的发展。

（二）政府与非营利组织协同治理公共危机的成效

目前来说，政府机构与非营利组织协同治理公共危机已经取得良效，表现为：协同发布公共危机前的预警信息、协同提供应急救援服务、协同做好公共危机后的善后工作。

1. 协同发布公共危机前的预警信息

在公共危机发生前，政府与非营利组织协同发布预警信息具有十分重要的意义。双方协同发布预警信息增强了信息的真实性，利于广大市民及时做好应对工作。目前来说，我国非营利组织因其专业性特点，在预警管理方面，展示了其良好的协同能力。预警管理是公共危机管理的前提，随着信息时代的到来，人们在预警管理方面取得了长足的进步，一般如地震、洪水等灾害都能做到提前预警，做好准备。但是，在遇到泥石流、瘟疫、感染等这些短时间、高爆发的公共危机，一方面政府层级多，反应慢，另一方面受政绩压力影响，政府往往采取“大事化小，小事化了”的态度去预警，从而形成盲点。

此时，非营利组织贴近群众的优势就凸显出来，非营利组织可以通过各种渠道将信息散布出来，以最大化减少损失。另外，因专业性较强，非营利组织还可以为政府决策提供信息支撑，国家灾害防御协会与地震学会就是类似性质的非营利组织机构，可以及时向政府提供预警信息。

2. 协同提供应急救援服务

地震发生后，除政府第一时间提供救援物资、组织救援队伍进入现场外，许多非营利组织自发组织起来为灾区人民群众提供大量物资援助，第一时间伸出援手提供帮助，协同政府提高应急救援服务。在其他公共危机中，特别是自然灾害型公共危机发生后，以红十字会为代表的官方非营利组织都会积极行动起来，为灾区人们提供服务。比如，汶川大地震后，中国红十字总会捐赠人民币 19946.02 万元，组织数千人力参与救援活动。以壹基金为代表的非官方非营利组织也会参与进来，提供了及时的物资支援。雅安地震后，壹基金捐赠 4100 多万元，组织多支志愿者队伍前往灾区现场提供服务，这些救援物资和人力的到来极大地帮助了灾区人民群众渡过难关。

公共危机发生时，需要应急救援力量的及时介入。政府自然是应急救援力量的主要提供方。非营利组织作为社会治理中的重要一员，有着一定的动员能力和组织能力去组织应急救援力量的有序介入，与政府一道共同应对公共危机，帮助实现危机的顺利渡过，起着十分重要的协同作用。

3. 协同做好公共危机后的善后工作

公共危机的发生会带来极大的损失，灾区需要重建，危机需要善后，这都需要政府与非营利组织的通力合作。当前我国政府与非营利组织的合作在这方面取得了良好的进展，比如，在雅安地震灾后重建工作中，雅安科学技术协会、雅安律师协会等非营利组织积极参与进来，运用自己的专业知识，协同政府一起设计重建蓝图，科学规划新家园，产生了积极的影响。另外，在善后工作中，非营利组织可以起到对政府的监督作用。非营利组织作为重要的外部监督力量，可以以“中立第三方”身份全方位监督政府在善后工作中的行为，避免“寻租”现象的产生，协同政府，保障善后工作的顺利开展。

4. 公共危机治理中政府与非营利组织的相对不平等关系

理论上，政府与非营利组织都是平等的社会多元主体，但是，不可否认的是，在现实中，受制于计划经济时代遗留下来的“全能政府”思维影响，我国目前“强政府、弱社会”的现实，社会层面上人民群众对非营利组织的不信任，以及非营利组织自身层面存在的管理和发展障碍，政府与非营利组织之间难言平等。

在我国，许多非营利组织名义上是独立组织，实际上是政府的分支或下属机构，收入大多依靠政府的资金支持，在这种情况下，很难说政府与非营利组织之间是平等的。在公共危机管理中，政府依然处在强势地位，这一方面当然是客观现实的需要——在危机中过多的人员和物资进入容易造成秩序的更加紊乱，另一方面也造成了政府以“稳定秩序”为名，将自己的一些错误行为掩盖住，造成非营利组织处于实际上的“虚位”状态。

（三）政府与非营利组织协同治理公共危机的迫切性

1. 突发公共危机事件呈频发态势

近年来，诸如自然灾害、公共卫生事件、公共安全事件等公共危机事件频发，给社会和谐稳定带来了极大挑战，对人民群众的生命和财产安全造成了极大危害。每一次重大公共危机的发生，都牵动着亿万人民群众的心，都需要政府及时有效地应对，同时需要非营利组织的积极参与，把损失降到最低，保障人民群众安居乐业。

我国疆域广阔，地形地貌多种多样，且处于环太平洋地震带和欧亚地震带之间，板块运动比较剧烈。另外我国背靠世界上最大的大陆，正对最大的大洋，大部分地区季节更替明显，季风特征明显。地域的广阔性、地貌的多样性以及鲜明的季风特征导致了我国自然灾害频发。公共危机具有突发性和紧急性等特点，会在短时间内造成极大的损失。危机的应对，需要全社会力量的广泛参与，既需要政府部门的主动作为，也需要人民群众自己组织起来，形成合力来共同抵御风险、应对危机，才能保障社会的和谐稳定。总之，频繁发生的公共危机这一外因客观上要求政府部门与非营利组织的通力合作，来共同应对公共危机，保障人民群众的安居乐业。

2. 政府机构向公共服务型政府转变

梳理我国政府机构的变革历程，就会发现我国政府经历了一个由全能型政府向公共服务型政府转变的过程。在这一过程中，政府通过自身的行政体制改革不断培育社会力量、搞活市场、规范市场运行，进一步释放社会活力，不该管的事务交由社会力量去管理，初步形成了社会共建共治共享的局面。

1978 年以前，受计划经济思维影响，我国政府是一个全能型政府。在计划经济条件下，政府全面直接控制经济和社会，政府通过指令性计划和行政手段进行经济管理和社会管理。在社会管理中，政府扮演了控制者的角色，为社会和民众提供公共服务的职能和角色被淡化。

改革开放以来，我国政府开始逐步转变职能，向社会进一步释放活力。2013 年，党的十八届三中全会描绘了全面深化改革新蓝图，对加快转变政府职能、深化行政体制改革、建设法治政府和服务型政府提出了新要求。新时代以来，随着“四个全面”伟大工程的构建，我国政府公共服务能力进一步提高。在这一历程中，我国政府主要以两方面变革为契机，实现了由全能型政府向公共服务型政府的转变。一方面，培育社会力量、搞活市场。企业和非营利组织是主要的社会力量。我国政府出台了一系列涉及制度配套、人才引进、资金支持等方面的相关政策措施，给予社会力量实实在在的支持和优惠，提高企业的经营效益，提高非营利组织的活力，减少政府对市场不必要的管制，把政府不该管、管不了也管不好的交给市场，使市场在资源配置中起到决定性作用。

另一方面，提高行政效能，打造服务型政府。按照精简统一效能的原则，深化政府机构改革，探索建立行政审批事项目录清单制度，简化行政审批手续，保障公共服务的有效供给。同时，我国政府通过创新服务模式，积极引入互联网工具，实现了无纸化办公和网上快捷服务，切实有效地提高了行政效能，保障了为人民服务宗旨的充分实现。

总之，随着我国政府由全能型政府向公共服务型政府的转变，政府已不再是计划经济时代的唯一主体，而是市场经济下社会治理中的一个主体。政府承担的角色主要是“裁判”，通过积极引导企业、非营利组织发挥作用来形成社会共建共治共享的局面。在社会共建共治共享的局面下，政府需要非营利组织这个有力帮手来共同处理社会事务，实现协同治理公共危机的目标。

3. 我国非营利组织不断发展壮大

因非营利组织具备的非政府性、非营利性、多元性等特点，改革开放后，特别是在中国加入世界贸易组织后，随着改革开放的进一步加深，由于社会多元治理的需要，非营利组织在我国蓬勃发展，数量迅速增加。

目前，我国非营利组织已经涵盖社会生活的各个领域，教育、医疗、卫生、法律、绿色环保、防灾救灾、养老、基金会、动物保护等各社会细分领域都涌现了大批非营利组织。活动领域的多样化带来了活动内容的多样性，因专业领域和社会细分的不同，活动主题多彩多样，有关爱小动物生存状况的活动，有倡导绿色出行的活动，有替弱势群体发声的活动，也有防灾宣传活动等等。

总之，随着我国非营利组织的发展壮大，非营利组织已经发展成为一个重要的社会主体，参与协同治理公共危机的能力显著提高，有能力在协同治理公共危机中发挥自己的独特优势和作用。

第七章　健全和完善非营利组织治理的策略

第一节　组织外部环境层面

一、完善与政府的合作关系

（一）厘清政府与非营利组织间的关系

政府与非营利组织之间的关系不是割裂的，亦不是传统的管制与被管制的关系，而是协作共赢的关系。

在德国，政府与非营利组织之间是一种合作关系，一般情况下，政府对社会团体内部事务不予干预，违法组织由州政府或联邦政府进行处理，司法部门负责处罚。在日常行政管理中，实行辅助性原则下民间组织自我管理和自我约束。这就强调了民间组织自我治理，自我服务，优先从事社会范围内、专业领域内的各项事务。政府从外部环境创造、资金政策支持方面做出贡献。

在法国，政府对于非营利组织的发展持服务导向。最为典型的是法国市镇政府一般为社会团体组织的第一大合作伙伴。也就是说政府尤其是社团所在基层地方政府与社会团体之间存在着非常紧密的合作关系。市镇政府在经费上给社会团体以支持，各种各样的社会团体则为辖区成员提供多元化的服务和帮助。

当前，我国非营利组织取得较快发展势头，慈善公益组织、社区服务组织、农村非营利经济组织等在传统的市场、政府格局下开始发挥出其前所未有的优势和作用，在服务社会经济发展方面扮演着更加重要的角色。综合世界各国非营利组织发展情况，我们可以达成一项共识：非营利组织和政府之间应当建立一种合作共赢的关系。当前，我国各个地方也在就非营利组织的规模化、水平化、专业化发展作出探索并取得不断进步。新形势下，政府与非营利组织之间的合作共赢关系正在形成并有待深化。

（二）优化非营利组织的监管模式

结合我国国情与非营利组织发展实际，对非营利组织的登记审批构成了非营利组织产生发展的第一环节，由于不愿承担主管任务，出于风险与事务繁杂考虑，相当一部分非营利组织在成立组织第一阶段都面临着寻找主管单位挂靠这一困难。与此同时，双重管理、分级负责、非竞争性原则所带来的一定程度的双重管理缺失、组织活力不足、权责划分不明等问题仍继续存在。为此，必须进一步优化行政组织审批、监管模式，理顺监管职责，正确划分权力、责任，简化审批环节，激发各类社会组织的积极性、主动性、创造性，这是尊重社会发展规律和非营利组织发展实际的具体体现，也是客观要求。

（三）健全政府监管的法律法规

综合世界各国对于非营利组织的监管情况，完善适度的立法体系是非营利组织正常有序运行的重要保障。如德国政府关于非营利组织运行的法律体系就包括了《德国基本法》《德国民法典》《公共社团法调节法》，这些法律体系就非营利组织的身份、地位、运行、保障、惩罚等作出了系统的规范，为非营利组织运行提供了重要条件。我国目前对于非营利组织立法取得了巨大成绩，但仍需继续完善现有法律体系，提高法律的权威性与实际执行力。

1. 健全法律体系

健全法律体系是社会转型时期关系非营利组织发展的全局性任务。主要需要从如下几个方面着手。

（1）对于关于非营利组织发展的宏观整体立法

我国《宪法》等对于非营利组织发展都进行了具体规定，但从长远角度来看，国家需要从非营利组织整体上进行审视和立法，可考虑制定一部《非营利组织法》，对于非营利组织的定位、功能、作用、运行、监督、救济、惩罚等进行系统说明。在整体立法的前提下根据实际情况对于各类具体类型的非营利组织活动进行专项立法。

（2）对于现有的单行法律法规进行完善

随着时代的发展，我们应根据非营利组织发展实际中的问题对《基金会管理条例》《民办非企业单位登记管理暂行条例》等进行及时的修改完善，保障社会团体、基金会等组织的健康发展。

（3）对于各种下位法的完善

对于各种非营利组织的具体内部治理、财务监管、社会责任、法律救济等进行分类细化，完善不同类型非营利组织发展的具体专门制度和法律。通过健全整体宏观法律、完善单行法规、细化下位法规实现非营利组织运行中的有法可依、有法救济、有序发展。

2. 法律权威与实际执行力

法律如果失去了权威与实际执行力就等于是一张空文。在健全非营利组织发展整体立法的同时，我们还必须切实采取措施增强法律的权威与实际执行力。如在非营利组织财务运行监管方面，缺乏实际的考量和评审效度，少数非营利组织运行出现一定腐败问题。为此，必须加强非营利组织法律运行权威与执行力。可考虑尝试以下两种途径：

①在非营利组织监管部门内部成立专门的法律执行效力督查小组，对于不依法办事、违规走样办事的组织进行监督和惩罚。

②尝试发挥社会第三方监督主体作用，运用第三方监督增强法律运行的实际效果。

（四）综合运用经济手段与行政手段

具体的经济和行政手段对非营利组织发展进行引导对于促进我国非营利组织发展具有明显意义。就目前的情况来看，政府监管部门对非营利组织监管的经济手段需要优化、丰富，优化也即健全合理的、有侧重的税收优惠、资金支持政策，更好地实现资源有效、充分利用；丰富也即应当完善非营利组织的内部治理、财务监督机制，努力避免公益腐败滋生现象。政府对于非营利组织在行政手段方面需要处理好收与放的关系。收即对于非营利组织的依法运行、社会责任、财务公开进行引导和加强，放即放松对于非营利组织具体的门槛和限制，更大程度上简化审批环节，突出工作重点，减去不必要的额外环节，激发社会自身活力。

（五）增强非营利组织运行过程中的透明度

公开透明是非营利组织正常运行的生命。非营利组织具有非营利性、自愿性、非政府性，非营利组织运行往往面对更高的道德考量。为此，在政府监管非营利组织进行中，必须有意识地采取各种措施进一步提高各类非营利组织运行的公开性、透明度。

1. 增强行业自律

增强行业自律主要是基于非营利组织及行业自身角度考虑。在具体操作层面可以尝试如下措施：

①增加行业职业道德培训。健全和完善组织责任制度，树立和传播组织的宗旨和价值，引导组织成员担负组织使命和社会责任。

②监管主体对于非营利组织的具体表现进行奖惩和引导。赏罚分明，言行一致。在整个非营利组织行业内部形成良好的自律氛围。

2. 完善信息披露与第三方评估机制

完善信息披露和第三方评估机制有利于促进非营利组织健康有序发展，应当成为非营利组织监管领域的重要组成部分。各种非营利组织必须按照所在领域单行法律法规规定进行具体的财务、人事、运行公开，定期向社会公众以简单易懂的方式加以公开，对社会负责，对监管主体负责。与此同时，充分发挥非营利组织以外的第三方评估作用，对于非营利组织的资金使用情况、活动组织情况进行专业化、规范化的评估，对于未充分履行职责、提供服务、实现组织宗旨与目标的组织进行专门督促调整，以此形成非营利组织运行的外在倒逼力量，从更长远的角度实现非营利组织又好又快发展。

二、创造良好的社会文化环境

（一）强化公民参与的思想道德建设

实践表明，西方国家 NPO 良好的社会环境有着深厚的文化渊源。其慈善的宗教精神、博爱的信念传统都内化到了公民个体的行为当中，成为其投身公益事业的精神动力。为此，我国政府也应该加强社会主义思想道德建设，内化公民的团体公益意识。

1. 把伦理道德建设与公共道德建设结合起来

必须选择性地继承传统的儒家文化，取其精华、弃其糟粕，并不失时机、切合实际地把它与社会主义文化结合起来，形成当代中国特色社会主义思想道德文化。为此，既要倡导公民乐善好施的精神、尊老爱幼的风气，又要强化集体主义的社会本位思想，使公民能在伦理道德和公共道德发生冲突的情况下，自觉、合理地照顾公共道德，为社会公益事业、为NPO做出尽可能多的贡献。比如，各级政府、各类单位应该对“牺牲小家照顾大家”等崇高精神既进行各种方式的精神鼓励，又进行适当的甚至是丰厚的物质鼓励，以此强化激励等等。

2. 把职业道德建设与公共道德建设融合起来

市场文化使得公民个体更加注重自身的职业道德，逐渐忽视了公共道德修养，公益观念的淡漠就是例证。为此，必须把公共道德建设切合地融入到职业道德建设之中，尽可能减少市场文化带来的“只讲职业道德、漠视公共道德”的负面影响。比如，企业可以为员工的公共道德行为进行奖励并作为考核的一个依据；村委会可以对村民“牺牲私利照顾公益”的行为进行鼓励等。当然，思想道德建设是一项社会系统工程，既需要政府的主导，也需要社会组织、公民个人的全力配合，更需要因地、因时制宜地采取办法，才能逐渐内化到公民的行为意识之中，推动他参与到NPO中来，为社会公益事业做出更大的贡献。

（二）强化社会参与的舆论导向

各种传播媒介包括图书、期刊杂志、广播电视、音像制品、网络等都要宣传社会公益行为，鼓励社会各组织机构、公民个体关注并投入到NPO当中；各种舆论主体包括社会公众、新闻记者、政府官员也都要因势利导，不失时机地吸引社会组织和公民的目光，使投身NPO、投身公益事业成为一种价值取向。

政府必须积极引导公民社会对于NPO的投入，引导公民参与，为其创造优质的社会资本和人力资本，唯其如此，才能带动NPO的发展。

三、健全管理法制

（一）创新行政管理体制

1. 使NPO逐步非“官”化

①要坚决停办一切以行政权力为背景，依靠部门权威招揽业务的NPO，这有助于恢复其公民社会最主要载体的“本色”。

②对于由政府部门组建或转换过来的NPO，具备脱钩条件的必须逐步实行分离和脱钩，在行政隶属关系和利益关系上彻底割断与政府部门的联系，使之成为完全独立的NPO。对于一些承担政府职能的行业组织，能实行职能分离的坚决分开，一时难以分开的应向政府归位，避免职能错位、职能交叉甚至是职能重叠的现象无限期地存在下去。

③要鼓励、发展民办非企业单位，特别是像履行重要中介职能的会计师事务所和律师事务所更应该如此。

2. 改革 NPO 的双重管理体制

业务主管部门要从直接管理活动中退出，由对个别单位实施直接管理转向对该领域实行行业管理，制定 NPO 的活动规范，监督其实施情况，通过法律、税收等手段对 NPO 进行宏观调控。把微观管理权限交还给 NPO，以促使 NPO 更加关心自己的“市场”，根据实际更好地满足其客户的需要。这既能减轻主管部门自身的负担，又能调动 NPO 的工作积极性。

（二）建立监督评估机制

由于非营利组织最重要的特征就是公益性和非营利性的特征，而其存在的政治合法性基础来自人民的认同，其资金来源也在很大程度上依靠公众的捐赠。因此，人们对非营利组织的信用和资金的使用等有很强的关注，人们希望了解非营利组织是否能够将捐赠的资金真正用于公益事业，能够遵守非营利的行为规范和道德标准，能够取信于民。

1. 唤醒社会公众监督意识

几千年的封建统治对中国社会造成的一个很重大的影响，就是中国老百姓公民权利意识和社会监督意识的薄弱。新中国成立以后，特别是改革开放以来，社会主义民主和法制建设有了长足进步，公众的民主意识有了较大增强。但与时代发展要求相比，仍存在相当大的距离。虽然我国相关法律对社会监督作了法律上的保证，但在现实生活中，公众主动地对公益机构进行监督的行为相当少；而当他们的监督权被公益机构拒绝时的维权则更少。当然，这其中也有公益机构自身的原因，它们往往轻视甚至忽略社会普通公民对它们的监督权利。在美国，公众对非政府组织的监督有制度化的渠道，一些政府部门、独立机构和非营利组织自身都有投诉热线，甚至有专人负责投诉问题；美国互联网非常发达，许多网站都有专门的投诉专栏，公众通过互联网对非政府组织的监督作用越来越大。

在建立和健全非营利组织监督体系的过程中，很重要的一点就是要唤醒广大公众的慈善意识和社会监督意识，让越来越多的人具有“善心”“爱心”和“同情心”，让更多的有心人加入到对慈善公益组织的社会监督的队伍中来。然而，由于公众监督人数众多，非营利组织很难对每一个利益相关者一一进行问责交代，因此一个可行的办法是在媒体或网上公布非政府组织资金流向与使用效果的年度报告。与此同时，对那些需要更多信息的人，非政府组织有义务按成本收费提供更详细的问责资料。另外，要公开设立公众举报信箱和举报电话，接受群众举报。要建立举报信息处理运行机制，成立联合执法检查队伍，真抓实干，奖惩分明，促使社会监督机制不断成熟。

2. 建立社会监督体系

（1）政府的监督

政府对非营利组织的监督可以采取多种方式，比如行政监督，即通过政府有关管理机构对非政府组织实行经常性监督，主要的方法是要求非政府组织提供定期或不定期的活动报告，再由政府有关管理机构对这些报告进行审查，看其活动是不是违反宗旨或违法乱纪；或派出政府官员对非政府组织进行实地考察，以辨其真伪；还有就是进行财会和审计监督，即政府通过财会和审计制度等对非政府组织的活动进行监督。这种方法最常见，也最有效。因为非政府组织的财务状况能有效地反映其开展的活动，同时也会暴露出其存在的一些渎职或腐败等问题。因此，政府通常会要求非政府组织建立起规范的会计制度和财务报告制度，同时也要求建立针对非政府组织的独立的会计和审计制度。

（2）舆论的监督

非营利组织的舆论监督主要是指受大众传播媒介的监督。由于现实生活中受到各种条件的限制，使得公众更希望将监督权力主动委托或让渡给具有广泛影响力的新闻媒体。新闻舆论监督是社会监督的一种重要方式，被称为与立法权、司法权和行政权相并列的“第四权力”，进而影响社团获取资源的能力。因此，应当通过充分保障新闻媒体的监督权，发挥舆论的监督职能。

舆论监督的作用主要体现在两个方面：一方面，大众媒介的揭露成为政府规制机构和司法机构的主要信息来源；另一方面，媒体客观、公正地报道非营利组织的状况，可以影响公众的态度和行为，对其发挥监督的实效作用。

（3）捐款者的监督

捐款者包括机构、基金会、个人和企业等。当捐款者认为非营利组织的报告是真诚的，是可以信任的，他就会继续支持，也会告诉他周围的人、朋友，通过“口碑”，通过口口相传，可以吸引更多的人捐款。相反，如果捐款者不相信，对报告不满意，他就不会再捐款，也会告诉别人不要捐款。

（4）第三方的监督

有学者认为，中国非营利组织发展要跳出“一放就乱，一乱就收，一收就死”的陷阱，关键是建立第三方评估机制，对非营利组织的非营利性、使命与战略、项目以及组织能力进行全方位的评估，以弥补政府监督的不足。第三方通常是具有权威的中间机构或组织，由它们制定标准对行业内的成员机构之工作和项目进行评审，并在此基础上确认或否定成员机构自己所做的评审结果。

第三方监督者最主要的工作是对慈善组织的非营利性进行评估。基本程序是，想要获得公众捐赠的慈善组织，首先需要填写报表，然后由第三方监督者的工作人员对报表资源进行详细的审查，并检查它是否符合第三方监督者制定的标准。特别是当慈善组织不符合某条标准时，报告要格外清楚。第三方监督者并不建议捐赠者应该捐给谁及捐多少，而是鼓励捐赠者在参考该报告的基础上，自己决定向谁捐赠和捐款多少。

事实证明，来自独立的第三方的监督比政府监督更有效，它不仅不会限制非营利组织的发展，而且会通过评估机制淘汰不良的非政府组织，从而促进非营利组织的健康持续发展。在目前非营利组织整体诚信度低的情况下，强调由独立的民间组织进行评估的条件尚不成熟，中国至今还没有一个独立的第三方评估组织专门对非营利组织进行监督。因此，应在加强政府评估的基础上，逐渐促进民间评估机构的发展，在民间评估机构的评估信誉与能力提高以后，再强化民间评估机构的作用。同时，应当加强政府评估与独立第三方评估制度方面立法，以法律保障评估的有效实施。

（三）完善与政府的合作关系

我国 NPO 的发展是在政府职能转变以及社会改革开放的大环境下不断得到发展的，这也是政府权力逐渐回归于社会的过程。在这一过程中，NPO 可以承接政府回归社会的职能与公共服务，在该过程中通过与政府的合作与协调，达到优势互补。

1. 建立法治化的委托代理关系模式

（1）公共服务社区化

政府根据基层 NPO 的职能和公共管理的需要，明确与处在基层的 NPO 如农村专业协会、老人协会以及社区改善组织等的互助互利内容，并以行政合同等方式法律化，共建各领域内的公益事业，同时实现政府的压缩式管理。这样既能减轻政府的负担，又能调动基层 NPO 的积极性，推进公民的高度参与热情。

（2）服务购买

NPO 自力更生，提供高质的公共服务，促使政府反过来主动寻求购买该服务，这既有利于提高自身的声望和实力，又有利于解决政府在某些领域提供公共服务的现实困难。

（3）与政府签订承包合同

政府确定某种公共服务的数量和质量标准，面对不特定的 NPO 招标承包，NPO 中标后按与政府签订的供给合同为享受福利的人群提供公共服务。这就在 NPO 中引入了竞争机制，有利于 NPO 得到更快成长，同时，有利于这种委托代理关系的公平、公开、公正化。

（4）与政府合伙

政府还能以特许或其他形式吸引 NPO 提供公共服务，同时保证该过程的公平性。这种形式在我国最常见，政府常以行政委托的方式与 NPO 合伙。

2. 建立平等化的合作伙伴关系模式

政府与 NPO 之间维持一种共生共强的关系才是双赢的格局：在这种格局中，政府有能力有效地工作，NPO 也足够强大以防止国家过分自主而不对社会的要求作出反应。为此要求政府做出以下措施。

（1）政府要逐步树立起“平等化的合作伙伴关系”的理念

在发达国家和中国香港特别行政区，政府一直将慈善团体看成是平等的合作伙伴。中国香港社会福利署一直掌握着向各慈善机构拨款的大权，但其官员到慈善团体时却不说是检查指导，而自称是参观学习，这种财政主导、工作合作的关系，就是一种平等化的合作伙伴关系。

（2）政府要尽快建立起保障“平等化的合作伙伴关系”的制度

首先，确定合作环节。任何一项公共事务的治理，都包括“决策—计划—组织—实施—反馈”这样一个不断循环往复的五个环节。委托代理模式的根本弊病在于，它使政府牢牢控制了对公共事务的决策权，而使 NPO 只介入到具体公共管理过程。

鉴于此，结合前面对西方政府与 NPO 合作模式的介绍，我们发现，最适合我国未来的模式应该是：通过法律规定，使庞大的NPO网络能够有正式、固定化的渠道参与公共政策制定过程。这样，相关的NPO获得了决策权，就能更主动地维护本领域的公共事务、公民自由和公共利益，保证公民社会的独立性而不是仍然充当政府的“触角”，只有执行权而无决策权。

其次，确定互动方式。合作环节确定后，该如何互动仍然很重要。通常有以下三个要点：第一，政府从NPO获得信息，即通过接触、商洽、接待、询问、调查、谈判等方式了解NPO的要求和愿望，然后经过政府内部转换，变为规章、条例、意见、计划等输出给社会，并以此获得NPO的理解和支持。第二，NPO从政府输入信息，了解和把握政府的方针政策和各项规定，经过NPO内部转换，以需求、意见等方式求得政府的理解和支持。此外，NPO间的利益矛盾和冲突，使政府经常处于错综复杂的NPO影响和压力之下，这就要求政府从“利益整合”的原则出发，统筹兼顾各方面的意见和利益。第三，政府以公平仲裁者的立场、态度和方法来化解、处理NPO之间的矛盾，以维护社会安定和基本的社会秩序，并以此实现各NPO的有益互动。

再者，确定合作机构。可以像英国政府那样，专门设立一个负责协调政府与NPO关系的官方机构，监督政府的越位行为（如设置障碍、不让NPO参与决策等）和缺位行为（如不提供足够的资金支持NPO等），同时帮助NPO提高设备水平和技术水平，使NPO与政府的地位显得更为对等，工作更有成效。

总而言之，在这种密切的关系模式下，两者不但可以形成平等的互补关系：NPO往往可以填补政府与公民之间的差距，进而促使政府以更有效率、更民主的精神来治理社会；同时更能构成非零和关系：NPO与政府部门之间并非有我无你或有你无我，相反，可以使对社会的治理效益最大化。

四、改革并完善法律环境

（一）改革非营利组织的成立制度

为保障公民结社自由、保证NPO真正发挥最大作用，我国应逐步取消NPO成立的许可批准制，改为实行大多数国家使用的登记备案制度。

（二）改善非营利组织的运行管理制度

必须通过立法逐步弱化政府对NPO日常运行的行政干预。行政部门必须以法律为准绳，对NPO实行依法管理，而不能随意干涉。对于干涉引起的各种损失，NPO可以依法对相应的行政机关提起行政诉讼。

（三）强化非营利组织的社会投入制度

要以立法的形式保障并鼓励公民、企业投身公益的行为，赋予他们奉献公益事业的更为明确、实在的优惠，比如为他们参加志愿公益活动的事迹建立“公益档案”，比如为他们的捐赠提高免税率等等。在美国，如果一个企业向社会捐出善款的数额超过应缴税收的10%，就应该减免10%的税款，如果不到10%，则可以在税收里扣除已经捐出的善款。

而我国在这方面的规定却只有 3%，而且就是这 3%，在实际的操作过程中，还没有得到落实。目前实行的是特事特批的原则，企业只有向事先得到国家批准的少数基金会捐款才能得到减免税收的优惠。这明显不利于调动社会对于 NPO 投入的积极性，必须尽快提高免税率。

（四）建立健全非营利组织的其他制度

最后，还要及时填补一些重要的 NPO 领域的立法空白，参照国外的立法经验以及目前我国已经摸索出来的一些 NPO 立法经验对其他 NPO 相关问题进行立法，使这些 NPO 的行业行为有章可循，有法可依。

第二节 组织内部设计层面

非营利组织的发展固然受到社会外部生存环境的制约，但其自身能力同样决定着其发展前景。只有自身能力提高了，非营利组织才能在社会领域发挥作用，才能更好地承接政府转移出来的公共职能，才能赢得社会与公众的信任，获得自身应有的社会地位。因而，加强自身能力建设是我国非营利组织发展的重点所在。

一、完善内部管理机制

（一）建立和完善非营利组织的决策制度

中国非营利组织在决策与执行方面存在的最大问题是缺乏民主化、制度化和科学化。理事会通常是由选举产生，作为非营利组织决策和治理的最高权力机构。理事会由不同背景的人员组成，通常包括机构的创始人、政府代表、学术界人士、企业家和机构内部人员等。

理事会主要负责制定组织的内部章程，选聘负责人，批准计划和预算，监督组织运营等。非营利组织负责人是由理事会选聘产生的，主要对内负责机构的日常工作，对外代表机构开展各种活动。非营利组织领导人必须有特定的价值观，信奉组织使命的正当性。具有饱满的工作热情和奉献精神，诚实，公正，对下属工作人员具有感召力，能激励和带动组织成员投身于组织活动，具有必要的知识与技能，应有眼光和自信去领导所在的组织开展活动。非营利组织的领导人还应具有很强的人际交往能力，作为致力于公益事业的非营利的社会中介组织，领导人不仅要有很强的能力维系组织内部的人际关系，创造良好的工作氛围，而且更重要的是能够打开局面，建立和发展同社会各方的关系，这在很大程度上要靠非营利组织领导人的个人魅力和人际交往能力。

（二）改革非营利组织人事制度

由于我国非营利组织大多数是由政府直接创办或政府附属机构转制而形成的，因此我国非营利组织带有很浓的官方色彩，在人事管理方面也参照政府的模式，政府对非营利组织的人事干涉相当严重。非营利组织的管理干部有近2/3不是由民主选举产生，而是由政府主管部门派遣和任命，或者由组织负责人提名并得到业务主管部门批准。缺乏人事任免权也是中国非营利组织长期以来缺乏积极性和创新性的原因之一。

因此，要改革非营利组织传统人事制度，必须首先摆脱政府的人事控制，由非营利组织负责人自主享有人员的录用权和任免权，以调动员工的积极性和创造性。其次，要改革传统的职称评定制度，因为其有论资排辈严重、人为干预因素过多、程序过于繁杂等弊端，直接影响到优秀专业人员的引进，应向岗位直接聘任制转换。由单位和员工按照国家有关法律规定，在平等自愿、协商一致的基础上签订聘用合同。员工的工资收入不与组织的营利挂钩，主要是根据岗位技能和等级来确定。

（三）建立严格透明的财务制度

我国非营利组织公信度不高、筹资能力不强，在很大程度上与自身不完善的财务制度有关。财务的透明度是树立非政府组织公信度的基础，如果没有严格和透明的财务制度，那么非营利组织的廉洁性就无法得到制度上的保证，那也就无法吸引更多的社会捐款和赞助。对于非营利组织来说，如何管好捐款和保持公信度是最重要的问题，也是最为困难的问题。这里涉及捐助者、非营利组织和受助者的关系。捐助者将资金捐给非营利组织，非营利组织接收捐款后，把捐款用于受助者，即需要救助的人。

对捐助者来说，最关心的事情是这些资金到哪里去了？使用是否得当？是否令人满意？效果如何？这就需要非营利组织提供给捐助者一个报告。只有当公众认为非营利组织的报告是真诚的，是可以信任时，就会继续支持，也会告诉他周围的朋友，从而吸引更多的人捐助。相反，如果公众不相信你，对你的报告不满意，他就不会再捐助，也会告诉别人，不要捐助。因此，我国非营利组织应该定期及时地向资金捐助机构或是个人提供其内部财务资料、工作效果数据。应按照有关法律对财务制度的规定和要求，建立完善的财务报告制度，定期或不定期向社会公布组织的财务状况。政府部门应尽快以法律或条例的形式强制要求非营利组织公开有关的信息，对于那些拒绝向公众提供相关信息的非营利组织将给予必要的惩处，同时，可以通过互联网、电话、邮件的形式建立公众的投诉渠道，并指定专人负责处理。

（四）建立非营利组织绩效评估制度

对非营利组织的评估主要涉及对非营利组织的诚信评估和绩效评估。诚信评估的成本相对较低，而且是对这类组织最起码的要求，而绩效评估的成本较高，只能随机抽取部分进行评估，并通过监测体系和重点项目评估等手段来弥补随机评估制度的不足。在发达国家，对社会中介组织的诚信评估主要由民间独立的非营利评估机构或政府进行，而对其绩效的评估主要由其资助者进行。这类资助者通常是一些大的机构捐赠者，包括政府、基金会、企业或海外资助机构。目前，我国虽然已经对少数中介组织进行了诚信或绩效评估，但评估的随意性大，没有制度化。而且，评估的动机往往只是为了进一步获得资助，评估者与被评估者的关系往往也非常密切。因此，在建立我国社会中介组织的评估机制时，可以参考国外的一些成功经验。

例如，政府在进行社会福利服务项目招投标的过程中，将社会中介组织诚信与绩效评估的结果作为重要的参考依据，建立民间的非营利评估机构等。同时，在开展评估的时候，应注意坚持公开、公正、公平原则。评估过程要透明化。要重视对绩效评估结果的使用，绩效评估不是单为评估而评估，而是通过评估这个手段，发现组织中存在的问题，然后采取必要的措施去加以克服，以提高组织的绩效。

（五）健全非营利组织激励制度

对于非营利组织的管理者来说，设计和实施合适的激励机制是最为困难的一件事，激励机制的运行不畅会直接导致志愿者的热情和满意度降低。非营利组织工作人员包括有酬员工和志愿工作者两类。通常在非营利组织中，职位较固定的长期工作人员为有酬员工，是非营利组织中的专职员工。志愿工作者是为组织宗旨吸引，志愿利用自己的业余时间为非营利组织提供服务的人员。通常志愿工作者没有工薪，只提供工作津贴和生活津贴。与政府部门和营利组织中的工作人员不同，非营利组织的员工不仅仅是为了生计，更是为了一种理想，为得到精神上的满足和享受，这给非营利组织的激励制度带来困难，既要激励大家的工作激情，又要赋予工作以特殊的意义。

著名管理学大师杜拉克认为：非营利组织在运作管理上堪称企业的楷模，因为它们不靠“利润动机”驱动，而凭借“宗旨”凝聚出了更高的要求，将其置于依靠组织的凝聚力和宗旨为先的境界。当然，对有酬员工和志愿工作者应当采取不同的激励方式，“志愿者主要突出宗旨和使命，对工作人员可以适当实行利益激励”。对于志愿工作者而言，参与志愿活动并不是为了物质报酬，所以非物质性的精神激励是关键。赫茨伯格认为非营利组织中除报酬之外最重要的五个激励因素是：成就感，成就得到肯定，工作本身，责任感，个人的成长与进步的机会。他的研究表明：激励员工最重要的办法是改变工作内容，让工作变得更具有挑战性和激发性。同时，关注志愿者的工作完成情况，适时鼓励他们。

对于志愿者的贡献，组织可以用颁发证书、纪念品等正式方式，也可以用赠送鲜花、发送电子邮件等非正式方式来表示认同。同时，注意营造积极、和谐的组织气氛。高效协调的组织氛围能够激励志愿者的士气，激发志愿者的工作热情，调动起志愿者的工作动力，增加志愿者的满意度，从而提高志愿者管理的效率和组织的绩效。

对于有酬员工而言，报酬是非营利组织用以激励员工的基本因素。当前，我国非营利组织的管理越来越专业化，非营利组织要求专职员工不仅要认同组织使命，具有利他主义的奉献精神，同时还需有专业知识和特定的技能，吸引专业管理人才参与管理对非营利组织发展来说特别重要。我国非营利组织大多数存在能力不足的问题，其中人才不足，特别是具有创新能力的人才不足是基本原因。非营利组织应当建立灵活科学的薪酬制度，树立“以薪养廉”“以薪养德”的观念，在尽可能的范围内提高非营利组织专职人员的薪酬水平，并以此为契机，吸收优秀人才进入非营利组织，形成良好的流动机制，努力建立非营利组织吸收优秀人才的固定渠道，并积极影响、培养和形成新的社会择业标准。

二、健全自律机制

构建自律机制是任何一个责任承担系统必须开始之处，面对可能由道德风险和信任缺失引发的不利困局，非营利组织必须在自我约束的道德制度建设和在自我强化的专业能力建构上做文章，提高自身的道德和专业素养，才能在日益复杂多变的社会环境中保障自身的生存和发展。

自律是非营利组织的自我制约，一般来讲，它包括两个层面的内容：一是每个非营利组织通过其内部规章所进行的自我约束，或某些领域的非营利组织联合制定相应的行为和道德标准约束其成员；二是指非营利组织内部的互律，即由一些独立的非营利组织专门从事非营利组织的监督，如美国国家慈善信息局，专门评估公众筹款机构和服务机构的工作绩效。自律性是指非营利部门的组织成员因具有优秀道德品质（德行），而在从事各种社会活动过程中表现出来的自我约束力。正如我们所知道的，道德体现在人们的情感信念之中，主要依靠社会舆论、习惯、良心、信仰来维护和保障实施。

自律性能够使非营利组织的成员在推进社会的过程中，具有正义、民主、平等、良心、诚信等优秀品质，强烈地认识到自己的责任，在面临个人利益、集体利益、国家利益相冲突的道德窘境选择时，能够顾全大局、自觉放弃个人利益。在非营利组织的自律中，除了通过一整套道德行为标准来规范成员和组织的行为外，特别应该强调依靠通过对组织使命、信念的理解和认同，增强组织人员的志愿精神，培养和强化成员的职业道德素质（如教育事业中的“师德”、医疗单位中的“医德”、科研领域的“学术道德”和文化艺术领域的“德艺双馨”等），对违反非营利组织职业道德的人，要加大惩戒力度，大大提高违反道德者的成本，对于遵守者要给予精神与物质奖励。从而有利于扩大社会资本、增强非营利组织对来自社会环境中的种种不良因素的诱惑或侵蚀的抵制能力、以内在形式来规范非营利组织及成员的行为。

三、拓宽融资渠道

随着社会的不断发展，越来越多的人参与到公益事业当中，而作为发展公益事业中坚力量的非营利组织，其所面临的资金短缺问题却十分突出，在这样的背景下，非营利组织的融资问题成为热点话题。如何完善非营利组织的融资策略，促进非营利组织的良好发展和我国公益事业的健康发展，成为十分值得探讨的话题。

（一）建立良好的公共关系，实现融资渠道的多元化

建立与政府资助高效互动的合作模式，减少非营利组织对政府补助的依赖性，探索两者之间更有效的合作模式，使政府既能够帮助非营利组织，又能确保其独立性。充分发挥市场中各个企业的作用，和非营利组织建立相应的合作关系。通过维护两者之间的关系拓宽非营利组织的融资渠道。非营利组织可以凭借市场中发展规模比较大的、具有一定口碑的企业在选择投资项目方面的优势，共同参与到相关项目的投资中，通过合作实现双方利润的共同增加。公众在非营利组织融资的过程中发挥不可替代的作用。

因此，对于非营利组织来说，必须要让更多的民众意识到参与公益慈善事业的必要性和重要性。这样做既可以培养民众的社会责任感，还能够促进非营利组织融资渠道的拓宽。再加上非营利组织积极披露自身的财务信息，一定能够提升公众的认同感。另外，我国的非营利组织也要具有国际化的发展眼光，通过各种形式吸引专业的国际志愿者参与到我国非营利组织开展的慈善活动中。

（二）运用多样化的融资方式，打破融资瓶颈

在社会发展过程中，我国非营利组织的融资机制正在逐渐发生变化，如果想要实现长远的发展一定要改变目前单一的融资渠道。负债融资是非营利组织可以选择的一种融资方式，根据非公益组织项目对资金的需求，选择不同形式的负债融资方式。就非营利组织通过负债融资的方式获得更多的资金来说，向银行申请贷款或者负债是最佳的方式。解决资本寻利性和营利组织公益性之间的冲突，保障非营利组织的本质属性，吸引足够的权益性资金推动自身的发展。

通过和营利组织建立合作关系的方式，推动商业活动参与公共事业，对于营利组织来说，可帮助企业树立良好的社会形象；对于非营利组织来说，可提高公众认知度，确保今后融资渠道的畅通。随着信息技术的不断发展，互联网已经普及到千家万户，电子设备在人们的工作生活中随处可见。如果能够加大对互联网的应用，使其成为传播非营利组织各项消息的工具和披露非营利组织财务信息的平台，必然会进一步推动其发展。还可以通过建立官方网站、微博、微信等方式开通捐款渠道，使人们在进行捐款时更加方便，也可以看到自行捐助的实际情况。

（三）加强信息管理，提高融资决策能力

加强信息管理，可以进一步帮助非营利组织降低其在融资过程中的成本，还能够缩短融资时间。非营利组织通过信息披露自觉接受相关部门的监督，而且，非营利组织也可以根据相应的融资情况进行实时分析，制定科学的融资方案。这样做可以提高公信力，在今后融资的过程中更加顺利，还能够让更多的民众注意公益慈善事业，激发他们对公益慈善事业的积极性，进一步推动我国慈善事业的发展。

（四）制定社会公共关系策略，优化客户管理

对于非营利组织来说，如果想要不断拓宽自身的融资渠道来获得更多的融资资金，一定要制定相应的社会关系战略，以此提高自身的公信力。比如，可以和大众媒体建立合作关系，通过播放广告等方式，让更多的人对非营利组织有进一步的了解，能够吸引更多专业的人才投入到我国的公益慈善事业中。通过这样的方式也能充分发挥社会舆论的力量，对非营利组织进行监督。如果非营利组织不能对客户资源进行有效的管理，必然会使社会捐赠金额下降，进一步降低非营利组织的融资收入，所以，必须要对市场主体进行划分，按照不同组织的特点制定不同的战略。

四、强化人才培养

非营利组织的发展是社会进步的标志之一，它是以对社会奉献为宗旨的，要发展非营利组织、必须要有千千万万个志愿者，并且在这些志愿者队伍中培育优秀的管理人才。一个组织、一个社会一旦缺乏志愿者队伍，不仅发展非营利组织是一句空话，而且“政府失灵”与市场失灵的缺陷也难以弥补，无论对以公共管理与公共行政为标志的政治民主，还是对社会的可持续发展都有很大的限制。因此，发展非营利组织的一项重要任务是如何培育人力资源。

人才队伍建设是人才强国的要求，我国民间非营利组织的健康快速发展也要以人才队伍建设为重点，全面贯彻国家提出的人才强国的要求，全力打造一批充满活力、素质优良、结构合理的民间非营利组织人才，坚持人民利益为根本，尊重知识、尊重人才，把民间非营利组织建设作为基础，以人才队伍建设为核心，人才发挥为主线，形成一个辐射宽广的人才资源网络，为我国经济发展和长治久安做贡献。

（一）政府层面

1. 重视人才队伍建设

自实行改革开放政策以来，我国经济体制改革非常成功并带动经济快速增长，但是社会体制改革没有跟上经济增长的步伐，各种缺陷慢慢暴露出来，政府包揽社会事务太多，没有充沛的精力去处理本不擅长的事情，会出现各种社会问题和矛盾，这些是社会发展过程中不可避免，但是影响着和谐社会建设和中国梦的实现，政府在解决社会问题和提供公共服务方面的精力有时候不够，面对频频不断出现的问题，政府部门显得捉襟见肘，急切需要民间非营利组织能够承担政府转移出的职能，并开展广泛的工作，以减轻政府负担。

全面实现小康社会要解决各类问题，我国在教育公平、医疗卫生、就业服务、社会保障、突发性群体性事件、社会不稳定等方面问题日益突出，而且随着经济和社会的转型，人们的思想观念也正在发生着变化，城乡差距、贫富差距、利益分配的相对不均都会引起社会的矛盾，这些问题，与人民的切身利益密切相关，如果不能得到及时的解决，可能引发许多社会问题，进而影响社会稳定。所以，政府部门一定要从全局出发、加强社会治理、提升认识、加速民间非营利组织人才队伍建设步伐。

2. 加强权益和职业保障

①自治区民政厅会同自治区人社厅研究制定落实民间非营利组织从业人员人事档案、工资福利、社会保障、教育培训、人才交流、职称评定、技能鉴定等相关政策。

②根据《国家职业分类大典》中为民间非营利组织设立社会工作师、会员管理师、募捐师等职业门类，规定职业技能标准，建立职称发展规划。

③建立多层次教育培训体制，加大对民间非营利组织管理层和从业人员的培养力度。

④建立完善民间非营利组织优秀人才激励机制，拓宽优秀人才使用渠道，有效引导，科学设计，逐步推进民间非营利组织薪酬福利体系建立，增强行业吸引力，吸引并留住人才。

3. 完善人才队伍培养体系

人才队伍的专业水平和职业素质可以通过教育培训得到提升，要根据我国经济社会发展总体布局，将民间非营利组织人才队伍建设纳入中长期人才规划，整合各类社会资源，加强我国非营利组织人才培养。

另外，民间非营利组织行业对人员要求比较高，且对从业人员政治素质、专业能力与道德水平有很高的要求，必须增加教育培训次数，着力提高从业人员各方面的能力和素质，使其能够与时俱进，引导鼓励他们树立大局意识、服务意识、奉献精神、敬业精神，增强职业道德和社会责任感。

（二）社会层面

1. 扩大宣传，努力营造人才成长的社会环境

“酒香不怕巷子深”的意识逐渐跟不上时代的步伐，当今社会，自媒体在各个行业发挥着不同的作用。应该充分利用各种类型的自媒体对民间非营利组织在推动社会发展、维护社会稳定方面做出贡献，让社会大众能够了解民间非营利组织的性质、作用以及对社会的意义。

我国民间非营利组织从业人员在维护社会稳定方面也做出了很大的贡献，他们在社区大力宣传党的政策，对老弱病残的弱势群体给予相应的帮助，这在一定程度上减轻了社区和政府部门的负担，所以应该大力宣传民间非营利组织人才的优秀代表，让民众认识、了解这些优秀代表所从事的工作，普及社会对民间非营利组织的认知度，确立民间非营利组织人才队伍良好形象，以此改善民间非营利组织从业人员尴尬身份地位。

同时，坚持“人尽其才、才尽其用”的原则，充分发挥民间非营利组织人才的作用，努力提高我国民间非营利组织的知名度，可以让公众了解、认识民间非营利组织在社会中存在的价值，这样能够吸引那些想实现人生价值又能为社会做贡献的有志之士从事该行业，同时形成“爱才、惜才、用才”的良好氛围，为那些想实现人生价值又能为社会做贡献的有志人士提供施展才能的空间和舞台。

2. 加强媒体监督力度

政府职能转变为民间非营利组织提供了成长空间，民间非营利组织快速发展的同时，相关制度规范并不健全，没有制度的约束必然导致腐败，由于缺乏制度保障，民间非营利组织的各种问题也凸显出来，其中信任危机是制约民间非营利组织资金来源的重要瓶颈，因为民间非营利组织资金来源其中一项是社会大众捐赠。

只有加强媒体对民间非营利组织管理人才的监督力度，才能对其形成巨大的社会压力，保证社会捐赠的钱用到公益事业上。

3. 唤醒公众监督意识

公众的监督意识可以通过健全监督途径来充分调动，在自媒体发达的今天可以通过各种形式调动公众的监督意识，可以用传统的方法如设立举报电话和举报信箱，也可以用微博、微信等新型的监督途径，为公众监督提供方便快捷的方式，在很大程度上可以调动公

众的监督意识，以此形成良性循环。同时，民间非营利组织要对公众的监督作出反应，在组织内部可以建立举报信箱以便及时处理群众反映的情况。但是在实际的执行过程中，不可能对每一个利益相关者都负责，因为从数量上公共监督的人数过多，时间上也是不允许的，想要快速处理并对利益相关者负责，可以建立信息公开制度，把民间非营利组织的相关事宜通过信息公开制度让公众及时了解社会捐赠的来龙去脉，在信息公开栏目中可以设立财产披露制度、机构重大事件制度、提供服务的状况、捐赠情况、资金流向、内部监督制度、外部监督的途径等。

民间非营利组织只有及时向公众提供及时可靠的信息，才能赢得公众的信任，只有在信任的基础上公众才会对其捐赠，并影响身边的人。

（三）民间非营利组织层面

1. 提高人员薪酬待遇

我国一些地区民间非营利组织发展不完善尚处在初级阶段，社会服务工作这一职业尚未得到社会大众的广泛了解和认可，其工作人员的社会认知度、工资福利与同行业相比是比较低的，有时甚至不能满足正常需要，这些因素致使民间非营利组织很难吸引人才和留住人才。

因此，想要改变这种尴尬局面，就应该从根本上打破传统的思维观念，认为在民间非营利组织内工作就应该是低工资、高贡献的错误认识，为专职人员提供合理的工资和福利，满足工作人员的基本物质需求，只有在物质需求满足的前提下，工作人员才能够没有后顾之忧，充分投入到工作中去，为民间非营利组织的发展做出一份应有的贡献。民间非营利组织要努力寻求发展，壮大自身的实力，只有这样才能持续性地承接政府外包的服务项目，所以在保证机构正常运行的前提下，要适度提高员工的工资，同时要想办法吸引人才和留住人才，采取有效措施，在提高工资的基础上加大对员工的精神激励，使从事该行业的员工受到应有的尊重，感受到这一行业的价值所在。

2. 创新人才激励方式

依据赫兹伯格的双因素理论可知，有两种原因可以激励人们的行为：保健因素和激励因素，如果恰当处理这两种因素可以调动员工工作热情。民间非营利组织要统筹精神和物质奖励，充分激发员工的工作热情。

根据马斯洛的需求层次理论可知，我们每个人有不同需要，民间非营利组织可以根据这个理论设置不同形式的激励方法。对于那些刚刚毕业的大学生，考虑到刚刚参加工作没有积蓄，工资比较低等原因可以考虑为其提供住宿，减轻生活所带来的压力，这样能让他们全身心投入到工作中；对于那些管理人员，在满足物质需求的基础上，为他们提供外出培训的机会，及时更新他们的知识，同时为他们分配一些具有挑战性的工作，避免职业怠倦，另外也要给他们提供岗位晋升的机会，只有这样才能调动各个层次人员的积极性。民间非营利组织应该健全内部的工资福利制度，制定出合理的薪酬制度和奖励政策，扩大奖励的范围，在新翼社工访谈中了解到，机构在对专职人员的激励机制不足，每年年底只设置一个优秀奖员工，其他的员工反映其实他们做的贡献也不小，只设置一个优秀奖激励范围太小，无法调动他们工作的积极性，要适度增加奖励范围。所以，应该适当创新人才激励方式。

3. 完善人才培训方式和内容

民间非营利组织的性质决定从业人员要有较高职业道德、服务意识、责任意识、奉献精神，所以应该根据社会发展的需要，建立长期培训机制，适时更新从业人员的知识，强化服务意识、奉献精神。

扩宽培训方式，可以讲座形式展开，根据人员需要聘请专家进行集中授课，也可以利用网络进行培训，或行业人员之间进行交流，外出考察学习等方式；除了建立长效培训机制外，民间非营利组织还应该积极鼓励员工根据自身工作的需要继续深造，参加相关专业资格证书考试等，不断拓宽知识领域，及时学习该领域的最新知识，跟上时代发展步伐，从各方面提高从业人员的素质和能力。为我国民间非营利组织人才队伍建设打造一批素质高、专业知识过硬、能力强的专业化人才队伍。

4. 加强内部规范化管理

有些民间非营利组织是依靠党政机关而生存，很多管理岗位都是党政机关干部来兼任的，这对人才的晋升会造成很大的障碍，也调动不了其他员工的积极性。所以要尽快打破这种局面，按照公司制选拔人才。首先，组织领导应该是民主选举产生，或采用聘任制，消除党政机关干部挂靠的现象，创造公平的人才晋升机制。其次，完善民间非营利组织内部管理，制定出合理的薪酬福利、培养、评价、晋升等制度。加大对人才的培训投入，实现民间非营利组织人才专业化、职业化，适当提高员工的工资，福利待遇，以组织自身的发展吸引人才、留住人才。

五、新冠疫情下非营利组织内部控制优化案例

始发于 2019 年 12 月的新型冠状病毒肺炎肆虐全国，截至 2020 年 3 月 8 日，全国确诊人数 80859 人，死亡人数超过 3000 人。

（一）新冠肺炎疫情对公益组织的挑战

很多公益慈善组织参与到疫情防控之中，带动了自汶川特大地震以来最大规模的慈善公益捐赠。据新华社 3 月 1 日讯，社会各界支援湖北累计捐赠资金 130.20 亿元。然而，抗疫过程中，疫情公益的工作屡次暴露严重问题。湖北省 H 基金会在抗疫早期因为物资调配不均、效率低下等问题，受到广泛的质疑与批评。在重大突发公共卫生事件的应急状态下，公益组织的舆情危机凸显，公众对于公益慈善工作的失误几乎零容忍，对公益资源的分配使用效率关注尤甚。

从国际角度，疫情已向全球蔓延，截至 2020 年 3 月 8 日，国外确诊病例数已超过 25000 人。各国政府都在积极应对，疫情的治理水平、管理能力成为反映国家整体国力和形象的重大指标，亦成为政府公信力的大考。解决好疫情下的公益课题，减少公众质疑，

对于树立良好国家形象、增强政府公信力也大有裨益。

（二）突发疫情下应急治理体系的构建

传统的应急管理和应急治理之间，虽然只有一字之差，其内涵却截然不同。随着经济全球化的进程加快，人口流动频繁，环境污染问题凸显，各类社会突发公共卫生安全事件频发，时代呼唤更为前瞻性、高效性、复杂性、科学性的应急治理体系。

“治理”一词源于世界银行首次在19世纪末使用的“治理危机（Crisis Governance）”。进入20世纪90年代以来，在西方学术界，治理理论成为探讨焦点。一些学者总结出，治理既包括政府的正式统治，也包含其他非政府组织的直接或间接参与，治理的具体机制不一定完全依靠强制力量。全球治理委员会（Commissionon Global Governance）将“治理”定义为：各种公共的或其他私人方式的个人和机构，管理其共同事务的诸多行为方式的总和。根据我国学者俞可平教授的研究观点，治理的基本概念则可以理解为：官方或民间的公共管理组织在一个既定范围内，运用公共权威维持秩序，满足公众的需要。治理是一种公共管理的活动和过程，其主体包括政府和其他公共组织、非营利组织、社会个人等等。

1986年，德国著名社会学家贝克提出“风险”社会的概念，风险社会理论逐渐发展成为分析突发公共卫生事件的前沿性理论基础。我国学者童星认为，在风险社会中，多元主体之间的信息和资源壁垒，形成全阶段、全方位的实时协同治理机制，是应对突发事件的必备之路。风险社会是现代性的特有后果，社会在发展和转型过程中，会产生很多的“副作用”。自2003年以来，“非典”、甲型H7N9等公共卫生事件，成为我国公共卫生安全治理的极大挑战。

当前，我国基本形成以“一案三制”（应急与风险预案、应急管理体制、机制与法制）为基础的应急管理体系。经过40多年的改革开放，我国的社会面貌气象一新。社会在巨大转型后，复杂化、多元化的社会阶层引发多元化社会价值观理念以及复杂多样化的利益诉求，发展不平衡的问题日益凸显，全新的社会矛盾问题如环境、舆情危机不断涌现，这些都成为应急治理的成长土壤，也对应急治理提出了迫切的研究课题。一方面，现有的应急管理体系在2003年以后多次的自然灾害和公共危机中，经受住了严峻考验，发挥了基础保障作用；而另一方面，时隔17年后的新冠肺炎疫情中，因为风险社会特征的愈发显著，现有应急管理体系遭遇新的挑战。

我国的法律条文中涉及一些关于突发公共卫生事件应急管理的一般含义，指政府相关部门为预防和处置突发公共卫生事件而进行的紧急活动。而在这次疫情中，因为多元化主体的介入，体现了风险社会理论中的协同治理机制，所以这次疫情的应急应对，已经成为治理理论中集各项特点为一体的一次实践。在治理理论和风险社会理论基础上，并仔细对比2003非典、2020新冠肺炎疫情的危机事件后，笔者认为，应急治理体系，即是针对突发性危及他人生命安全而设立的一整套管理机制，该机制有两个核心的原则。一是生命至上原则。在应急治理过程中任何背离这一原则的做法，都会付出巨大代价。二是强调效率优先原则。这一原则的贯彻可以平衡治理过程中的各方矛盾，打破信息壁垒，达成协同治理在这两个原则下，应急秩序作用于包括政府部门、社会治理组织等多元化社会主体在内的治理共同体，对突发性危机事件进行预警、应对、控制和善后。这四个步骤并不是严格按次序执行，而是随着危机事件的推进，每个流程都会重叠甚至演绎到下一个循环。

（三）疫情公益中多元主体的角色定位及功能发挥

这次新冠肺炎疫情的防控工作纷繁复杂，公益工作在其中更是举足轻重。在突发卫生事件中，公益工作的有效开展，能够及时救援生命，降低危害，与此同时，公益工作的爱心传递和全民参与，更能有效汇聚人心，提升组织公信力。因此，在应急治理的体系下，研究各组织所遵循的公益秩序，形成公益协同体，从而引导各组织有效参与公益工作，应急响应。

与常态相比，在突发公共卫生事件中，公益协同体构建必须要遵循近乎严苛的秩序，订立和执行这样的秩序，首要任务是必须要清楚政府、公益组织、企业在其中的定位、角色和职责。如果没有一个秩序性准则来统筹指引，原本向善的公益工作可能成为公众舆论的负面危机，会导致政府部门的公益倡导成为“塔西佗陷阱”，公益慈善组织缺失公信力，企业有心无力无所适从。

1. 政府在疫情公益中的统筹和主导作用

政府无疑是疫情公益秩序的主角，在公益协同体中处于“中枢”位置。新冠肺炎疫情的特殊性和严峻程度，使得国家进入了一种应急状态。在应急状态下，“市场失灵”，需要进行政府干预。此次疫情，根据《中华人民共和国传染病防治法（修订）》（以下简称《传染病防治法》）的相关规定，国家卫生健康委员会依法将新冠肺炎纳入乙类传染病、采取甲类措施严格管理。

《传染病防治法》第三条规定，传染病分为甲类、乙类和丙类。而所谓甲类管理，是一种紧急状态下的管理模式，一般采取三种方式：第一，划定疫区进行封锁；第二，对四类人群（病人、病原携带者、疑似病人、疑似病人密切接触者）分级进行隔离；第三，动员全体医务人员，并做好应对被隔离人员的物质生活保障。

《传染病防治法》第四条中明确规定：对乙类传染病中传染性非典型肺炎、炭疽中的肺炭疽和人感染高致病性禽流感，采取甲类传染病的预防、控制措施。

由此可见，在新冠肺炎疫情防控期间，政府需要充分主导应急治理中的系统性工作，发挥“市场失灵”下的资源配置作用，公益资源也不例外。《中华人民共和国突发事件应对法》（以下简称《突发事件应对法》）中，也明确在突发事件发生时，政府要对资金、物资统一调派，把政府下拨的资金、调拨的物资和社会善款善物统筹使用。这样做的目的，适用于应急治理体系中“效率优先”的原则，集中力量解决最迫切的需求，这样的资源调配，在历次重大灾害及公共卫生事件中都得到了充分展现，制度优势也最大限度地发挥了作用。

需要补充说明的是，政府在公益领域的主导和统筹工作，并不等同于包办一切。因为公益的特点以及疫情的严峻性，公众对善款物资的使用更加敏感，舆论监督也会更加密集和聚焦，需要把慈善的工作做得更加科学和严谨。政府的角色是引导和统筹，体现在对善款善物的用途、去向严格把握和科学管理，特别是涉及善款的监督管理。

理解了统筹主导不等于包办的基础上，我们进一步探讨政府这一主导性质的角色所承担的公益责任。

（1）统筹与主导应急保障物资的落实

保障应急物资的责任，必须由政府来承担。《突发事件应对法》《突发公共卫生事件应急条例》都对政府承担的这一责任做了明确。《突发事件应对法》第四十九条第五项明确规定：公共卫生事件、自然灾害、事故灾害发生后，履行统一领导职责的人民政府可启用本级人民政府设置的财政预备费和储备的应急救援物资，必要时，可以调用其他急需物资、设备设施、工具。《突发公共卫生事件应急条例》第三十二条也有相关的明确规定：突发事件发生后，国务院有关部门和县级以上地方人民政府及其有关部门，应当保证突发事件应急处理所需的医疗救护设备、救治药品、医疗器械等物资的生产、供应；铁路、交通、民用航空行政主管部门应当保证及时运送。

（2）支持与鼓励

政府对于民间捐赠，要给予政策上的支持。《突发事件应对法》第三十四条中特别提及：国家鼓励公民、法人和其他组织为人民政府应对突发事件工作提供物资、资金、技术支持和捐赠。政府的各种应急政策、组织的动员和管理能力，都对社会组织的应急响应模式类型产生很大影响。有关研究显示，当政府应急政策和组织动员能力双高时，社会组织的应急响应将会积极；如果政策支持力度低，则无论社会组织动员能力如何，社会组织的应急响应都无法到达最优解，有可能是观望，甚至消极。

罗斯维尔（Rothwell）等提出的环境型政策工具也比较适合用于分析这一责任的由来。环境型政策工具，是指政府通过财政、金融、税收、法规等政策影响基础设施刺激效果的工具，为基础设施的发展提供发展环境。此次疫情中，财税部门出台疫情防控税收优惠政策，鼓励公益捐赠。特别提及：通过公益性社会组织或县级以上人民政府及其部门等国家机关捐赠应对疫情的现金和物品允许企业所得税或个人所得税税前全额扣除；直接向承担疫情防治任务的医院捐赠应对疫情物品允许企业所得税或个人所得税税前全额扣除。这一政策，不仅给一些慈善组织执行公益行动有力支持，更惠及了有爱心的企业公益行为。

2. 公益组织专业、透明、协同的发挥

公益组织指的是主要致力于各种社会公益事业、积极协助解决各种社会性问题的非政府组织，区别于政府和企业，与非政府组织（NGO）、非营利机构、“第三部门”等有很多共同点。

公益组织在突发性事件中，有着举足轻重的作用。其功能发挥得好，积极参与应急治理，能够行之有效地辅助政府提高效率。新冠肺炎疫情来势汹汹，疫情复杂，如果仅依靠政府，势必难以面面俱到，达到高效的治理效果。进入 2020 年 3 月后，新冠肺炎疫情已经在全球有蔓延态势，很多国家出现了因政府处置不力而使疫情变得更加严重的现象，如美国。

公益组织具有公共性、民间性、志愿性、灵活性等特点，在筹集物资、社工服务等方面有优势，对于构建多元共治、效率优先的应急治理体系大有裨益，能在一定程度上大大缓解政府压力。然而，公益组织在应急系统中，如果没有被调配得力，往往会成为舆情关注的焦点和批评的对象。在这场疫情中，我们也看到了公众对于一些公益组织的严厉批评，其中议论较多的是涉及“定向捐赠”的问题。

疫情早期，H 基金会因分配物资不力而遭受质疑，对此 H 基金会先是作出声明，分配不均原因是部分物资为“定向捐赠”。随后，不断有新的问题出现，公众严重不满其解释，H 基金会承认审核把关不严、执行程序不严格等问题，表示会做出深刻检讨并将对直接责任人依纪依规追责。政府指导物资分配，必须把定向与非定向捐赠区别开来，对定向捐赠的情况，必须充分尊重捐赠者的公益意愿。在这样的基本原则下，H 基金会作为定向捐赠接收方和执行方，这样的做法并无错误。然而，及时向社会发布善款善物的来源与去向，增强透明度是在疫情公益中必须强调的。同时，在整件事情的回应中，H 基金会多次出现一些信息错误，其专业性再一次被质疑。而在大量物资囤积却造成一线医院救援物资紧缺的情况中，暴露出其组织协同性同样缺乏。这一现象在后来 H 基金会与专业物流企业合作后得到缓解，在明确和规范收发货物流程后，紧急医疗物资做到了从接收到分配 2 小时内完成。

这个案例反映出公众在疫情防控期间对公益工作会变得敏感和严苛，具体表现在对其专业性、透明度的要求，而这一要求的满足，除了公益组织自身自治不断提升外，协同性成为其中一个重要的解决途径。下面就公益组织如何提升专业性、透明度和协同性三个角度论述。

（1）公益组织专业化的构建

慈善组织要在平时追求专业性，大灾大难特殊时期的公益行动体现出高度的专业性。“专业的人做专业的事”是在很多公益组织中所强调的准则。“专业性”不仅依赖于公益组织自身提升，也需要公众层面不断提升公益的意识和专业认知。长久以来，我国的公益事业取得了长足进步，“希望工程”造福无数青少年。然而，在一些地区和组织中，“公益”仍然体现在“捐钱捐物”的行动上，缺失公益需求调研，难以实现精准化的帮扶，救济之后的跟踪和善后更是缺位。在本次疫情中，除了第一阶段的募集物资和发放，疫情防控期间的心理疏导、社区科学防范，乃至疫后心理重建关怀、疫病宣防等方面，更需要专业性的公益团队介入。

提高公益组织的专业性，首先要提升从业人员的专业性，尤其是提高参与应急治理的人员的专业程度。在此次新冠肺炎疫情中，有数千位咨询师为武汉的病人提供心理援助，大部分的社区咨询师、心理志愿者都是民间力量，并且是专业人才，破解的是疫情防控的专业性障碍。

与提升公益专业性需求相矛盾的是，我国公益专业性人才的缺口仍然很大。据民政部数据，近五年来，社会慈善捐款和志愿者人数不断增加，然而专业化的志愿服务比例很低，仅占26.9%，服务满意度显示仅为9.2%。与此同时，大学生志愿者公益积极性的下降，甚至导致公益行业的人才流失。有一些公益组织在高校内招募大学生志愿者参与公益活动，往往大多给予的是简单、单一的工作和活动，停留在基本社会服务，这也影响了年青一代投身公益事业的积极性。因此，公益组织提升其专业性，要首先在人才培养方面给予足够的重视，加强对疫情防控期间的工作人员和志愿者的培训，使其具备应急治理的素质与技能，提高工作中对应急突发事件的应变处理水平和效率。

其次，公益专业性的提升也有赖于整体公益行业的专业化标准的制定。这需要公益领域的专家学者有组织有步骤地推进。2018年，9家公益相关单位共同发起公益支持平台，并于次年发布了国内首部《公益组织风险控制管理体系》，将公益组织的整个价值链和运营管理归纳，分别阐述公益组织的顶层设计、前中台业务管理和后台支持。然而，公益组织之间的专业性交流平台并不多见，这方面的探索还有待进一步重视和加强。

再次，公益组织的专业化还体现在对于舆情的判断和应对。进入互联网时代，媒体格局日益复杂，公益组织面对舆情质疑时需要更加专业的反应。很多公益组织没有合格的新闻发言人，大部分公益组织的从业人员不具备公关的基本素养，导致不断发生公益组织因为信息应对不及时、言论不合适而产生公信力断崖式下降的场景。除此之外，公益组织的信息发布机制也十分单一，极少看到成功、有效的新闻发布会，更多地还停留在信息文稿的发布。

新媒体时代，无处不公关。人们的价值理念也因其社会阶层、文化背景差异而呈现多元化，公众达成社会共识比原来存在更多的制约和挑战，因此，应对舆情已经越来越成为社会治理中的重要环节。公益组织在疫情中，不仅承担救援重责，更承担振奋民心、温暖大众的重任，在特殊时期也一定程度上代表国家救援的形象，这又反过来影响自身组织及整个国家公益事业的双重形象，加强公益人员的媒体修养，对于有效遏制“修昔底德陷阱”也大有裨益。

在应急治理体系下，公益组织必然会走向媒体，接受大众询问。在接受媒体采访、对待媒体质疑时要做到真诚有温度，即使面对批评与质疑，也要及时、理性回应，基础的数据和信息尽可能准备充分翔实，减少低级错误。在出现重大的负面危机时，必须厘清其中所有的细节，在第一时间一次性翔实、细致地呈现给公众，减少误会，重新树立公信力。

（2）公益组织信息透明化

在回应舆情中，能够及时、准确、动态地公开信息非常关键，这就是社会组织提升透明度的问题。事实上，“专业性”和“透明度”息息相关、不可分割。公开信息并不是简单地罗列，特别是在重大突发事件的公开募捐活动中，应当有比平时更严格的信息公开要求。其一，善款物资的接收、分配要定期、定时公开，遇有重要事项应利用自媒体及时发布；其二，捐赠款物的数量、类别、去向、用途等，都要相应有据可查，要真正做到“连一个口罩都可以公示”的地步。

对于因媒体质疑而聚焦的“定向捐赠”，有必要在这里做详细的注解。《自然灾害救助条例》第二十四条规定：定向捐赠的款物，应当按照捐赠人的意愿使用。这是在法律上，充分尊重社会组织对于其所募集的资金所享有的合法所有权。因此，公益组织对于定向捐赠的原则就是“尊重捐赠人意愿”。本次疫情中的定向捐赠，在不违反新冠肺炎防控指挥部指令下，原则上应按照捐赠人意愿进行拨付使用。

但是这并不是一成不变的，公益组织在确定捐赠人意愿时，要回到“公益性、公共性的原则”上进行判断，即要求捐赠人在指定受益人时，不能指定与其有特定利害关系的主体成为受益人。尤其是对于与慈善组织或者受益人之间存在关联交易的主要捐赠人，应依法依规进行，不损害公共利益。此次疫情中，公益组织关于透明度方面的工作，不能犯经验主义错误，套用常态工作机制。公益组织的原则性不可动摇，而细致和专业性也不可缺位。

（3）公益组织之间协同联动的实现

公益慈善组织在应急治理体系下，要注重协同性，构建“内合外联、强强联合”的工作机制。协同治理是我国主体综合社会治理的重要一环，指的是各社会治理主体之间、各社会治理的子系统之间既相互竞争又通力协作、自组织非线性的作用，把社会系统中原本彼此无秩序、混沌的各领域要素在同一目标、内在动力和相对规范的结果形式中整合起来，形成社会系统的自组织状态，产生高效的社会治理整体效应。

在严峻的疫情面前，要做好公益工作，任何一个公益组织如果“单兵作战”，都会面临各种困境，很可能因为信息不畅、经验欠缺、人员不足而形成恶性循环，投入了大量的精力，效率极为低下还饱受质疑，更严重的是会造成物资的浪费，辜负爱心。为了更好地加强协同性，一方面组织间要加强合作，信息共享。以青基会系统为例，有很多帮扶青少年的疫情公益项目，都依托青少年发展基金会来进行，以实现慈善资源的最优化配置。另一方面，公益组织要与政府部门、企业等外部组织的联系，如H基金会与专业化物流企业对接，在政府的整体调度下发挥各自的功能，形成快速反应、高效行动的应急物资的管理流程。

（四）中国企业品牌公益的局限与超越

中国企业在这次疫情防控中表现出很强的积极性。企业的慈善公益，很多是以“品牌公益”为理论支撑。也就是说企业品牌公益作为独立的公益模式，其产生与运行，具有相应的理论基础：企业品牌的公共性，形成企业品牌公共领域，孕育了品牌的公益理念与行动。品牌公益本质上是品牌的公益化，它以品牌为核心的公益模式，基于“仁爱”思想，以企业品牌为主要共同体，主要面向企业品牌利益相关者，进行财产公益化、利益共享化、治理公域化的实践探索。

在疫情之中，品牌公益模式涌现出大量的案例。以汽车行业为例，很多车企通过与专业的公益慈善组织合作，在实施公益帮扶的同时，结合自身长期的公益品牌。如梅赛德斯—奔驰企业所设立的星愿基金，携手中国青基会于三天内落实首笔1000万元捐赠款项的拨付，主要用于武汉及全国其他省市疫情严重地区的医院配置口罩、护目镜、防护服及试剂盒等医用物资，同时奖励有突出贡献的医护人员以及资助困难家庭患病青少年等。后续又再追加捐款 2000 万元爱心资金，更将重点关注疫情现期及后期长效工作。除捐款捐物外，面对医疗防护物资严重短缺的局面，部分企业调整经营方向，迅速集智聚力，调配资源，着手防护物资生产设备的设计和制造，援产口罩和消毒液，以满足疫情防控期间对防护物资的迫切需求。企业社会责任的视角是多元的、立体的，不能单一站在伦理道义角度对企业提出公益的要求。

企业的社会责任作为一种善，不是漫无边际的，适度的、可负责的、有效率的善，才是企业择而从之的理由。这次疫情中，很多企业把精力放在了内部落实国家对于公共卫生的各项要求、高度重视生产经营环节方面，围绕企业内部经营环节切实加强新型冠状病毒疫情防控工作，更好地保障公司和员工的生命安全和身体健康，这也是企业勇担社会责任的另一种表达。

品牌公益化，并不等同于将市场性与公益性混淆。很多企业以公益活动为由进行营销传播，用于营销传播的成本远高于公益投入本身。公益要高效，企业社会责任也不例外，无论企业采用何种公益途径和做法，都要考量效率问题。成功的企业社会责任，必须有效、有智慧地整合社会资源，把企业自身的努力与付出变成阿基米德的一个支点，提升企业整体的社会责任效率，这样既符合企业作为经济实体的本性，也能够满足社会对企业的合理期待。

在疫情防控期间，一些企业的公益出现被“滥用”的情景，将市场性与公益性相混淆，忽视了公益本身的公共价值和精神，导致社会反感。比如，一家新能源车企，在疫情早期曝出两条新闻，一是信托 500 万元专项资金，其中 300 万元用于车主关怀，公开信息中并没有详细披露受托人和监察人，大部分费用没用在捐助灾区的物资上，而是以爱心捐助的名义给了自己品牌的车主。另一条新闻则是该车企延迟发放员工工资。按照公益的公共精神，这家企业的做法完全不合格。

在疫情特殊状况下，与政府和公益组织相比，企业的公益显示出其局限性，这与企业“经济人”的身份有关。社会组织参与应急响应，不完全因为政府号召、公益价值取向等，从组织具有的逐利性角度出发，参与应急响应也并不排除逐利考量，可能是希望政府给予资源、政策的倾斜，也可能是希望得到社会更多认可等。企业品牌公益的局限性还体现在实施内容的单一上，很多要依托于专业的公益组织来进行。迄今为止，大部分的企业都没有站在理解国家应急治理体系的相关政策的高度、从防灾减灾的国际或国内的专业学科角度，结合自身优势，来精准履行企业社会责任。例如，如何用企业的力量强化新型冠状病毒肺炎疫情防控，可持续减灾等方面的公益工作，鲜有看到企业的案例。

参考文献

[1] 石国亮 . 慈善组织公信力的影响因素分析 [J]. 中国行政管理，2014（5）：95-100.

[2] 卢永彬，徐家良，卫玮 . 社会资本视角下慈善组织公信力影响因素研究 [J]. 北京行政学院学报，2015（2）：79-86.

[3] 柴静，谢鸿飞 . 非营利组织公信力及其影响因素研究 [J]. 现代商业，2017（34）：40-42.

[4] 毕素华 . 慈善事业中的政府、慈善组织与公众——公众微观认知的视角 [J]. 学术研究，2020（4））：64-68.

[5] 李培秀 . 社会治理下基金会公信力危机与出路 [J]. 菏泽学院学报，2016，38（1）：70-73+99.

[6] 张祖平 . 慈善组织公信力的生成、受损和重建机制研究 [J]. 上海财经大学学报，2015，17（4）：21-29.

[7] 庞嘉宜 . 全媒体时代背景下非营利组织信任危机的成因及应对 [J]. 时代金融，2016（21）：322-323.

[8] 沙勇忠，阎劲松，王峥嵘 . 雅安地震后红十字会的公众信任研究——基于微博数据的网民情感分析 [J]. 公共管理学报，2015，12（3）：93-104+158-159.

[9] 王义 . 形象修复理论视域下中国红十字会处理“郭美美事件”的策略分析 [J]. 大连干部学刊，2018，34（3）：40-43.

[10] 薛薇 . 统计分析与 SPSS 的应用 [M]. 北京：中国人民大学出版社，2017：254-255.

[11] 黄伟君 . 民众对公益慈善组织的信任结构研究 [D]. 昆明：云南师范大学，2016.

[12] 王丽荣 . 公益慈善可以更透明——基于区块链的数字证书认证策略 [J]. 兰州学刊，2020（4）：149-159.

[13] 张广利，黄成亮．风险社会理论本土化：理论、经验及限度 [J]．华东理工大学学报（社会科学版），2018（2）：10-16.

[14] 新华社．习近平出席统筹推进新冠肺炎疫情防控和经济社会发展工作部署会议并发表重要讲话 [EB / OL].（2020-02-33）[2020-03-08].

[15] 苏欢，崔颢，谢志戬，李月．我国公益事业现状分析及其应对策略 [J]．中国市场，2020（3）：20-21.

[16] 人民网.《公益组织风险控制管理体系》发布 [EB / OL].（2019-11-18）[2020-

03-08].
[17] 范如国. 复杂网络结构范型下的社会治理协同创新 [J]. 中国社会科学，2014（4）：98-120+206.
[18] 网易. 奔驰星愿基金公布首笔捐款落实细则增捐 2000 万战疫 [EB / OL].（2020-02-25）[2020-03-08].
[19] 葛文硕. 社会组织与应急响应 [D]. 上海：华东政法大学，2019：43.
[20] 中国税务. 财政部税务总局关于公益慈善事业捐赠个人所得税政策的公告财政部税务总局公告 2019 年第 99 号 [DB / OL].（2019-12-30）[2020-03-08].
[21] 中国人大网. 中华人民共和国突发事件应对法 [DB / OL].（2007-11-01）[2020-03-08].
[22]（美）玛丽恩 •R. 弗莱蒙特—史密斯 . 非营利组织的管理 [M]. 北京：社会科学文献出版社，2016.
[23] 刘志欣，孙莉莉，杨洪刚 . 非营利组织管理：结构、功能与制度 [M]. 北京：清华大学出版社，2013.
[24] 汪锦军 . 走向合作治理：政府与非营利组织合作的条件、模式与路径 [M]. 杭州：浙江大学出版社，2012.
[25] 聂磊 . 危机管理中的社会组织研究 [M]. 北京：知识产权出版社，2010.
[26] 张仲权 . 我国公共危机管理的问题与对策探讨 [J]. 法治与社会，2019（23）.
[27] 于鹏，邱燕妮 . 全媒体时代公共危机舆情传播路径与演化机制分析 [J]. 中国行政管理，2019（8）.
[28] 墨玉 . 新媒体环境下的政府公共危机治理 [J]. 区域治理，2019，（27）.
[29] 张晓卯 . 合作与共赢：非营利组织与政府双圈互动分析——以美国乔治亚洲东北乔治亚区域委员会为例 [J]. 中国行政管理，2018（11）.
[30] 陈珑凯，唐敏康 . 多元主体在城市危机管理中的有效参与 [J]. 中国应急救援，2018（6）.
[31] 温坤，孔令毅 . 非政府组织在公共危机管理中的作用分析 [J]. 管理观察，2018（6）.
[32] 程琳 . 非营利组织在社会治理中的纠纷功能之探讨 [J]. 法治与经济，2018（11）.
[33] 董天美，张鸣 . 灾害救助中中国政府与非营利组织互动模式研究 [J]. 求是学刊，2017（5）.
[34] 程慧霞 . “科层式”应急管理体系及其优化：基于“治理能力现代化”的视角 [J]. 中国行政管理，2016（3）.
[35] 李玲玲，李长健 . 农村社区治理能力现代化进路之思考——基于社区发展权理论的视角 [J]. 华中农业大学学报（社会科学版），2016（3）：74-81+137.
[36] 常明杰 . 由碎片到整体：农村社区化治理的现实困境与路径构建 [J]. 农村经济，2016（8）：9-14.

[37] 王振海 . 新农村新社区新居民——新型农村社区建设与治理实践探录 [M]. 北京：中国社会出版社，2016（9）：25.

[38] 关于深入推进农村社区建设试点工作的指导意见 [M]. 北京：人民出版社，2015（6）.

[39] 石花亭等 . 浅析非营利组织在社区中的发展 [J]. 才智，2014（5）：334.

[40] 李增元 . 试论我国农村社区治理的历史演进与现代转向 [J]. 理论与改革，2016（4）：58-56.

[41] 王斌，陈跃 . 治理现代化进程中非营利组织的困境与政府的责任 [J]. 行政论坛，2015（3）：78-82.

[42] 李江 . 国内非营利组织资金来源困境的影响因素浅析 [J]. 现代商业，2015（7）：71-72.

[43] 中国志愿者服务联合会 . 中国志愿服务发展报告（2017）[M]. 北京：社会科学文献出版社，2017（10）.

[44] 中共中央办公厅，国务院办公厅 . 关于深入推进农村社区建设试点工作的指导意见 [M]. 北京：人民出版社，2015（6）.

[45] 张鸣鸣 . 新型农村社区治理 [J]. 农村经济，2016（9）：13-19.

[46] 吕孝礼，潘宇舟 . 德国非营利组织参与提供公共服务对我国的启示——以社会政策领域为例 [J]. 中国行政管理，2016（10）：140-144.

[47] 黄晓春，周黎安 . 政府治理机制转型与社会组织发展 [J]. 中国社会科学，2017（11）：5.

[48] 李敏学 . 社会组织参与城市社区治理困境与对策研究——以攀枝花市城市社区为例 [D]. 成都：中共四川省委党校，2018.

[49] 吴欣 . 社区治理精细化的探索“以成都市武侯区深化社区网格治理机制——改革为例”[J]. 中共四川省委党校学报，2017（1）：2-3.

[50] 王文琦 . 社区非营利组织建设 [J]. 智库时代，2018，21（1）：24-26.

[51] 中共成都市委党校学报编辑部课题组，杨阳 . 多元主体参与下的城市社区治理研究——以成都市为例 [J]. 大连干部学刊，2018，08（3）：58-64.

[52] 张艺 . 我国社会组织参与城市社区微治理的困境与对策研究 [D]. 武汉：武汉科技大学，2016.